可见的德育

讲好职业教育故事

殷树凤 编著

东南大学出版社
SOUTHEAST UNIVERSITY PRESS

·南京·

图书在版编目(CIP)数据

可见的德育:讲好职业教育故事/殷树凤编著. — 南京:东南大学出版社,2023.10
 ISBN 978-7-5766-0557-0

Ⅰ.①可… Ⅱ.①殷… Ⅲ.①职业教育-德育-研究-中国 Ⅳ.①G711

中国版本图书馆 CIP 数据核字(2022)第 250178 号

责任编辑:张丽萍　责任校对:李成思　封面设计:王 玥　责任印制:周荣虎

可见的德育:讲好职业教育故事
Kejian de Deyu:Jianghao Zhiye Jiaoyu Gushi

编　著	殷树凤
出版发行	东南大学出版社
出 版 人	白云飞
社　　址	南京市四牌楼 2 号　邮编:210096　电话:025-83793330
网　　址	http://www.seupress.com
电子邮件	press@seupress.com
经　　销	全国各地新华书店
印　　刷	南京迅驰彩色印刷有限公司
开　　本	787mm×1092mm　1/16
印　　张	21.25
字　　数	336 千字
版　　次	2023 年 10 月第 1 版
印　　次	2023 年 10 月第 1 次印刷
书　　号	ISBN 978-7-5766-0557-0
定　　价	82.00 元

(本社图书若有印装质量问题,请直接与营销部联系。电话:025-83791830)

编委会主任

殷树凤

编委会副主任

史小兵　刘　鹰　倪爱华　周　静

编　委

吴国红　吕　由　张　立　时　季
舒　沛　王　欢　朱凤晴

自序

从事教育工作30年,学校德育工作中普遍存在的目标虚化、手段僵化、评价简单化等痛点难点,一直困扰着我。为了让隐性的品德成长显性化、可触摸、可感知,实现全员、全过程、全方位育人,把立德树人根本任务落细、落小、落实,我尝试对学校德育工作目标、课程、实施、评价等层面进行了全领域设计。经过多年的探索、研究与实践,编制了"可见的德育"实践方案,开发了"可见的德育"内容体系,建构了"可见的德育"实施框架,建立了"育·导·评"一体化的协同保障机制等,形成了一套"让道德生长看得见"的师生双向"互视"与自我"省视"相统一的高效能德育体系与实践模式。

2014年开始,我陆续主编出版了"能行天下""远见成就未来"2套丛书,倡导"博学以文,约之以礼"的思想,鼓励学生利用零散时间开展碎片化阅读。2套丛书也被江苏联合职业技术学院列为指定教材。

2020年,出版了35万字的专著《可见的德育:扣好职校学生的第一粒纽扣》(该书被列入江苏省"教育家文库")。书中着重分析了当下职业学校德育工作的现实困境和新时期难得的有利契机,适时地提出了"可见的德育"思想和实施方案。强调把学校德育工作的实施目标

"化整为零",再"零存整取",做到合分有度,分合有序。注重德育内容的选取,贴近学生的生活,贴近现实社会的需求,贴近学生未来发展的价值取向,让学生既能看得见,又能触摸得到,且稍加努力,就能践行。鼓励学校、教师创新德育方式,拓展德育路径,多元主体并进。

  2021年,"'可见的德育'体系建构与实践探索"获得南京市教学成果奖特等奖、江苏省职业教育教学成果奖一等奖。

  在《可见的德育:扣好职校学生的第一粒纽扣》这本书出版之后,我的内心还觉得有一些缺憾。时常在想,当一线的教育工作者拿到这本书之后,如何能够将书中知识快速迁移到自己的实践工作中去呢?于是,有了撰写一本案例集的想法。我在几所"可见的德育"成果推广学校进行了案例征集。老师们纷纷将自己在德育工作中遇到的经典德育故事、德育经验组成文质兼美的德育案例。为了提高读者的阅读体验和学习效能,我的团队核心组成员又对选中的德育案例进行了修改和润色。

  每一个案例的成文、成稿并没有想象中轻松。我们对搜集到的案例进行了筛选、梳理、归类、提炼,既力求还原真实的事件过程,又希望能探寻出道德生长的奥秘,实属不易。

  本案例集以成熟的德育实践体系为基础,以真实的德育工作经验为支撑,把案例分成"教育的密码:可触摸的温暖""教育的原点:可居留的港湾""教育的契机:可捕捉的闪光""教育的合力:可依傍的集体""教育的灵魂:可涵养的尊重""教育的至境:可期待的唤醒"六大模块,各有指向。每个案例由"案例背景""案例描述""分析反思"三部分组成。"案例背景"是导言部分,交代事情发生的相关背景,介绍事件梗概。"案例描述"真实生动地再现了德育现场,老师们一个个机智的处置办法的呈现,让读者如身临其中。"分析反思"是对案例画龙点睛的剖析与总结,每个案例往往集中于两到三点,总结出一到两个德育技巧,读者在阅读完60多个德育故事之后就能收获100多个德育技巧。60多个案例针对各个学段所要应对的德育难题,真正让阅读者读有所获,获为其用。

生活是需要记述的。马尔克斯说过:"生活不是我们活过的日子,而是我们记住的日子,我们为了讲述而在记忆中重现的日子。"将一个个舞动着的生命与成长的青春故事记述在册,也是我们编辑这本案例集的一大初衷。

于是,就有了这本《可见的德育:讲好职业教育故事》。

殷树凤
2022年5月于南京

教育的密码:可触摸的温暖

1. 教师的事业在学生的成长里 ………… 朱　羽/2
2. 长大后你就成了我 …………………… 章　锋/7
3. "绑架"与等待 ………………………… 赵志杰/11
4. 用"爱"为你保驾护航 ………………… 张　瑜/15
5. 爱与教育伴成长 ……………………… 徐　锐/19
6. 让孩子在启发中成长 ………………… 高梦雪/23
7. 慧心耕耘,不问花开或叶绿 ………… 姜舜怀/27
8. 做一个懂"你"的班主任 ……………… 宋贤利/31
9. 找到属于自己的一片天 ……………… 邵莲莲/35
10. 桃李雨中春,育人细无声 …………… 张若冰/39
11. 用心倾听学生心灵 …………………… 常　闯/44
12. 水滴石穿非一日之功 ………………… 朱　羽/48
13. 爱是教育的一切 ……………………… 赵志杰/52
14. 风会记得一朵花的香 ………………… 毛若雯/56

教育的原点:可居留的港湾

15. 你们的未来不是梦 …………………… 秦迎春/62
16. 亲情作业,架起亲子间的心桥 ……… 高梦雪/68

17. 孩子:学会好好爱自己 …………… 荣　静/73

18. 唤醒你沉睡的学习热情 …………… 华艳锋/78

19. 搭建心与心之间的桥梁 …………… 张玉梅/83

20. 握住美丽的亲情 …………… 荣　静/88

21. 架起桥梁收获信任 …………… 王庆庆/93

22. 我为母亲做件事 …………… 王晓征/98

23. 职业定位引导学生走向就业 …………… 吴天诚/103

教育的契机:可捕捉的闪光

24. 此时无声胜有声 …………… 王　珂/110

25. 涓涓细流汇成中法友谊之河 …………… 潘　栋/115

26. 春风化雨,以爱暖心 …………… 陈玲玲/121

27. 掩护者,还是小助手? …………… 胡　节/126

28. 巧妙表扬,化"腐朽"为神奇 …………… 王广宇/131

29. 一堂午自休引发的思考 …………… 唐景玲/136

30. 我们在记录 …………… 苏　端/141

31. 小硬币 大用途 …………… 杨小勇/147

32. 当班长犯错后 …………… 姚　静/153

33. 一米阳光 …………… 赵志杰/158

34. 与生"斗",其乐无穷 …………… 周丽华/162

35. 手机管理:"堵"还是"疏" …………… 姚　静/167

36. 一呼一吸 …………… 赵志杰/172

教育的合力:可依傍的集体

37. 借公众号巧设小名片,助班集体发生大改变
　　…………… 王庆庆/178

38. "网络达人"的一"网"情深 …………… 张慕汉/183

39. 成为手机的主人 …………… 麦　磊/188

40. 面子 …………… 华艳锋/193

41. 教师的担当不只在课堂 …………… 张　瑜/198

42. 由龙舟队队长所想到的…………… 薛　平/203

43. 育良才须善栽，教学子交友善 ……… 陈园园/209

44. 先问"是不是"，再问"为什么" ……… 赵建群/214

45. 我想要好的结果 ………………… 张慕汉/219

46. 努力是幸运的另一个名字 ………… 宫健子/224

47. 爱睡女孩的蜕变之旅 ……………… 寇冬婷/229

教育的灵魂：可涵养的尊重

48. "小班长"长成记 ………………… 张大华/236

49. "夜深天凉，快去多穿一件衣服！" ……… 李　颖/241

50. 赏识教育从尊重孩子的人格开始 …… 刘梦媛/246

51. 尊重个性　静候花开 ……………… 周丽华/251

52. 陌上花开缓缓归 ………………… 陈海文/256

53. 严格不是严厉 …………………… 王　婷/261

54. 尊重学生的差异 ………………… 彭　超/266

55. 课程思政润物无声 ………………… 康　凯/271

56. 别让怒火浇灭学生的学习热情 ……… 黄美玲/277

57. 让孩子喜欢认真的自己 …………… 陆丽蓉/282

教育的至境：可期待的唤醒

58. 点亮学生心中的小太阳 …………… 张　羽/288

59. 因为你们，我才永远 18 岁 ………… 荣　静/293

60. 生命中的那束光 ………………… 李　娟/299

61. 朋友养成记 ……………………… 石　未/304

62. 时刻关注学生的两面性 …………… 程谟琳/310

63. 一首歌曲，一场风波 ……………… 范学君/316

64. 从"毒舌女王"到铿锵玫瑰 ………… 李娅铭/321

后记 …………………………………………… 327

教育的密码：可触摸的温暖

1. 教师的事业在学生的成长里

朱 羽

案例背景

教育是爱的事业，教师的爱不同于一般的爱，有人说，它大于母爱、高于友爱、胜于情爱。师爱是严与爱的结合，这种爱包含了崇高的使命感和责任感。我做班主任已有七年，其间担任了六届中专体育舞蹈班的班主任。这些学生虽然文化基础薄弱，某些学生还有不良的行为习惯，但他们大多心地善良。自己虽然有时也会因学生的任性而埋怨，因他们纪律松散而急躁，因他们违纪而失态，因他们不上进而恨铁不成钢，有时也感到很累、很烦、很委屈，但心中总会涌起一种强烈的责任感：我是老师，我要为他们指出一条通往美好未来的道路。这强烈的意识不断激励我真诚地对待每一个学生，尽自己最大的努力去影响他们。与学生朝夕相处时，我始终想着：也许明天他就会懂事，将来他肯定会理解老师的苦心。这样的情感使我对学生少了一分埋怨，多了一分宽容；少了一分苛求，多了一分理解；少了一分指责，多了一分尊重。

案例描述

我们班有一个叫晓兰（化名）的女生。有一个学期晓兰总是爱迟到，每次迟到都是相同的理由——家离得远，车不好坐，还总是堵车。我找她谈话，动之以情，晓之以理。她在谈过话之后好了几天，又故技重演。家长那边我也沟通过，同样是好了几天又故态复萌。后来我拿出了教师的

"严"，狠狠地整治了她一顿，又苦口婆心地找她谈话，软硬兼施，终于起到作用。从此之后，不论是什么天气，晓兰再也不迟到了。没想到的是，一个问题解决了，她的新问题又来了。

下一学期开学时，晓兰学习态度不端正：上课的时候无精打采、不认真听讲，对老师提出的问题"一问三不知"，还经常不带教科书，偷偷地看杂志，几乎不完成作业，喜欢吃零食。她的桌面上、抽屉里也乱成一片，每次打扫卫生，大家对她都是满腹怨气。

我刚接班时因不了解学生而不能随便做决定，一年下来，基本了解了这个学生。特别是上学期处理迟到的问题后，自认为对这个孩子还是比较了解的。但同样的方法不能用两次，这次的情况也和上次不一样。学习基础弱是这个班学生的特点，晓兰只是其中比较典型的一个。而且，学生的学习习惯也不是一朝一夕能改变的。我必须拿出更有效的方案来解决这孩子的问题，不然这孩子的未来堪忧。

于是我就通过与晓兰家长的深入沟通来了解孩子为什么有各种不寻常的举动。原来她生活在单亲家庭，父母离异后她跟爸爸生活。爸爸是个严厉的人，对她管教比较严格。晓兰又是个女孩子，很多心事都不能从爸爸那里得到很好的解决方法。久而久之，孩子越来越沉默，认为什么事对她来说都是不公平的。

其实，她的父母虽然离异了，但对她还是特别好的。除了没有一个完整的家庭，其他方面父母全部满足她。比如在选专业的时候，父母明知道相对其他专业来说，这个专业的费用比较昂贵，但是因为孩子喜欢，他们就毫不犹豫地给她报了这个专业，就是希望她能有所改变，能好好地学习，学有所获。想想晓兰父母的殷切希望，想想我也是一个孩子的母亲，再苦再累我也要挑起重担！晓兰作为一名高一年龄阶段的学生，正处于人生观、价值观形成的关键时期，我不能放弃她！

就这样，为了帮助晓兰面对现实，走出阴影，使她真正感受到家庭和学校的温暖，消除自卑的心理，改变偏激的思维，让她重建信心，我与她的父母加强了联系。我及时告知他们晓兰在校的学习状况和心理状态，并表达了对孩子无微不至的关心，引起他们心灵上的共鸣，使他们理解老师的用心良苦，寻求他们的全力配合。晓兰的父母非常感动，答应保证与我合作，为了孩子的健康成长，以后无论多忙，晚上一定要抽出时间和孩子谈谈心，听孩子说说一天中的见闻、学习中遇到的困难等。我也经常找晓兰谈心，引导她体谅父母、理解父母，告诉她自己是幸福的，有父母的关心，有同学的关心，有老师的关心。

为了提升她的听说能力、与人沟通的能力和自信心，我打算对她逐步实施教育干预和心理辅导。为了改变她的学习态度，我除了在思想上教育她、感化她之外，还特意安排了一名责任心强、学习成绩好、乐于助人、耐心细致的同学——陈宇（化名）与她做同桌，目的是发挥同桌的力量。事前，我先与陈宇同学进行了一番谈话，请他为了班集体，不要歧视晓兰，尽他最大的努力帮助晓兰，使其进步。陈宇同学答应充分利用课余时间和课堂时间帮助晓兰。有时候，陈宇同学也会产生一些厌烦情绪，我就鼓励陈宇要有耐心，慢慢来。后来，晓兰取得进步时，我除了表扬她，还鼓励陈宇，这就是同学之间互相帮助的力量。

在学校里，我一发现晓兰进步的地方就表扬她，也会打电话告诉家长。有一天午自休之前，其他学生都还没有到教室，我发现晓兰一个人坐在座位上读课文，声音不响，但看得出她读得很陶醉。我轻轻地走过去，拍了拍她的肩膀，我让她坐在座位上，自己就坐在她的旁边，我说："晓兰，你愿意把课文大声地读给老师听吗？"她急忙地说："老班我不行的，我读得不好，老班你还是不要听了。"我又说："老班觉得你比以前读得好多了，进步很大啊！"她听了不好意思地笑了笑。我乘机又说："来，老班和你一起读！"接着我们就读起课文来，起先是我带着她读的，慢慢地，我看到她进入了角色，就让她一个人读了。显然，她朗读起来发音比以前正确多了，也流畅多了，更重要的是声音也比以前响亮了。有了第一次朗读后，我便开始让她在上课时朗读给同学们听，她没让我失望，赢得了大家的掌声。后来学校组织朗诵比赛，我向语文老师推荐了晓兰，晓兰竟然取得了一等奖的好成绩。慢慢地，晓兰的学习态度改变了，任课老师表扬她的次数越来越多了，我明显感觉她变得比以前开朗了，抽屉里的零食也越来越少了，而且晓兰再也没有化过妆。晓兰脸上的笑容也越来越多，大家明显感觉到了她的变化。这件事也一度在班级里引起轰动，整个班级学生的学习劲头也提升了不少。

分析反思

一、因材施教，循循善诱

"一把钥匙开一把锁"，每一个后进生的实际情况是不同的，所以老师要弄清学生出现反常或错误的行为习惯背后的原因，进而深入了解这部分学生的特殊爱好及其反常或错误行为背后的故事，再确定行之有效的对策，因材施教，正确引导。老师用关爱唤起学生的自信心、进取心，投其所好，使其改正缺点，然后引导并鼓励他们努力学习。

二、家校合作，共促成长

"养不教，父之过；教不严，师之惰。"自古以来，学生的成长离不开学校和家庭的共同教育。父母是孩子的第一任老师，家庭教育是学校教育的基础，是与学校教育互为补充的重要教育途径。如果孩子在学校出现问题，老师应第一时间与家长沟通，让家长知道要在哪些方面与老师配合。同样，如果孩子在家出现问题，家长也应积极与老师沟通，及时把信息反馈给老师。老师和父母共同合作，孩子才能健康快乐地成长。

三、生生互助，友情感化

适当地借助学生帮助学生的力量，是必不可少的，同伴的力量有时胜过老师的力量。在学校，大部分学生不喜欢班主任过于直率，尤其接受不了老师批评他们的时候太严肃。因此，我从促使晓兰与其他同学成为朋友着手，如让她与陈宇同学做同桌，让她感受同学的信任，感受同学给自己带来的帮助。通过同学的教育、感染，促进了同学间的情感交流，这样做起事情来就事半功倍了。

四、及时鼓励，和谐沟通

作为一名老师，不要吝啬自己对学生的赞美，多鼓励表扬，少批评责备。我们对学生，尤其是对后进生的表现，应该尽量做到多鼓励多表扬、少批评少责备，而且对学生的表扬和批评要讲究分寸和艺术。真诚的鼓励和表扬更能触发人的进取心理，每当学生有进步有闪光点时，教师应抓住其优点或者成功之处及时、恰当地给予鼓励，引导他们在成功的喜悦中不断进步。

2. 长大后你就成了我

章 锋

案例背景

我一直把"教师是火种,点燃了孩子的心灵之火;教师是石阶,承受着孩子一步步踏实地向上攀登"作为从教的最高准则,为了每个学生,我甘愿奉献出自己所有的爱。在我心中,每个孩子都有自己的性格和自己的特点,都需要一缕阳光去温暖他们,需要一份爱去抚慰他们,在爱的阶梯中就能发现最美好的东西……

案例描述

一、爱的接触

教育的目的就是培养人格健全的学生,使其勇于承担家庭与社会责任。接手高职一年级不久后的一天,我开始接触她。她,一个每天沉默寡言、对学习没兴趣的孩子。每次走进教室,我都能感受到这颗封闭的心灵,我很快明白是我的严厉斩断了这个学生靠近我的念头,是我的冷面浇灭了这个学生心中的热情。如何让她走进我的课堂进入学习状态呢?我陷入了沉思。当大家说她已经无可救药只能放弃的时候,我却下定决心,我要用我的爱心去挽救她。在这之后的每一天,我下课后和她聊天交流,了解她的心声,让她慢慢地放下冷漠,能和我聊一些简单的事情。

二、花的回归

"老师，活着是为了什么？"当我从她的言语感受到她过往的点点滴滴时，我知道了她心中的苦涩、她肩负的压力。和她聊她的父亲，我知道了她的父亲在她初一的时候因为癌症去世了，她一直活在父亲去世这件事的阴影之下，难以释怀。她初中时从全班的前几名变成最后几名，她恨这个世界，然而当她渐渐调整好心态的时候，她的母亲又检查出来患有癌症，她的母亲每天除了打麻将，再也不去管其他的人与事，她的母亲已经绝望了。了解到这个之后，我经常去她的家里陪她母亲聊天。通过和她母亲的交流，我发现她母亲打麻将只是表象，其实她非常爱自己的女儿，只是想通过麻将麻痹自己以减轻痛苦。我耐心地疏导学生，让她体会到别人的关心，体会到党和社会的关爱，思考如何与母亲交流。我看到社区给她们家申请了补助，我也发动了很多同学一起，每天关心和开导她。那段时间我和班委每天陪她步行回家，陪她看了好几届的"最美孝心少年"的颁奖典礼，周末陪她参加社区义工活动和学校组织的虎凤蝶环保活动。站在紫金山巅，她大声地宣泄，释放内心的压力。在看完最美孝心少年的坚强之后，在听完白岩松的介绍之后，她挥舞着双臂，喊着我不怕。她看到了希望，开始回归生活，回归学校。她越来越阳光，而且还加入了英语领读队伍，她的脸上展现出了孩子应有的笑容。她看见我时不再有意躲闪，而是大方又快乐地与我打招呼。她的英语和唱歌很好，在二年级的时候成为第一个通过大学英语四级考试的学生，而且从那以后每次班级的联欢会，她都唱开场曲，优美的歌声悦耳动听，沁人心脾。也是从那以后，她开始有了目标，对生活更加乐观，这对她来说是多么不容易呀。虽然在对她进行心理辅导的过程中，我也有不少烦恼，但每当看到她开心和进步时，我都感到无比欣慰。

三、花开了

十年之后，当我送我的儿子上学时，竟然在小学的课堂上遇到了她。

她已经成为一名音乐老师，她和蔼而不发怒，爱学生，看得出来每个小朋友都很喜欢她。课堂上好多小朋友说自己的梦想是成为一名像她一样的教师。当她带着祖国的花朵唱起那《长大后我就成了你》时，我不禁潸然泪下。

卢梭曾说："做老师的人经常在那里假装出一副师长的尊严样子，企图让学生把他看作一个十全十美的完人。这个做法的效果适得其反。他们怎么不明白，正是因为他们想树立他们的威信，他们才反而摧毁了他们的威信。"只有好的学习氛围与融洽的师生关系，才能让学生们爱上课，期盼上课。我用心设计好每一次课，让每个学生在不经意间喜欢我。同时，在平时的学习、生活中，我也经常对学生进行赞扬，因为我知道希望得到别人的称赞是每个孩子的天性，孩子的内心都是清澈靓丽的。人人都期望着能得到别人的肯定，得到肯定之后，好的心情会给其带来下一次的成功。老师和家长的每一次赞扬与肯定，都会令每个孩子更自信，从而更用心地去完成一切。

分析反思

一、立德树人，需要成为教师自觉的职业追求

诸葛亮说："夫君子之行，静以修身，俭以养德。非淡泊无以明志，非宁静无以致远。""德"是赋予人类灵魂的基石，道德水平的提高和进步，无论是对学生还是对教师来说，都是特别重要的。"立德树人"是我们今天的教学理念，积极引导祖国的花朵树立正确的世界观、人生观和价值观，培养更多的德智体美劳全面发展的人才，授业解惑、育人育才，应是我们每一个教师的终生追求。

二、德育优先，要自觉将思想政治教育融入教育教学工作的方方面面

应将思想政治教育和我们的课堂有机结合，教师应在学科教学和班主任工作中引入思政教育，把价值理念和精神追求融入课堂，让每一个学生

健康成长，让他们有理想、有目标、有追求。当然也希望有更多的"你"，长大了就成了"我"……我是一名普通教师，我淡泊名利，然而时刻不忘教育事业。"授业、解惑，须倾心血；传道、育人，应具爱心。""春蚕到死丝方尽，蜡炬成灰泪始干。"

三、教育需要爱，如果爱，请热爱

因为热爱，老师才会去关心学生的成长，才会去教书育人，引导每个学生成才。爱是相互的，老师爱学生，学生就爱老师。因为爱，老师才能教育好孩子，所以老师更应该用自己的情怀去爱、去温暖每一个学生。有人说过这样一句话："教育者所得到的机会是教育的机会，是甘当人梯，是奉献，没有爱就没有教育！"我是一名职业学校老师，而且还是班主任，更应该有耐心和爱心。尽管平时工作忙碌，有时累得无暇休息，尽管很多孩子让我操碎了心，甚至有时气得"发疯"，但我必须心平气和，静下心来，想一想，他们也许是离异家庭的孩子，从小就在父母的吵闹中长大，缺少的不正是爱心、耐心和细心吗？心态放平了，一切都会风平浪静；心态放正了，一切都会水到渠成。

四、运用心理指导技术，鼓励学生

老师的心理开导行为，对学生特别是职业学校学生的终生发展也许可以产生不可估量的影响。学生都是可爱的，可能他们的成绩不尽如人意，但他们有的是生活的强者，有的是运动会上的冠军，有的乐于助人，谁又能说他们不是其他方面的强者呢？虽然他们的成绩不尽如人意，但是给每个学生创造温馨的学习环境，并鼓励学生用心做人，用心做事，是同样不容忽视的。就像林砺儒所说的："你要热爱儿童，才能了解儿童。你了解他们越透彻，你便会更热爱他们。因而热爱和了解是互为因果，互为发展的。"一句赞扬或一个肯定就是孩子坚持向上的动力，孩子拥有了自信心，做任何事情都会变得更加细心和用心。

3. "绑架"与等待

赵志杰

案例背景

关于这个话题,要从一个有趣的故事说起。一个人为了得到几只美丽的蝴蝶,奔跑了许久,累得气喘吁吁,终于捉到了几只。然而蝴蝶却恐惧万分,在网里挣扎不休,那副曾经在空中翩翩起舞的美丽模样,如今荡然无存。另一个人也很喜欢蝴蝶,他在窗台上放了几盆花,而后静静地坐在沙发上品着茶香。很快,蝴蝶就随风翩翩而来。同样爱蝴蝶,爱美好,前者是一副拼命追求的狼狈样,后者却是静静吸引的美姿。我们好多老师不自觉就做了第一种人,我们以爱的名义"绑架"我们的孩子,看似温柔却又暴力地伤害着孩子的幼小心灵。教育在一定程度上就是等待,让孩子慢慢体会我们的爱,不是无端地强加,更不是暴力地"绑架",或许我们只要等待那么一小会儿,孩子就会慢慢长大。

案例描述

一、迟到风波

某学期某周一的上午,班级的大部分同学早早地来到教室,有的在值日,有的在交作业,有的在准备早读,一切都那么井然有序。到了 7:40,早读已经开始,这时班级的一名女孩子还没有来,于是我赶紧联系家长,却没有联系上。直到早读结束也没有看到她的影子,此时的我十分焦急。从早读结束一直到第一节课下课，我一直在联系家长，家长的手机却一直无法接通，我是忐忑不安、焦急万分，就像一只热锅上的蚂蚁，害怕她在路上遇到不好的事情，害怕出现意外。等啊……等啊……终于在第一节课的课间，她悄悄地溜进了教室，还和同学有说有笑，一副什么都没有发生的模样。我心里十分生气，因为我太担心她在路上的安全，而此时的她却完全没有意识到自己的错误。我冲进教室，强压住自己心底的怒火，关心地问："今天为什么迟到啦？"她的回答却让我无语。"我爸爸已经请过假了，你问我爸爸去吧！问我干什么？"她歇斯底里的声音穿透教室，回荡在整个楼层，让我瞬间定在了原地。我突然意识到这个孩子今天一定有情况，如果不处理好，不仅会影响班级的规章制度，而且会影响这个孩子，那我该怎么办呢？我暗暗地问我自己。

二、冷处理

如果这个事件不及时处理好，既会影响这个孩子的上课情绪，也会影响整个班级的上课情绪，所以我首先要做的就是安抚好这个学生，将她对大家的影响降到最低。我马上对这个迟到的孩子说："你说你爸爸帮你请过假了，但是我既没有接到你爸爸的请假电话，也没有收到请假信息，我马上去核实，你先好好上课，中午再说。"其实这只是让孩子和我冷静的措施而已，如果经过核实，她的爸爸没有帮她请假，我该怎么办呢？我是马上把她叫过来，当场揭穿她，狠狠地批评她，让她写保证、叫家长，然后让她在班级宣读自己的保证书，还是等一等，让她自己来承认自己的错误呢？我真的矛盾。想了一会儿，我还是愿意等等她，我也相信她一定会到我的办公室来认错的，我现在要做的就是成为那个等待蝴蝶飞来的人。

三、等待转机

我焦急地等了整整一个中午，她没有来，我真的有点儿失望，我暗暗地说服自己，等待是需要那么一点点时间的，我们对自己孩子的变化不也是这样默默等待的吗？不到最后，不要轻言放弃，因为不到最后一刻我们就不知道有什么变数,也许这种变数蕴含着无限的机遇。等到上班会课,她还是没有向我说些什么,我在大家面前也没有再提此事。等到放学,大家需要调换座位的时候,我发现机会来了。大家都在搬桌子,调到新的位置上,因为她的身材比较瘦小,搬着放满课本的桌子,实在是太吃力了,我大步跨上去,没有讲任何话,微微一笑,帮她把桌子搬到了指定的位置,她也没有讲任何话,其他的同学也没有讲,大家都笑了。

四、问题解决

班级值日完毕后,我高高兴兴地走回自己的办公室,到了门口,我发现了一个熟悉的身影。她来了,等待了一天,终于等到了,没有让我失望,这就是我等来的机遇。走进办公室,她给我深深地鞠了一躬:"老师,对不起,今天我做错了三件事:第一,我不应该迟到、旷课;第二,我不应该骗你,我没有让我的爸爸帮我请假;第三,我不应该在班级大喊大叫,这样影响太不好了。"她又接着说:"老师,我向你道歉,以后这样的事情再也不会发生,请老师相信我!要不,我写个保证书?"我微微一笑:"事情都过去了,认识到自己的错误是第一步,下一步改正就是了,没有什么大不了的,你主动承认自己的错误就是最好的保证,老师相信你一定会改变的!"这个突发事件就这样圆满解决了,出乎我的意料,我完全没有想到会这么快,这么顺利!这时,我透过窗户,看到春风拂过树枝,好像在向我招手致意。是的,树枝的新叶,不也是等待春风而出吗?春天不也是我们等来的吗?教育也需要老师去等待,无须太急,在等待的过程中总会发现美好。

分析反思

每个孩子都是一朵含苞待放的花蕾,只不过每个人的花期不同。有的花,很快就天真烂漫地绽放了;有的花,则需要静静地等待属于自己的时机。但只要是花,都有自己的花期。细心地呵护这些花儿,慢慢地看着他们开放,陪着他们沐浴阳光,经历风雨,这何尝不是一种幸福。相信孩子,静等花开。这既是对我们教师的要求,也是教育工作者的追求。

第一,相信孩子。著名的哲学家康德认为:教育是由个体设计、自我选择、自我构建、自我评价组成的过程,是自我能力的发展,它体现着社会意志和教育者与受教育者平等自由地、审慎严肃地共同探究的机理,不是"指令",不是"替代",更不是让茧中的幼蝶曲意迎合或违心屈从。因此班主任需要理性地对待孩子出现的各种问题,帮助孩子进步,不能在爱的名义下绑架学生的感受,从而简单粗暴地进行命令和安排。这样只会适得其反,激起学生的逆反心理。我们应该更多地从学生的认知水平和心理发展规律出发,考虑学生的实际情况,去等待孩子自己触动那根琴弦,从而帮助他们弹奏出优美的曲子,成就人生多姿多彩的华美乐章。

第二,尊重孩子。著名的教育学家雅斯贝尔斯反对采用强迫的方法教育学生。他强调说:"所有外在强迫都不具有教育作用,相反,对学生精神害处极大。只有导向教育的自我强迫,才会对教育产生效用。"他的意思是我们处理学生问题的关键在于和学生平等相处,让学生主动领会。我们教育学生应该站在他们的角度去引导他们感受我们的爱,而不在于我们讲我们如何爱自己的学生,用"伪爱"去强迫他们接受我们的观点,这是无效的教育,反而会使我们的学生产生抵触情绪,这也是不符合教育规律的。我们应该在可控的范围内,静静地观察与等待,相信教育的奇迹会出现在我们身边。

第三,学会等待。教育的本质意味着一棵树摇动另一棵树,一朵云推动另一朵云,一个灵魂唤醒另一个灵魂。其实,摇动也好,推动也好,唤醒也罢,真正的爱的教育一定是过程教育,一定是给学生时间,给自己机会,去帮助学生发现自我,让学生理性地认识自我的过程,一味地马上给学生定性,只会把一个个错误扔给学生,最终的结果是学生不堪重负,积重难返,从此又多一个"问题学生"。所以我们教师有的时候需要静下心来,等待花开,这也是教育中的一种对美的期待。

4. 用"爱"为你保驾护航

张 瑜

案例背景

张某同学三年来在学校一直表现优异,不仅是学生会的干部,而且还曾兼任多门课的课代表,他工作认真负责,学习努力,颇受老师们赞赏与肯定。可是自他实习以来,短短两个月时间,实习单位的园长就打来电话和我反映张某的种种不良的实习表现。

案例描述

据园长反映,张某家住得比较远,所以幼儿园安排张某住宿。可是,张某在住宿期间,浓妆艳抹,夜不归宿,幼儿园的老师也曾多次在酒吧附近撞见她。由于晚上回来得太晚,影响睡眠,所以张某上班几乎天天迟到,做事懒散,还经常工作时间打瞌睡。有时候早上起不来,她就干脆请病假,谎称自己身体不舒服。此外,该生还在自己的实习手册上冒充主班老师签署意见并且私盖公章,后被园方发现,园方扣留了她的实习手册。之后,张某未向园方请假,半夜私自跑回家,并在隔天的电话中谎称自己家中有急事,需要请假一周。园方出于对孩子人身安全的担心,致电我这个班主任,希望我能提供张某家长的联系电话,以便确认孩子是否安全。后经电话核实,张某家中并没有发生大事,孩子跑回家,父母也觉得很奇怪,孩子只告诉他们幼儿园放假一周。鉴于以上情况,幼儿园希望我能亲自去一趟,处理一下张某的问题。

放下电话，我的内心久久无法平静。我万万没想到，平时在学校品学兼优的张某会在短短两个月的时间里，变化如此巨大。我告诉自己，她的种种行为已经严重违反了实习规定，首先应该做的就是通知家长，共同处理孩子的问题，并且需要参考园方的态度，考虑是否给予该生处分。当我打电话给张某的父亲告知他张某的种种表现，并希望他和我一起去张某实习的幼儿园解决问题时，张某的父亲却为难地拒绝了我，他说需要照顾常年瘫痪在床的妻子，问是否可以通过电话教育孩子，还要麻烦我帮帮孩子。孩子父亲的话让我的心深深一颤，我知道，我只能独自去幼儿园解决这件事了。

第二天中午，我赶到幼儿园。此时，张某已经回幼儿园上班了。我首先和园长进行了面谈，园长把孩子的实习情况又仔细地向我讲述了一遍，最后语重心长地和我说："老师，我们幼儿园当初之所以接纳张某来实习是因为你们的强力推荐，而且我们也为她提供了住宿，还为她安排了园里的骨干教师指导她，就是希望能好好栽培她，将来实习期满她能顺利留在我们幼儿园工作。这个孩子的能力确实不错，只要她肯把心思多花在工作上，肯定会进步很快。希望您能好好和这个孩子沟通下，从幼儿园的角度，我们也不希望强行赶孩子走，这样太不留余地，只要她肯改正，我们也还是愿意给她机会的。"

既然园方愿意给机会，那么就看孩子自己的想法和态度了。我单独找来张某，从孩子的表情看，她父亲应该已经通过电话教育过她了。我望着眼前的张某，告诉自己这个孩子本质不坏，要给她机会，但前提是她认识到自己的错误。我问她："你在老班心目中一直是个优秀的学生，这个幼儿园也是你当初坚决要求来的，可是你来了以后有好好实习吗？这段时间你觉得你自己都犯了哪些错？你家里的情况你自己最清楚，你爸爸妈妈容易吗？好不容易把你培养到可以实习工作，能经济独立了，可是你却怎么回报他们的？"孩子听了我的问话，眼睛直直地看着我："老班，幼儿园是不是不要我了？您是不是要给我处分了？我是不是毕不了业了？"我真挚地望着孩子说："只要你老实地和我说说你每天晚上都去哪儿了，为什么跑回家一周不来上班，你觉得你都犯了哪些错。如果你愿意坦白并且改正，我和幼儿园都会给你机会，就看你自己的态度了！"孩子望着我，犹豫之后向我和盘托出。原来她每天晚上都是下了班后就和以前初中的几个同学跑出去玩，游戏机厅、酒吧、电影院、KTV等都去过，这些地方都是她从前想去但没机会去的地方。以前在学校，对住校生管得严，周末又要回家照顾妈妈，所以没机会去。实习以后，才有机会去玩。她跑回家一周，是因为害怕幼儿园发现她私盖公章后向我报告，而且她害怕我知道是她自己写的指导教师评语，她的实习表现并没有我想象得那么好，她害怕影响自己在我心目中的印象，不想让我对她失望，所以她选择逃避，逃避我，逃避现在的工作，逃避幼儿园。最后，孩子边哭边承认了自己的错误。

望着眼前泪流满面的张某，我知道这孩子只是经不起外面花花世界的诱惑，贪玩且没考虑后果，还耍小聪明，企图隐瞒自己的实习表现。希望经过这次的事，她能引以为戒，重新变回在校时期那个努力勤奋的她，好好工作，力争能实习后留在这所幼儿园。我对她说："既然你已经意识到自己的错误了，以后要好好努力。如果丢了这份工作，你只能回老家了。"孩子听懂了我话里的意思，并且写了一份深刻的检讨以及保证书，向园方承诺，以后不会再犯类似的错误。

最终，在我和园方的共同教育下，孩子的态度发生了转变。我知道，孩子犯错误也有我的责任，是我给予她的关爱不够，没有及时联系幼儿园了解她的实习情况。

分析反思

一、深入了解学生的内心世界，走进学生的生活实践

刚踏入社会实习工作的学生，往往难以抗拒社会上的很多诱惑，"禁果效应"使然。因为年轻，他们喜欢尝试各种新鲜事物，追求刺激，喜欢玩乐。那些在学校自律严谨的好学生，有时对这些事物的好奇程度更高。再加上父母不在身边，无人约束，一旦有人诱惑，他们就会把持不住，深陷其中。学生的自制力和自控能力毕竟有限，在学校还有老师和各项校纪

校规对其进行约束，走上工作岗位后，单位不会像学校一样约束学生，讲的是自觉，那么有些学生就会慢慢开始堕落。所以，对于实习生，我们班主任能做的是多加关注，多些宽容，多些理解，多些关怀，无论是他们的实习工作，还是他们的生活。

二、及时关注学生的情感诉求，引导学生正确发展

学生不在身边时，不等于没事了，老师要多打电话嘘寒问暖，要加强和实习单位的联系，及时了解学生的实习情况，这样才能及时发现问题，并及时处理。特别是对于那些父母不在身边独自生活的学生，他们的工作压力本来就大，还要适应新的工作环境、新的同事，每天要学习新的知识和技能，可能还不断面临挫折，很容易心灵受伤，这时往往连个可以倾诉的对象都没有，也没有能够就近照顾他们的人。作为班主任，更应该多花时间去关怀他们，用自己的爱心温暖他们，用自己的言语鼓励他们，倾听他们的烦恼，纾解他们的烦恼，为他们的人生指明正确方向，避免他们行差踏错而深陷泥沼。

心理学家认为："爱是教育好学生的前提。"教育是心灵的艺术，"以人为本"，关爱和尊重每一位学生，在师生间架起一座心灵沟通的爱心桥梁，使每一位学生都能沐浴在班主任的关爱之中，这份爱的力量能为他们指明正确的人生方向，帮助他们克服迷茫，抵制诱惑，面对挫折不灰心、不气馁，积极进取，茁壮成长，最终融入社会，适应社会。让我们用"爱"为每一位学生保驾护航吧！

5. 爱与教育伴成长

徐 锐

每个孩子都是可以盛放的花朵，或早或迟，或迎风摇曳，或害羞内敛，只要我们用爱浇灌，用耐心去呵护，就一定会听到花开的声音，看到花朵绽放的精彩。

案例背景

突如其来的新冠疫情打破了传统的教育方式，使教育方式从校园面对面转变为线上网课。线上教育不仅改变了知识的传授方式，还促使教师对德育方式有了新的思考。在家办公学习，教师不能和学生面对面，导致教师无法完全了解学生的学习和心理变化，面对在校园中常见的问题较多的学生，如何对其进行正确的引导成为亟须探索的问题。

案例描述

小明是我们班一位特殊的孩子，由于家庭原因，他和姨妈住在一起，他性格沉闷，不善言辞，较难对别人敞开心扉。他进校时成绩在班级名列前茅，但随着职校生活的展开，由于缺乏明确的学习生活目标，加之自身自卑内向，平日也不与老师和同学交流沟通，在班级里没有朋友，成绩逐渐下滑，日常的行为表现也不尽如人意，经常做出违反校纪班规的事情，一度让我很是头疼。课后和假期找小明谈心一度成为常态，其间与小明姨妈一起帮助孩子树立信心，制定学习目标，班级其他同学也一起开导他。功夫不负有心人，小明逐渐走出了原来的阴霾，他的脸上笑容代替了麻木，他与同学关系融洽，也交到了好朋友,还能够对老师敞开心扉,畅想对未来的期望以及倾吐内心的纠结,成绩也有了明显的进步……看到这些变化,我由衷地为他感到高兴。

可是转变总是突如其来。因为新冠疫情,我们推迟了开学,转而进行线上教学,学生的学习都是在家里完成的。因为学习环境不同,小明又不能自觉接受老师与同学的监督,我发现他在网课签到与上课状态方面表现越来越差。在一天网课结束后,我和小明的姨妈电话联系后得知,小明在生活和学习上散漫了很多,对姨妈的监管表现出烦躁、反抗的情绪,姨妈在疫情防控形势转好后恢复了工作,家里就更没人监督小明的学习和生活了。姨妈表示对孩子也没有任何办法。

我意识到再这样下去,在学校里与同学一起对他的帮助将付诸东流。思前想后,我决定与小明认真地谈一次,找到帮助他的方法。

接下来任课教师反映全班只有小明没交作业时,我再一次拨通了小明的电话,他如实地回答:"我没有认真学习,每天都在打手机游戏直至凌晨,白天实在很困就会睡觉。"他说想回到疫情前正常的生活学习状态。听到这个回答,那一刻我真的很欣慰:这个孩子是想成为一个优秀的人的。我更加坚定了要重新帮助他做出改变的决心。于是我接着和小明沟通,他坦白说学生最主要的任务应该是学习,遵守老师和学校的要求,认真听课和完成作业,为前途去努力。可是,他还不能克制自己,每天看到手机就想打开游戏 app。我告诉他:"做出改变不是件容易的事情,我们今天不谈改不改变,你能先把自己每天的生活记录下来,然后针对每一条你认为好的和不好的分别画上钩和叉,再对应地写出应该做出努力的方向,并且把以前我们做过的想成为什么样的人的表格拿出来再审视自己一次,可以吗?"小明这次给了我肯定的回答。

第二天是人物速写课,根据本班学生的学情,我针对特殊时期的榜样力量制定了"抗击疫情,最美背影"的人物速写专题。在完成人物速写教学任务的同时,我把情感目标定在了理解榜样的力量和示范作用上。我也想用这样不同寻常的一节课帮助小明正确认识榜样的作用,希望他可以受到鼓舞,重新树立人生目标,明确前进方向。

事实证明,这节课让小明深受启发。当天下午的课结束后,我看到了他的留言："老师，我想改变自己，想成为对社会有用的人，这些医生为了我们，放弃了春节团圆的时刻，投身医院工作为抗击疫情作努力，我觉得自愧不如。"看到小明的留言，我内心非常激动，想了又想后回复他："很高兴你能从榜样的身上受到感染，非常期待你能成为对社会有用且能为他人而奉献自己的人，老师非常愿意帮助你。"

小明给我改变计划是在第二天，看着上面的时间安排和具体事项，我感受到了小明决心改变的态度，和小明反复商量确认后，制定好具体的内容。小明怕不能履行好自己的计划，我鼓励他对自己要有信心，让他想一想在学校的生活、与同学相处的美好时光，并且告诉他，完成每天的任务后在我这里打卡，或者也可以每完成一项就打卡，我来监督他。

与小明结束通话后，我向他的姨妈反映了他要改变的决心，并让家长回到家后对孩子的改变给予肯定，经常给他激励，促使孩子建立自信心，改变原来懒散的生活和学习态度。

接下来的几天我都密切关注小明的情况，他每天都严格按照改变计划中的时间和任务安排，在我这里打卡，偶尔也会遇到想要偷懒坚持不下去的时候，但他都能克服。任课老师那里没交作业的名单里再也没出现过小明的名字，还能收到各科老师表扬他积极回答问题的反馈。家长也反映说孩子每天的精神头十足，生活上也不再和家长拌嘴争吵，而且能够体谅家人，睡觉前还在用电脑学习新的知识。听到这些，我十分激动，似乎看到小明在我面前灿烂的笑容。我更想疫情立马结束，在班级里当着全体同学的面表扬小明同学。

疫情还没结束，网课也在继续，但是小明已经改变了原来懒散的习惯，课堂上积极表现，课下与兴趣一致的同学学起了视频剪辑，还拍了一些科普视频供人们观看。看到小明的转变，我获得了教师十足的幸福感。

分析反思

一、切实帮助学生，需要深入了解学生的内心世界

每个学生都有各自的特点，学生像一颗种子，教师不仅要了解这颗种子的品类，耐心地探索什么时候浇水、什么时候施肥，还要在他遇到暴风骤雨的时候，知道该如何帮助他。在学生成长的过程中，教师还要取得学生的信任，让学生知道在自己遇到困难和挫折的时候，教师会理解他，帮助他。随着深入了解学生的问题，教师可以依据学生的自身情况，帮助学生制订计划，协助学生改正不良的习惯，成为理想中的自己。

二、切实帮助学生，需要帮助学生细化具体措施

不能因为自己是教师，就把想法强加给学生。与学生交流时，教师只有站在学生的角度来考虑问题和困难，才能更有针对性地去帮助学生。在对学生进行长时间的监督管理时，教师要尽可能地将要求细化，使要求切实符合学生实际，这样学生也容易获得成就感，从而对自己产生信心，实现成功。同时教师也要积极地与家长联系，做好家校沟通工作，全方位地帮助学生克服困难，走出困境。

三、切实帮助学生，需要耐心地关注和陪伴

教育的艺术不仅在于传授知识和本领，还在于激励、唤醒、鼓舞。传道授业解惑是教师的职责，作为一位优秀的深得学生之心的教师，更要成为耐心的倾听者、优秀的心理咨询师和出色的分析指导师，不仅能够帮助学生解决学习上的困惑，同时还能帮助他们在自卑难过时树立信心，面对困难挫折时拿出勇敢面对的勇气，迷茫时找到前进的方向……学生毕业后将会在社会环境中经受锤炼，专业的知识技能以及面对困难时不屈不挠的意志和乐观面对困境的态度将会助力他成长，也是他在社会中生存的必备技能，所以教师要努力在学生成长过程中成为他的良师益友。

教育像是暖暖微风，拂过的是单纯可爱、求知若渴的小树苗。教师应该用细心、耐心了解学生的学习和生活，用温柔抚慰学生的心灵，用恒心帮助学生走出困境。每个学生都应被教师温柔以待，修炼成为学生成长路上的指路明灯也是教师一直要做的事。教师只有不断学习和成长，才能让爱和教育伴随每一位学生，用爱的教育浇灌每一棵小树，帮助学生长成参天大树。

6. 让孩子在启发中成长

高梦雪

案例背景

古希腊哲学家亚里士多德说过:"懂得启发,是教育的伟大本领。"简短的一句话,却包含着深刻的教育理念。教育艺术所需要的就是正确地引导和启发学生。在三年多的班主任工作中,我发现引导和启发还应该注意结合学生的年龄特点和兴趣爱好。教师的丝丝话语会在学生的心中种下希望的幼苗,点点滴滴都将汇成爱的果实,我们要心存爱意地去做这一切,特别是面对后进生的时候。

案例描述

军训后我们班转来了一位往届生小张,那可是出了名的"刺头"。他原来的班主任告诉我,军训七天,他每天都换着"花样"地迟到,不是今天车胎爆了,就是明天碰擦到行人了,或后天撞上电动车了,路堵了,等等,理由层出不穷,每次还都不一样。我感到可笑又郁闷,同时对小张的到来充满了担忧。

事实上,小张果真是一名让人很头疼的学生,每周都要迟到好几次,上课不是玩手机就是睡觉,不认真听课,也从不交作业,老师反复找他谈话没有任何效果,罚站、罚打扫卫生也不起作用,甚至找家长谈话也是效果甚微。和家长联系,家长说小张在家从小就是个"混世魔王",没人敢惹。难道就真的任由他散漫发展?难道就真的没有办法了吗?

对于一名这样的学生,我一开始试图用目标引领法引导他树立起一个目标,有了奋斗的方向或许能改变他的现状。可是他却对我说:"老师,跟你说吧,我从来就没想过上这个学校,也没想过学这个专业,都是我妈强迫我的。她自己就是一个小会计,就喊我也学会计,但我其实一点儿兴趣都没有,我也就想着混个毕业证就行了。我不给您惹事,您也别管我。"从和他的对话中可以发现,他对于现在的专业不仅不喜欢,甚至是抵触,如果不改变他的想法,只会让已存在的问题更加严重。

我知道不能再用常规的方法来对待小张了,我开始琢磨更好的处理方法。通过一段时间的观察,我发现了小张的一个优点,小张在班级QQ群里发言很积极,和其他同学交流得很频繁,是个擅长与人交流、群众基础好的学生。我决定好好把握和发挥这个优点,通过这个优点带动小张改善学习和生活状态。首先,我找小张来商量,先表扬了他在班级群里的积极性和影响力,增强他的自信心,而后说我们班要选举一个班级群管理员,同学们都推荐了他。小张起先不太想答应,有些犹豫和推脱,但考虑到还有几个平时和他玩得比较好的哥们儿都选举了他,最终他还是答应了。改变的第一步已经完成了。过了一两个星期的无任务状态,小张放松了"警惕",这时候我开始逐步向小张提出任务,先是由小张负责班级群公告的管理,而后慢慢增加,逐渐完善管理员的工作任务和职责。两个星期后,小张的任务扩充为:及时更新群公告,每天发布作业,管理群里消息,组织每周一个微主题讨论,并且将老师批改的A+作业和微主题最优想法用手机拍照后发布到班级群的相册里保存。通过循序渐进地增加工作量,小张有了一个适应的过程。小张一直都将各项任务完成得很好,我也会对他的表现定期进行汇总并给予表扬。

小张逐渐在其他方面也有了可喜的变化。他开始选择性地交作业了,比如美术和地理的作业,这可真是一个跨越式的进步。当小张开始交作业的时候,我去找任课老师商量,希望任课老师能将小张的作业有意评为A+,任课老师也很配合我,大家都期待着小张的改变。我们班的微主题讨论也成为一个班级文化窗口,每次主题都是由小张和班委一起讨论确定的，他们提出想法并自己组织讨论。小张以及很多同学也从这些正能量的微主题讨论中开始认识自我、纠正自我、完善自我。也许是受到了任课老师的表扬和大家的认可，小张的一日常规越来越规范，不再迟到早退，上课也很少玩手机、睡觉，课后认真回顾课程内容，按时且保质保量地完成作业。他在点滴之间改变了自己，朝着越来越好的方向发展。

从普通学生上升到"好学生"缘于一个小小的契机。记得是某次课上讲到原始凭证的内容，我布置了一个预习作业，让学生自己去生活中找原始凭证。因为小张的妈妈就是一名会计，所以小张找到了好些不同的原始凭证。我让小张在课堂上介绍了他带来的原始凭证，取得了很好的效果，小张得到了很大的鼓励。之后我给每周的会计课增加了一个模块，三分钟财经新闻介绍，由小张负责。于是每周都能看到小张制作的图文并茂且精美的财经新闻PPT，班级里的学生开始带着欣赏、崇拜的眼神看小张，也有同学开始对财经新闻的PPT制作提出自己的想法与观点。大家在这样的环境下积极探讨，认真学习，营造出了一个良好的学习氛围。

一个学期后，我发现小张真的是变了，他上课不再睡觉、不再玩手机，而是认真听讲，下课的时候还会缠着老师问问题，大家对他的改变感到非常欣喜。现在，这位曾经顽劣、玩世不恭的学生的成绩已经晋升到了班级前十五名。

小张不仅在学习态度上有了转变，在学习能力方面也有了质的飞跃。让我引以为豪的是由小张全权负责组织的微习惯活动。所谓的微习惯活动就是每天坚持三到四个小习惯，比如每天喝八杯水、每天骑行五千米、每天看五页课外书、每天喝一杯牛奶等。小张罗列了二十个微习惯，每位同学从中选择三到四个，坚持习惯，每天打卡，每月汇总。不知从何时起，我突然发现，经过这些时日的潜移默化，小张已经从一名后进生转变为我的得力小助手了。我感到由衷的欣慰和自豪！

分析反思

一、以人为本，建立融洽和相互信任的师生关系

学生作为一个独立的社会个体，在人格上与教师是平等的。作为一名

教师，应以人为本，以学生为本，尊重每一位学生，建立合作、友爱、民主、平等的师生交往关系。对于小张这类学生，我们需要放下架子亲近、关爱他们，与他们建立良好的关系，找出产生问题的原因，帮助他们解决问题，做学生的良师益友。

二、宽容相待，善于发现学生的闪光点

宽容意味着教师对学生的信任和理解。宽容不是软弱，不是无原则的迁就，也不是对学生不良行为的默认，更不是纵容与包庇。其实，后进生的不良习惯，是各种因素长期影响的结果，对待他们，教师需要付出更多的耐心、爱心和关心。虽然小张转入我们班后，开始时表现得不尽如人意，甚至让老师和家长头疼，但我们不能放弃这类学生，我们需要给予宽容，减少说教，减少惩罚。

三、激发潜力，加强正面引导

坚持正面教育，坚持正面引导，要善于挖掘孩子身上的闪光点。教师对学生的影响不仅仅是知识上的、智力上的，更是思想上的、人格上的。教师要学会运用加德纳的多元智能理论，注重挖掘后进生的强势智能，激发他们的内在潜力，比如在面对小张时，教师要先耐心观察，发现他的闪光点并加以合理运用，促使他树立不断进步的信心。

正如那句"懂得启发是教育的伟大本领"，教育艺术所需要的就是正确地引导和启发学生。教师只有全面了解学生的思想表现、家庭环境、社会交际等情况，才能根据学生的不同特点，有针对性地进行教育。教育是一门艺术，只有走进学生心灵的教育才是真教育。爱是教育的原动力，教师关爱的目光就是学生心灵的阳光。

7. 慧心耕耘，不问花开或叶绿

姜舜怀

案例背景

职业学校学生中常有一些综合能力比较差，甚至智力发展较迟缓的孩子。这样的特殊学生往往需要班主任特别的关注，会经常发生与这类学生相关的事情，处理这些事务自然也会耗费班主任很多精力。班上如果有了这样的学生，班主任自然会有压力，还可能出现畏难情绪。但这类特殊学生更需要老师有足够的耐心与爱心去给予关注。

作为烹饪专业老师的我在教育教学过程中就经常遇到这样的学生。我校几乎每年都会有这样的学生来求学，而学校往往都会将他们推荐到烹饪专业。因为人们常以为烹饪是手工劳动，容易学，然而事实并非如此。

案例描述

我印象最深的是20年前的一个学生。当时，有个烹饪班班主任另有事务，学校安排我接任该班班主任。办理交接时，前任班主任就特别叮嘱我，这个班学生人数多，而且有个特殊的邵同学，事情特别多，要我做好心理准备。

果然，我走马上任第一天，邵同学就来找了我三次。第一次，"老师，某某将黑板擦摔地上了"。第二次，"某某拿篮球砸我"。我马上将那位同学找来了解情况，该同学说："我们不想跟他玩，他非要掺和进来，我就用篮球轻轻砸了他一下。"我简单处理后就去上课了。第三次，中午，邵同学来报告："某某某打我。"我一听很紧张，立即找到那位同学。原来中午到食堂吃饭，三个同学坐在一张桌上，邵同学也坐过来，他们不让他坐同一张桌，邵同学非要和他们坐同一桌，他们几个就将邵同学推到另一张饭桌。于是我将那三位学生叫过来教育了一番。

下午，几乎每个课间，邵同学都要来办公室汇报些事情。我这才体会到前任班主任的叮嘱，看来仅凭我一个人是无法每时每刻都能关注邵同学的，所以需要从源头解决问题。当天放学后，我将几个班委留下来，了解邵同学的情况。班委反映邵同学智力有问题，学习差，还爱打小报告；班级同学都不喜欢他，也不愿跟他玩，但他总是凑上去，像跟屁虫一样；有些同学还让他代做值日，或做其他事，甚至打他。

我又联系前任班主任，向她了解情况，并请教处理方法。她建议我，对邵同学多关注多了解，他每天来打小报告，可能是他想得到我的关注。前任班主任还建议，有些事也可以让他自己处理，如果他一报告就批评其他同学，被批评的同学就会更讨厌他，反而会恶性循环。

对啊，我应该多了解邵同学。于是，我就翻出邵同学的档案资料，了解他的家庭情况，也找他谈心交流。

我问他："同学欺负你，你为什么还跟着他们呢？"

他说："没人跟我玩，但我想玩啊。"

我又问："同学让你替他们背书包、捡球，你愿意吗？"

他说："只要他们带我玩，我就愿意。"

我又约了他的家长来学校沟通，我说出了我的担心：孩子想跟同学玩，可能会出现一些情况。

"不要紧的，老师。"没等我说完，他妈妈说道，"孩子在一起玩，打打闹闹是正常的，吃点亏没事，只要孩子开心就好。"

他妈妈介绍了孩子的状况，说他们家长也不指望邵同学学习有多好，就希望他的生理、心理能健康成长。

了解了家长的意愿，家长也作了表态，我轻松了许多。我在班级开了团结友爱的主题班会，提前找班级同学进行了针对性的教育。我在班级表达了邵同学的想法，表示他愿意为同学做一些服务工作。如果大家带他一起活动，他自己愿意帮大家做些事，这就不算欺负同学。希望大家可以带着邵同学一起活动玩耍，帮助他更好地融入我们这个大集体，让他感受到同学之间的温暖，体会到美好的友谊。

此后的班级管理中，虽然邵同学的小报告还是会有，但班级同学与他之间的矛盾少了，邵同学的笑容多了，在集体中与同学相处得越来越融洽，他终于成长了。后来，邵同学顺利毕业，并取得了职业资格技能证书，我也是打心底为他感到高兴。

分析反思

一、关注全体学生，关注每个孩子

《国家中长期教育改革和发展规划纲要（2010—2020年）》指出："关心每个学生，促进每个学生主动地、生动活泼地发展，尊重教育规律和学生身心发展规律，为每个学生提供适合的教育。"要了解学生原有知识水平、学习能力、个性特点，为有效教学做充分准备。在同一个班级中，由于学生的基础水平不同，所处家庭环境不同，学生的自我要求不同，会形成不同的学生发展群体。作为老师，要理解学生的不同发展情况，时刻关注每一位学生，那些综合能力比较差的学生尤其需要我们多给予一分关爱。对于像邵同学这样有一些困难的孩子，老师要多给予重视，关注他的发展。老师要根据学生的不同情况改变教育方法，使班级的每一位学生都能得到比较好的发展。

二、了解学生内心，走进学生世界

俄罗斯教育学家乌申斯基认为："教育要从了解开始，了解学生是掌握学生的一把钥匙。"正如我校开展的智慧课堂年的要求：明白一切事相、了解一切事理叫作慧。对于邵同学这件事，我刚开始的想法是让他不要和其他同学一起玩，可以减少冲突，这样看上去是能有效地解决他频繁来打小报告的问题，但也忽视了邵同学是个心智尚待发展的少年，他也有社交需求，必要的群体活动是其身心健康成长的基础，如果彻底切断他与别人的交流，只会让情况变得更加糟糕，让邵同学变得更加孤独。所以，当我了解到这点时，我大胆地做出了鼓励班级同学带他"玩"的举措，虽然这未必是最佳方式，但也取得了一定效果。

在我后来的任教生涯中，有时一个班级会有两三个像邵同学这样的学生，我发现平时这几个孩子往往聚在一起，很少与班级其他同学在一起活动。现在我理解了，这是因为他们有了同伴，有了活动交流的情景，自然不会跟其他同学产生矛盾。而当时班级就只有一个邵同学，他没有同伴，自身的弱势感使其产生自卑心理，孤独感强烈，他就期望通过打小报告得到关注，通过做"跟屁虫"与同伴交流，他通过这种"笨拙"的方式表达自己内心的渴望。老师确实应该创造情境带领这样的学生走进同学中。

三、尊重学生差异，多与家长沟通

任何时候，家长都是教育孩子的最重要的力量，也是教师教育学生的最好资源。苏霍姆林斯基曾经指出："没有家庭教育的学校教育和没有学校教育的家庭教育都不可能完成培养人这一极其细致和复杂的任务。"老师多与家长沟通，既能帮助自己深入、全面地了解学生，也能取得家长信任，共同营造良好教育氛围，促进学生健康发展。在这个案例中，正因为邵同学妈妈的意愿与理解配合，才有了我之后放心大胆的教育方式。

学生之间的差异是客观存在的，这就要求我们因材施教，让每一个学生都得到更好的发展，才能取得良好的教育效果。邵同学这样的学生，我们不必强求其文化成绩、专业技能多么好，只要他的身心健康发展，我们只需教会他能懂的道理，教会适合他生存的技能。

现在流行一种说法：每一个孩子都是一朵花，只是花期不同而已。这非常不妥，要知道，自然界既有开花的植物，也有只长绿叶不开花的植物，比如人们喜爱的绿萝等。它们与鲜花一样，同样能带来美感，发挥其价值。所以，我认为，每一个孩子都是一粒种子，只是发芽早晚不同而已。像邵同学这样的学生，何必要求他将来成为栋梁，螺丝钉同样有其发挥效用的位置。只要我们慧心耕耘，他们定会有花开或叶绿时。

8. 做一个懂"你"的班主任

宋贤利

案例背景

每个学生在成长道路上都会遇到各种各样的问题，如何正确认识自己、认识周边的环境，如何学会接纳自己，是当代学生心理健康教育的重要内容。在班级管理中，教师的一言一行都会影响学生的发展，特别是对于敏感的孩子而言，你一句不经意的话，他可能会想半天，不断地进行思想斗争。那么如何保护一个敏感的孩子，让他卸下盔甲，正确看待别人的评价，放松地融入集体生活是本文重点探讨的问题。

案例描述

每一个孩子都渴望得到温暖和别人的信任，特别是敏感的孩子，他的这种需求会更加强烈。在我们班里就存在着这样一个特别的孩子，他就是我们班的前任班长。

事情从开学竞选班长开始，在刚入学的时候，班级需要快速组建一个班委会，完善班级的秩序，他自告奋勇发表了自己的竞选感言，他说："虽然我以前没有当过班长，但是我愿意从零开始，我要当一个负责任的班长，以身作则，虚心学习。"这样诚恳的态度打动了大家，他成功担任班长。在担任班长初期，他比较焦虑，在一次谈话中，他跟我说："老师，我在班级讲话的时候，感觉很多同学瞧不起我，因为有几个人总是模仿我的语音语调，我每次听到这种声音的时候，心里很生气，我都不想跟他们讲话了，其实我很讨厌他们。"此时的他感受到了别人不太友好的态度，感受到别人在有意无意地嘲讽他。我告诉他班长在班级的一言一行都会受到别人的关注，所以要想做好这个职务，首先要不断提高自己，让别人信服自己，同时不要过多在意别人的评价，不要让别人影响自己。

过了一段时间，有个参加学校技能培训的机会，对于每一个学生来说，这都是一个难得的机会。我推荐了他，他十分高兴，眼睛里闪烁着光芒，并且信心满满地对我说："老师，我一定会努力练习。"我也对他充满了期望。大约过了半个月的时间，他突然跑到我办公室对我说："老师，参加培训这个机会十分难得，但是我训练一段时间后，发现自己手速很慢，跟不上，和其他同学相比，我感到非常吃力。我感觉在培训班里老师不重视我，其他队友也不帮助我，我自己也担心有些问题就算我请教他们，他们也不会告诉我。我现在想请假一段时间，调整一下自己的心情。"

我看到他当时比较痛苦的表情，就给他放了几天假，可是，他后来就找各种理由，再也没有按时去训练过，以至于后来不了了之。那时的他内心比较矛盾和脆弱，有很强的愧疚感——一方面期待着这个技能培训的机会，另一方面又因为他人的看法而退缩了。半学期之后，他在班里的行为举止也发生了明显的变化。首先是上课状态，任课老师反映他上课会睡觉，学习也没有从前那样认真积极了；然后是课余时间，他经常会一个人趴在桌子上看书或者发呆；更严重的是他开始说谎，尝试各种借口请假，有时候也会偷偷藏手机。

这些事件充分反映他很注重别人对自己的看法和评价，当他没有做到令别人满意时，他会选择逃避。用目前比较流行的话就是"当自己的实力配不上自己的思想"，他的选择是自暴自弃，而不是脚踏实地奋力向前。这时候他需要的是有人给予他助力，帮助他度过自己心里的那个难关。

经过一次深刻的交谈后，我发现他的原生家庭对他影响深远。他从小父母离异，跟着母亲生活，后来母亲再嫁，他总是感觉自己寄人篱下，生活得小心翼翼，总是担心别人指责他，每次伸手要生活费总是感觉很别扭，从来不敢在家里吐露心声。这种家庭环境使得他做事总是瞻前顾后、畏首畏尾，久而久之也影响到了他学习生活的方方面面。了解到这个情况之后，我告诉他，父母如何生活我们没有能力决定，大环境是改变不了的，但是我们可以改变自己，改变自己的心态，为自己树立一个可以实现的目标。我们商量之后达成了一个约定：从行为习惯开始，做到不迟到，不旷课，有事情可以请假。之后的一段时间，他基本遵守约定，虽然偶尔会有反复，但总体情况是越来越好的。

其实这个孩子本身是比较幽默的，但是更多地偏重冷幽默，除此之外，他还善于争辩，有理必争。根据他的这些特点，我鼓励他积极主持班会主题活动，参与辩论会。在一次校级公开主题班会中，他关于"微笑与快乐"主题的发言获得了班级同学和老师的极大认可，我依然记得有这么几句话他说得非常透彻，他说："微笑只是人的一种表情，有时候是真的开心，但是有时候却是为了掩饰内心的尴尬和不安，更有甚者，微笑的人，有时候内心是极度痛苦的，比如说有些喜剧演员，往往有严重的心理抑郁。"在这些活动中，他像是找到了自己的用武之地，参与兴趣不断提高，也在这些活动的过程中树立了自己的自信心。

分析反思

一、与学生积极沟通，了解孩子的心理发展状况

我相信每一个人内心深处都希望自己是完美的、无可挑剔的，都希望能够得到别人的接纳和信任。内心敏感的孩子，会更在意别人的语气和态度等，在行为上有时候会表现得比较执拗，其实，他内心很渴望有一个能够懂他、帮助他的人。

二、积极帮助孩子树立自信心，让他在班级得到尊重

真正美好的教育应该是唤醒人的自信，让生命由内而外地透亮。在班级有重大活动时，老师要结合学生的特长，鼓励敏感的孩子积极参与，并在参与过程中提升自己。

三、不当面批评学生，使他形成良好的自我评价

过分关注别人对自己的评价会让人迷失自我，因为每个人的价值观不同，对同一件事情的看法也不同，只有自我评价才是影响一个人的稳定因素，积极的自我评价是一个人接受自我、悦纳自我的开始。心理敏感的学生往往比较要面子，接受不了别人当面的批评。例如，他刚开始当班长时，每当班级被扣分或者班级出现问题的时候，我都在班级首先批评他。他觉得有些问题并不是他的错误导致的，而是由于其他同学的疏忽，这样就使得他在以后的班级管理中有些焦虑和紧张。但这并没有转化为他提高自己的动力，反而使他变得有些松散。所以，在后来的教育中，我从来不当面批评他，有些事情点到为止，让他自己觉得自己是很有发展潜力的。

每一朵花都有自己的花期，每一个学生都需要用爱心浇灌。作为班级的建设者和管理者，在工作的过程中会遇到各种各样的学生，特别是对于心理上不知道如何调整自己的学生，如何为他们营造一个放松的、积极的学习环境，帮助他们发展社会交往能力，培养他们的自信，促进他们健康发展，是一个长期的话题，也是我们班级管理的一项重要工作。

9. 找到属于自己的一片天

邵莲莲

案例背景

每个孩子都是独一无二的，每个孩子的潜力都是巨大的，从某种意义上讲，每个孩子都是优秀的！作为一名职校的教师，我觉得很幸福，因为我为我的每一个学生感到骄傲！职校的孩子可能学习基础稍微薄弱一些，但孩子们都很活泼可爱，他们勇于表达自己的想法，动手能力强……我相信只要用心发掘每个学生的闪光点，培养他们的自信心，找到针对每个学生的教育方法，职校的孩子将来一定可以找到属于自己的一片天！

案例描述

真教育是心心相印的活动，唯有从心出发，才能触动心灵深处。以爱为依托，用一颗真诚的心爱护学生、热爱工作，将自己的爱心和耐心，化作无声的细雨，滋润学生的心田，用精神的甘露去洗涤学生的精神世界。

一、发现问题

学期刚开始，我接到在一个班级新开一门课程——"西方经济学"的任务。接到授课任务我很开心，因为这门学科对现实生活、生产实践有很强的指导意义，可以解释生活中的很多经济现象，我个人非常喜欢这门课程。掌握这门课程对学生来说有很重要的意义，我也希望他们都能很好地进行学习。该班级是高职会计班，现在是在校三年级，共49人，男生居多。大部分男生比较活跃，课堂上和老师互动比较多，但也正因如此，课堂纪律是上课的大问题。有几个女同学上课认真听讲、认真思考，能够回答我提出的问题，能够独立完成我布置的作业，这让我十分欣慰。然而两次课过后，问题也接踵而至：一是《西方经济学》这本书涉及一些数学知识，比如切线、求导等，这个班学生的基础知识部分较为薄弱，对求导等数学知识不熟悉，所以关乎这一方面的知识学习起来存在一定的困难；二是虽然班上的大部分学生上课积极回答问题，积极和老师互动，按时完成作业，但有小部分学生课堂上过于活跃，还有小部分学生听课状态不佳。发现这些问题后，我感到肩上的担子重了，同时我也明白，压力就是挑战！只有迎难而上，攻坚克难，老师和学生才能找到属于自己的一片天。

二、分析问题

我私下询问班上的学生："求导的知识之前学过吗？""切线的概念清楚吗？""老师对专业名词的解释理解吗？"……班上的学生都很善良友好，乐于解答我的疑问，并积极和我汇报他们不同课的上课状况，某某同学的性格特点等。在询问了解的过程中，我对每个学生的特点有了更细致的了解与把握，对学生的整体文化课基础也有了一定的认识，于是在写下一课时的教案时，我做了适当调整，更加贴合学生的认知与发展水平，希望可以更好地帮助学生理解知识点。

三、解决问题

针对学生相关知识不熟悉这一点，我在课前先介绍斜率、切线、求导等数学知识，确定大家听懂学会之后再进入当前课程——"成本论"，从基础到提高，带着学生一点一点地深入学习。这一课开始时我介绍了显性成本、隐性成本、机会成本、沉没成本等基本概念，作为课程导入，我先询问了大家在职校上学的成本有哪些，分别属于哪类成本，大家七嘴八舌地讨论后，集体回答了我的问题。借此机会，我先表扬了学生们的积极思考和活跃参与，肯定了学生的聪明机智，又表达了自己作为一个老师，对每个学生都是真诚对待、真心喜欢，更希望看到大家在我的课堂上学到知识，希望我的课堂对大家今后的生活和工作有帮助。当我说"喜欢你们""你们在老师眼中都很聪明很优秀"的时候，孩子们眼神中流露出了些许羞涩与欣喜，但更多的是被肯定的骄傲和被关爱的温暖。在整个上课过程中，我总会适时表扬个人，在课堂练习中，我走下讲台，到学生中间去，观察学生完成练习的情况，针对问题逐个讲解。我发现只要学生愿意学，老师耐心教，其实每个学生都可以做得很好！我被我的这群可爱的学生感动了，我对他们的现在和将来充满信心！

分析反思

一、学高为师，身正为范

工欲善其事，必先利其器。要给学生一碗水，老师就要有一桶水。作为一名职校的老师，首先，要有扎实的功底，能够随时为学生传道、授业、解惑，能够根据学生不同层次的学习基础，因材施教，最终使他们每次课都有所收获，并能够将所学的道理和知识理解后运用于日常生活中。其次，要有终身学习的意识和行动，要顺应时代发展潮流，坚持阅读，不断深造，拓展自己的知识面和眼界，提升自己的文化素养，以自身拼搏进取的行动为学生们树立好的典范。教育本身既要"教人"，更要育人。以情育人，热爱学生；以言导行，诲人不倦；以才育人，亲切关心；以身示范，尊重信任。最后，在教学过程中，注重教学方法，叶圣陶先生说过："教学有法，但无定法，贵在得法。"运用适宜恰当的教学方法可以让教学获得事半功倍的效果。在熟悉教材、精心备课、充分了解学情的前提下，我们提倡学生课前预习，让学生自己搜集相关信息，提高学生课堂的参与度，并调动学生的积极性，使其真正成为学习的主人。在课堂上，我们还可以运用多种教学方法，例如练习法、讨论法、实验法等激发学生的学习兴趣，并借助信息时代的多媒体技术，让课堂更加生动、有趣、充实，使学生真正学有所得。课后强调温故而知新，督促学生通过练习反馈学习效果，针对自身不足及时进行纠正。面对普遍问题，有则改之，无则加勉。总之，教师是太阳底下最光辉的职业，我们应虚怀若谷，以诲人不倦的精神，用严以律己、宽以待人的人格魅力，去影响学生的言行举止，去照亮学生的心灵，去培养好每一个学生，让每一个学生适应时代发展，发现自己的长处，找到属于自己的一片天。

二、让师爱扎根于育人的土壤

美国心理学家布鲁姆说："许多学生在学习中未能取得优异的成绩，主要问题不是学生智慧能力欠缺，而是由于没有得到适当的教学条件和合理的帮助。"我对这句话深信不疑，对每一个学生，我都不断发掘他的优点，在适当的时候予以表扬和肯定，增强学生学习的信心；对于学生偶尔犯的错误，我选择以委婉的方式指出，对他们给予理解和宽容，并暗暗督促其改正，既考虑学生的自尊心，也能达到预期的教育效果。学生们课堂上更有兴趣听课了，平时和老师的关系也更融洽了。有一次我备课到深夜，学生发来消息：老师，别太累，注意休息……我顿时觉得心里暖暖的、甜甜的，觉得自己的努力都是值得的！这些点滴小事，都是我教学生涯中的幸运与快乐，是流淌在教学生活中的美好瞬间，是内心的满足与珍宝。确实，如一位教育家所言：赞扬学生极其微小的进步，比嘲笑其显著的劣迹要高明。慈祥的笑容、亲切的言语、文雅的举止以及善解人意的目光，比言辞激烈的批评更能贴近学生的心灵，更能取得教育的实效。犯错是一个人成长的必由之路，原谅他们的淘气，接纳他们的过错，用一颗宽容、包容的心接纳他们，只有让师爱扎根于育人的土壤，用心去和学生交流，用爱去和学生沟通，师生间建立起真挚情感，才会叩响学生心灵深处的琴弦，引起学生情感的共鸣。

热爱一个学生就等于塑造一个学生，用广博的知识丰盈学生的羽翼，相信我们的学生会在属于自己的那片天空中飞得更高、更远！

10. 桃李雨中春,育人细无声

张若冰

案例背景

职业教育在大家心目中的地位并不是太高。因为职校的孩子无论是学习习惯,还是为人处世,总是被大家戴着"有色眼镜"来评头论足,总以为这些孩子在学校习惯较差,成绩落后,无法教育。我进入职业教育领域第十个年头,目前看来,出现这些观点的根本原因是评论者没有接触过这些孩子,当然更不知道这些孩子在学习上的不良习惯是如何形成的,再加上道听途说,职校学生的形象就会被一些人形容为"无药可救"。凡是老师总是期望桃李满天下,但是,在润物细无声的过程中,我们总是显得有点急躁,很多老师总是期待繁星点点,却不会享受过程,更不会欣赏学生的发展历程。其实,我们老师应该像春雨润泽桃李一样,静待花开,不急不躁,这既是自然万物的生长规律,也是学生成长发展规律,你的耐心等待,过程或许有点曲折,但是你会更加明白育人的目标不单单是学生成才,更重要的是学生获得成长,还有老师本身不断成熟。

案例描述

一、篮球风波

事情发生在系部之间的篮球赛上。我们班的两个男孩子因能力出众被系部选中，代表系部参加校内的篮球赛。我记得是一个周五下午5点40分左右，我正在家里做饭，电话铃响了，是另外一个系部的德育主任打过来的，我满怀疑惑地接通了电话："张老师，你们班的孩子骂老师，你可要好好管一下，太不像话了，一定要好好教育，严肃处理……"我连忙道歉："放心，我会调查清楚，严肃处理，不好意思，给您添麻烦了！"突如其来的一个问题摆在了我的面前，我该如何处理才好？一方是领导与同事，一方是自己的学生……

二、以静制动

本来，我想做好饭后马上打电话去把惹事的学生臭骂一顿，但是我不能这样做，因为一件事情的发生，一定是有前因后果的，可能并不像另一系部德育主任讲得那么简单，我告诉自己要冷静，要耐心，要等待学生主动向我坦白这件事，这样问题的解决才会更加容易。第二周的周一早上，我和往常一样进班，根本没有去询问这件事情，就当什么都没有发生一样。我想这个"臭小子"，今天放学前一定会向我报告这件事情，可是让我非常失望，他好像什么也没有发生一样，照常地学习玩闹，没有任何异样，也没有任何要来和我坦白的表现，真是要气死我！就这样我从周一一直等到周五的中午，没有等到学生的认错，却等到了另一系部德育主任的电话："这个事情处理得怎么样了？"我假装淡定地说："正在处理中……"挂完电话我却犯了难，我难道就这样等下去？如果这"臭小子"真不来找我怎么办？我想了很多可能性，也想了很多处理方法，但是我总感觉让孩子先说出来，是最好的处理方法。

三、"自投罗网"

耐心还是有好处的，这不，"臭小子"终于来了。"老师，我想下午请个假。"他很淡定地说。"你要请什么假？"我好奇地问。"老师，我们那个篮球赛晋级了，今天下午要和另一个晋级的校区的系部进行比赛，要早点去准备，所以要请一节课的假。""这个当然要支持，你代表的不仅仅是班级形象,更重要的是系部形象,加油!准假!"我大声地说。我要让整个办公室的人听到,甚至整个楼层!"老师,我还有一件事,我得向您说。"他羞愧地低下头。"先好好打球,有事情等比赛完了再说,为班级争光、为系部争光是现在最大的事情!"我悄悄地提醒他。他很开心地走了,我也顿时心花怒放,像一个计谋得逞的孩子,心想:你小子还能"逃脱"我的手心,哈哈!

四、圆满解决

就在当天晚上,这个孩子给我发来信息,内容大致有两点。第一,篮球赛得了全校冠军,说了一大堆感谢老师、感谢系部的话,满满的"套路",但也非常真诚,我衷心地为他们的获胜感到欣喜和骄傲。第二点才是重点,他终于向我坦白了上周发生的事情:比赛的时候,大家激情澎湃,情绪很激动,有个队员对裁判的判罚产生了异议,他发表了一些自己的言论并和裁判理论了一番。结果,另一个系部的德育主任以老师的口吻命令他不要和裁判理论,他一时间情绪上头,没有很好地控制住,对裁判老师和系部德育主任都说了一些不尊敬的话语,事后也感到非常悔恨,但又不知如何开口,他现在向我正式道歉,给班主任添麻烦了,给系部抹黑了。我就回了他一句:"金无足赤,人无完人,老班相信你的为人!"后来,这个小伙子又主动去找另一个系部的德育主任认错,对自己一时的失言感到非常后悔,德育主任也向学生道歉说,那天他的语气有点不太好,问题得到很好的解决了,我也深深地松了一口气。现在看来,耐心等待是这件事情最好的处理方式。教育事业不仅是爱的事业,更是一种爱的艺术。我们要尊重和信任学生,耐心塑造学生纯真、完美的心灵。

分析反思

中共中央总书记、国家主席、中央军委主席习近平在全国职业教育大会上强调:"在全面建设社会主义现代化国家新征程中,职业教育前途广阔，大有可为。"习近平主席的话深深地鼓舞了我，特别是在职业教育高素质人才的培养过程中，更需要教师们对各类学生给予理解、宽容与等待，静待花开。我们的教育缺少的不是爱的方法，而是静下来用心去爱。

一、教师的爱在精微处

苏霍姆林斯基曾经说过："没有爱，就没有教育。"是的，有太多的教育家推崇爱的教育，因此教师们也应积极将"爱"落实到自己的教育教学工作中。然而作为教师，我认为，光有满腔的爱而缺乏耐心，并不是真正的爱，从细微处着手，从点滴小事抓起，才是真正的爱的表现。

二、耐心是教师之爱的表现

我觉得，耐心就是愿意把时间投入简单、枯燥的重复中，最大的好处就是能够克服做重复单调的事情时所产生的负面情绪，只有这样我们才能在助力孩子们成长的过程中始终保持平静从容的心态。我还记得《肖申克的救赎》中被误判的银行家安迪挖隧道的行为，他每天做的事就是用一个很小的鹤嘴锄挖一点砖土藏在裤管里，然后等到放风的时候走出去抖落它们，并且抖落它们时候带着淡定、自然和从容的微笑。假如他在做这个事情的时候，内心想的是到底要挖到什么时候，估计他早就被人发现了。正因为有强大的内心信念和无比的耐心，这样的挖隧道行为他重复了约二十年，然后他成功越狱，重获自由。我们老师也应该像春雨滋润桃李一样，无声无息，不用想太多的结果，在润物细无声中起到教育的成效，这就是最好的结果。

三、教师的大爱在潜移默化中

教育的本质是一棵树摇动另一棵树，一朵云推动另一朵云，一个灵魂唤醒另一个灵魂。是的，教育应该是潜移默化地影响学生，是对灵魂的唤醒，对精神的塑造，尤其在职业学校，更要培养学生发现自己的闪光点的意识和责任担当意识。教师应善于发现学生身上的闪光点，挖掘后进生的潜能，使大家都能树立自信心，扬起生活的风帆，对未来充满希望，这也是培养大国工匠的必经之路。

世界上没有一朵鲜花不美丽，也没有一个孩子不可爱。教师应善于发现每一个学生的闪光点，在润物细无声中培养学生，相信我们的学生可以勇担时代使命。

11. 用心倾听学生心灵

常 闯

案例背景

倾听是一项技巧，是一种修养，甚至是一门艺术。学会倾听应该成为广大教育工作者的一种责任，一种追求，一种职业自觉。莎士比亚说："最完美的说话艺术不仅是一味地说，还要善于倾听他人的内在声音。"作为一名班主任，只有学会倾听，才能抓住关键，才能更好地发现每个学生的"美"。

案例描述

我在当班主任之前也接触过很多"与众不同"的学生。杨宝龙（化名）是我第一次当班主任的时候接触到的"与众不同"的学生之一，不长的时间却给我留下了深刻的印象。

那个时候是暑假，我去接班级新生。当我接到他的时候，他的穿着和谈吐都让我很意外。大家都穿着短袖，只有他是一身长袖黑衣服，戴着帽子和口罩，捂得严严实实，基本上认不出他的脸，在人群中显得格外特别。随后我将他带到我的办公室录入相关信息，也希望借此机会对他有一个初步了解。

"我是你的班主任，以后可以叫我常老师。在接下来的日子里，希望你能好好学习，完成自己心中的目标。生活上和学习上有问题可以及时找我，我会尽力帮助你。"我简单地进行了介绍。

"哦，知道了。"他冷冷地说，好像对一切都不在意。

与他交流好像隔着一条鸿沟，因此我也没有像与其他学生一样继续深聊，直接就登记了相关信息。我感觉到他并不想来这个学校，也感觉到他想尽快结束跟我的交谈，交流举止中都透着淡淡的抵触。然而这让我对这个学生产生了好奇，觉得他"有故事"，但同时又担心他这样的性格，后期与班级学生的相处会有问题。

果然，担心的事情还是来了，他的学习能力很强，对于知识的学习和掌握很有自己的方法，老师教一遍，其他同学可能还在想细节问题，而他已经掌握了技巧。当同学们向他请教的时候，他不仅没有将经验分享给同学，反而开始嘲笑讽刺来请教的同学。这样的行为自然是引起了大家的不满，也发生了一系列的争吵。渐渐地，班级同学也就疏远了他，他也每天独来独往，更加孤僻了。

有一天，他来找我请半天假，去找他一个远道而来的同学吃饭。在我看来，这个请假根本没必要浪费上课学习的时间，所以我就没有批准他的假条，接下来发生的一幕让人大吃一惊——他直接从我办公桌上拿起假条撕了，随后摔门而出，巨大的声响让初次带班的我彻底蒙了。大概过了五分钟，我回过神，因为担心学生闹情绪会出事，就直接跑到班级，看到他在座位上看书我才将心放下。

到了晚自习的时候，我看他情绪基本恢复了，就轻轻地叫他来趟我办公室。在办公室里我没有批评他的种种表现，而是问了一下最近在学校有没有什么困难，他还是冷冷地回答了一句"没有"。听见他的回答，我最终还是没有谈今天所发生的一切。

后来我就留心向他同宿舍的学生以及他的家人了解他的情况。他的家庭很复杂，父母很早就离异了，父母离异后都没有联系他，也没有承担抚养他的责任，他跟着年迈的爷爷生活，缺少家人的关心与温暖，久而久之就形成如今的孤僻性格。了解他的情况后，我每天都默默地关心他，每天问他有什么收获，有什么困难。后来学校有一个资助的名额，我想都没想，直接给他报名了，若能得到这个名额，对他的学习和生活会有一定的改善。

人之初，性本善。当他收到资助信息的时候，主动来到我办公室，这次我看见的不是一直昂着头对谁都满不在乎的杨宝龙,而是像个犯了错的孩子,耷拉着脑袋慢悠悠地走到我面前:"老师,谢谢,您最近辛苦了。上次是我的情绪不对,给您添麻烦了,对不起。"

"没事,知道错说明你是个好学生,能不能告诉老师,为什么有那么大的情绪。"因为我很想帮他,我觉得他不像其他老师说的那样是来"混"的,我想找出问题,帮助他解决问题,让他也能够成为一个阳光开朗的大男生。

果然我的付出是有收获的,他将自我保护墙彻底推倒了,告诉我他的家庭并不是那样的完美甜蜜,从小街坊邻居、同学甚至亲戚就在他的背后指指点点,这对他幼小的心灵造成了很大的伤害。他觉得很自卑,自己不如其他人,不想跟任何人沟通。但他想比任何人都优秀,所以他很努力,别人请教他时,他只是想显示出自己是优秀的,想要摆脱自卑心理,所以才说那些话,其实他的本意并不是要嘲讽别人,在嘲笑他人的时候他没有意识到这样的行为是不对的,是对别人的伤害。至于那天请假只是为了履行承诺,他觉得从小到大只有那位同学真心待他,他们很早就约定了时间,只是没有看是星期几……我告诉他,对于家庭的变故要理性看待,无论什么样的人生遭遇,都要勇敢面对,还提醒他不要产生自怨自艾或是怨恨他人的情绪。那天我们聊了很久,他也意识到了自己目前存在的问题,也下定决心要慢慢走出阴影,学会如何与他人相处,学会如何控制自己的情绪。我很欣喜他能有这样的决心去改变自己,同样也期待着越来越努力的他。

从那以后,他来找我谈心的次数也越来越多,开始愿意接受老师的建议,也愿意融入集体,慢慢地人也变得越来越开朗阳光,经常能看见他和班级同学一起去吃饭,热心帮助同学答疑解惑,学习成绩也依旧很优秀。

分析反思

一、避免直接冲突,耐心+耐心

每一个生命都有它独特的成长轨迹,拉着蜗牛去散步,是教育孩子的一个很有意义的比喻。在某些情况下,教育就是在拉着蜗牛散步,有时还可能是一群蜗牛。教师有耐心、有责任心，成为学生的良师益友，走近每一个学生，真诚地问候，认真地倾听，这对学生来说非常重要。因此，作为老师，尤其是职教老师，面对学生突如其来的"问题"时，一定要耐心询问，当觉得事情不合乎情理时，一定要换位思考，耐心想好合理的理由来委婉拒绝，还要耐心分析婉拒原因，避免学生心理受到伤害。

二、从心出发，细心+细心

《礼记·学记》有云："知其心，然后能救其失也。"班主任经过细心的观察，会发现学生存在的一些问题。有很多学生的心理、想法并不直接表露出来。这就需要教师细心、耐心地对待每一位学生，善于捕捉、发现、了解，善于分析和探究学生的深层心理动机，找出问题的症结，抓住教育引导学生的最佳契机，从根本上解决问题。对于杨宝龙同学，老师需要了解他个人及家庭特殊的地方，对症下药，送上关怀与体贴，走进他的内心世界，拉近与他的心理距离。要相信没有"坏学生"，只是没有人用心去倾听他们的世界，让他们选择了不恰当的方法来面对现实中的人和事。

三、用心聆听，用爱感受

"真教育是心心相印的活动。唯独从心里发出来，才能达到心灵的深处。"孩子的心灵就像一把琴，只要拨动了他的琴弦，必然会发出动听的声音，其中的奥妙就在于教育者如何去拨动琴弦。高尔基曾经说过："谁爱孩子，孩子就爱谁，只有爱孩子的人才能教育好孩子。"表达师爱，不是写在纸上、说在嘴上的，而是用言行来践行的。爱心是一座熔炉，它能"熔化"一切"顽石"。作为一名班主任，要为这份平凡而富有创意的事业而骄傲和自豪。

总之，我们要用爱心关心每个学生，用耐心教育引导每个学生，用细心观察体会他们进步的点点滴滴。"十年树木，百年树人"，让我们用心感受一曲曲学生健康幸福成长的旋律，用爱诠释教育的真谛，用爱点亮一盏盏前行路上的明灯，照亮学生的心灵旅途。

12. 水滴石穿非一日之功

朱 羽

案例背景

职校阶段的学生通过各种各样的方式接收了许许多多的信息，他们已不再单纯得像张白纸任由教师在上面涂涂画画。他们对生活已有自己的认识，我们一厢情愿地去改变他们，按自己的期望去塑造他们很难。这不仅仅要求我们要关心学生，更要求我们要用科学的方法、合情合理的机制去引领他们成长，让他们能够成为情智共长的新一代。

教育也是一种爱的艺术！这种爱虽然不同于父母、家人、朋友的爱，但这种爱与其他类型的爱都具有一种共同的特点：无私。这种无私的爱，能使我们的教育产生无穷的智慧和力量，同时，也能使我们的生命变得更加充实。

案例描述

我们班级有一个叫刘浩（化名）的学生，他脾气暴躁，一年级军训的时候就因为一点口角差点和同学打起来，不爱学习，课堂上爱讲话，注意力很不集中，经常迟到，回家经常不做作业，即使做了，也做不完整，书写相当潦草……每天不是任课老师就是学生干部向我告状。于是，我找他谈话，希望他能遵守学校、班级的各项规章制度，以学习、训练为重，按时完成作业，知错就改，虚心听取别人的建议，争取做一个他人喜欢、父母喜欢、老师喜欢的好少年。他开始态度很好，口头上答应了，可是第二天错误依旧，再找他他依然承认错误，有时好了两天又开始反复，真是"勇于认错，坚决不改"。我与家长沟通后，效果不是太显著，家长对他也是很头疼。此时我的心都快凉了，心想算了吧，或许他是根"不可雕的朽木"。但又觉得身为班主任，不能放弃任何一位学生，更不能因一个后进生无法转化而影响整个班集体，必须面对现实！水滴石穿非一日之功，我必须坚持不懈，做好打持久战的准备。

刘浩有一个很大的优点就是非常聪明。他虽然上课不够专心，有时课堂上还睡觉、说话，但在专业课的表现上非常突出。即使旷课，他也不旷专业课。上专业课时，他总是冲得最快，表现出积极训练的一面，深得训练老师的喜爱。开学后的第一个月，我基本上以鼓励为主，也经常和训练老师沟通。训练老师也经常找他谈心，希望他能够通过专业课带动文化课的学习。总体来说，他还是有所进步的。

但好景不长，第二个月他又纪律松散，经常不参加早自习，出现了旷课现象，玩游戏，上课精神不集中，经常在课堂上睡觉，与任课老师顶嘴，作业几乎不做，还挑唆其他同学违反班规，在班级里造成了很大的负面影响。

我多次找他谈话，收效甚微。我觉得他内心肯定存着什么不可告人的秘密，不然他不会表现得如此堕落，我想我应该想办法帮助他，使他尽快从堕落中走出来。我意识到他的这种堕落，可能来自周围环境。每次和他谈心了解情况，他只是敷衍。看来只有设法与家长联系才能弄清状况，但一提到让家长来学校，刘浩就非常抵触，说他家长很忙没时间到学校来。后来我对刘浩说："家长太忙没关系，老班我可以去你家做客，我相信你的家长会非常欢迎我的。"刘浩没想到我会那么执着，对他那么关心和用心，所以就把家里的情况告诉了我。原来刘浩的爸爸妈妈在他出生后不久就离异了，刘浩跟着爸爸生活，爸爸在刘浩一岁多的时候又重新组建了家庭。刘浩的亲妈对他不管不问，后妈开始对他很好，后来因为他一次又一次的调皮伤透了后妈的心，所以后妈也不管他了。爸爸经常出差，久而久之疏忽了对刘浩的管教，也让刘浩养成了好吃懒做、沉迷游戏、不爱学习等不好的习惯。针对这种情况，我认为只有和家长一起从思想、人生观等方面对他进行教育，他才有可能转变过来,发愤图强,积极向上。

在那以后,我加强了和刘浩家长的沟通,让家长理解我们的良苦用心,同时也让家长知道孩子是可教育的,他有很多的闪光点,并与家长达成共识,目的就是帮助孩子更好地成长。为了唤醒刘浩的心灵,每次我都把和他家长谈话的内容告诉他,并且还表示家长非常支持我的工作,家长对他也非常关心。在某一段时间,这种策略是有效的。然而没过多久,他又"旧病复发"。由此看来,我的工作还没能深入他的内心世界。

为此,我又多次与他谈心,从各个层面启发他,希望能走进他的心里,让他把心里的真实想法说出来。之后,我几乎每天通过不同的方式与他沟通,希望获得信息。直到有一天上午刘浩没来上课。我打电话给他爸爸,他爸爸在上班,就把他后妈的电话号码给了我。和他后妈通过电话以后才知道,因为他晚上玩手机不睡觉,他爸爸批评了他几句,他就和爸爸吵了一架,态度非常恶劣,还拿不上学来威胁他爸爸。第二天早上爸爸嫌他起床慢了点,他索性耍脾气就不来上学了。通过和刘浩后妈的沟通,我才真正了解了刘浩的一些情况,他爸爸因为性格温和又心疼孩子,事事都顺着他,从而造成了他从小学开始就旷课,初中经常夜不归宿,作业几乎不做的后果,想管的时候孩子已经不服管教了。了解这些情况以后,我发了一条短信给刘浩,告诉他上学是自己的事情,每个人要对自己负责任。到了中午,刘浩来学校了,主动到办公室找我。我没有批评他,也没有给他讲大道理,只是将心比心给他提了几点建议。刘浩看到了我的真诚和耐心,惭愧地低下了头,决定洗心革面。

从此以后,他真的变了。虽然还会发些牢骚,但学习刻苦了,也守纪律了。我怕他又"变",因此对他更加关注,只要有一点点不好的苗头,我立即与他交谈,帮他分析自己的不足,鼓励他要相信自己,战胜自己。我相信,通过我不断的关注,通过他的努力,他一定会取得更大的进步和成绩。

分析反思

一、学生思想教育工作是学校各项工作的生命线

对学生要注重多正面引导,以自我教育为主要手段,开展各种各样的校园活动、社会活动。经过实践体验，学生提高判断能力，通过正能量的不断引导，学生逐步接受正确的道德行为规范。转变后进生并非一朝一夕就能实现的目标，在对后进生的教育中，我们要坚定信念，给予充分的时间和精力。无论是对待后进生，还是对待班级学生、对待家长，耐心是最重要的。耐心能换来学生和家长的信任，耐心能妥善解决问题，耐心能让每一次的教育作用发挥到最大化。

二、学生的成长过程是善变的，教师要持之以恒地保持关爱

著名的教育家夏丏尊说过："教育之没有情感，没有爱，如同池塘没有水一样。没有水，就不能称其为池塘；没有情感，没有爱，也就没有教育。"要转化一名后进生，单靠丰富的知识去教育学生是不够的，有时候要进行角色转变，用爱心去感化他们，像父母一样给予他们温暖。每个学生都渴望得到老师的爱，只有让学生处处感受到老师对他们的关心与呵护，才能打开他们的心扉。教师要做一个倾听者，去倾听学生的心曲，并及时对学生给予客观的评价、正确的引导，发现他们的闪光点并加以鼓励，让他们体会到自己存在的价值。

三、与家长多沟通，做好家庭教育指导工作

社会环境和家庭环境对学生的心理影响非常重要，家校合作助学生共成长，多创设良好的学习环境，充分发挥家长的教育功能，体现家长的主体地位，对预防和改善学生的心理障碍会起到很大的帮助作用。教师在与家长沟通时要讲求一定的技巧。学校与家长教育孩子的目的是一致的，最终的目标都是希望孩子更好地成长。但对学生来说，有时候家长、老师的急功近利、"爱面子"，会使学生的心理产生很大的压力。所以教师要与家长保持联系，对家长给予适当的指导，使学生得以在良好的家庭环境中培养良好的心理素质、行为习惯、学习习惯等。

13. 爱是教育的一切

赵志杰

案例背景

孩子本就没有好坏之分，他们是上天派来的天使。他们善良的面容、清澈的眼神告诉我们爱的真谛。我们从来无法拒绝用爱呵护纯真的心灵。我们担心有一天他们被"污染"，所以我们小心翼翼地用爱包围我们的天使，从未放弃。让天使般的孩子们相信爱在人间，他们也会把这份爱悄悄地洒满整个世界。我相信，爱是一切教育的灵魂，教育只有融入了爱才是真正的教育。

案例描述

一、丢手机事件

记得那是秋天的一个下午，一天的课程已经井然有序地完成了，我正准备到班放学。一个学生气喘吁吁地跑到四楼的办公室，他满脸通红，语无伦次地说："……老班……手机……充电……找不到了……"还没说完她的眼泪就已经在眼眶里打转了。我便让她先坐下来，缓一缓情绪，讲一讲到底发生了什么事情。我安抚了好一会儿，终于了解了事情的前因后果：在上体育课的时候，她把刚买来的新手机悄悄地放在班级充电。下课后，她发现原本充电的地方空无一物，当时整个人都傻了。她反复确认了充电的位置，又找遍了教室的每个角落，可依旧没有发现手机的影子。这个时候，她着急得哭了，因为这个手机是她爸爸送给她的生日礼物，她也是刚刚带来学校，没想到就弄丢了。无论手机的价值还是纪念意义，对她来说都很重要，所以一定要帮助她找到手机。

二、出谋划策

这可怎么办？孩子用忧伤的眼神无奈地望着我。一时间我也没能想出更好的办法。搜查？我可没有搜查的权利呀！而且这样的做法有损班级学生的尊严，侵犯了学生的隐私权。再说，如果真是找到了，同学们都会对拿走手机的同学带有偏见，那个同学也会被打上"小偷"的印记，再难有立足之地。来到班上，我发现好多学生用怀疑的目光相互质疑，这可不行，这样会严重影响孩子们的关系与友谊，必须妥善处理才行。于是，我把所有的孩子都留下，延迟了放学的时间。我把丢手机的学生叫到我的办公室来安抚她的情绪。这时候家长电话也打过来了，听说了事情的经过后，家长很激动地说要报警，让警察解决问题；一会儿几名学生冲进我的办公室，说他们已经找出了怀疑的对象；几个有经验的教师说，首先应该向学生处报告，让学生处来处理……大家的想法很多，众说纷纭，而我思绪万千，每一种处理方法都不够周全，这可如何是好？

三、灵机一动

经过一番思想斗争，我拒绝了所有人的建议，想要解决这个问题，还要找到事情的关键。我想拿手机的学生是有原因的，他一定不是小偷，首先要尊重这个学生，让这个无知的天使迷途知返，让这个学生认识到事情的严重性，给他一个改过自新的机会，我立即决定趁此机会开一堂班会课。

虽然我决定开班会课，但是班会主题的名字一时没有想好，我心里忐忑不安，默默地组织语言却又不知如何说起，不知是否能解决这个问题，解决不好又该如何呢？但是开弓没有回头箭，我硬着头皮开始了这堂课。

一开始我就说："今天我上一节班会课，下周一我们的班会课向学校申请改为活动课，大家愿意吗？"我们的小伙伴们异口同声地说："愿意！"首先我要安抚我们所有的孩子，让所有人的心彻底平静下来，这样才有利于事情的处理。"今天的班会课我们就想解决一个问题，你诚信了吗，我们班诚信了吗?"提出了这个问题后大家都若有所思。首先我向大家介绍了丢失手机的价值,让大家感受到这部手机对它的主人而言意义非同寻常,它不仅是生日礼物,还是她爸爸用一个月的打工钱给她买的,丢失这个礼物不仅仅是物质损失,更是一种亲情的损失。这个孩子答应爸爸好好地保存这个礼物,而现在丢失了的是对父亲的诚信。因为一个人的不诚信,致使另一个人失去了信任,同时我们班也失去了诚信,我们的班风也会失去……我说:"今天我不想用别的手段去发现手机,我请大家做一件事情。那就是,我们全部学生都站到操场上,每一个人轮流到班里面单独走一圈,如果是你一不小心拿走了你的诚信,请你悄悄地放到班级的诚信角落。大家也不会知道是谁做了这件事情,也不要戴着猜疑的有色眼镜去看别人。我们愿意给你一个改正的机会,一定要牢牢把握好。"

四、等待奇迹

就这样,大家都走了一圈,我感觉这招应该很灵。我很高兴地告诉大家,我们的诚信一定找回来了,请丢手机的同学翻一下自己的抽屉,看看手机是否回到了自己的地盘。大家都期待着奇迹的发生,然而她低头翻找一遍抽屉之后,一脸茫然又沮丧地告诉我,手机仍然没有找到。那一刻大家很失望,当然我更加无奈。这个时候,天也不早了,不能再拖延大家了,我便下达了放学的命令,同时也在快速思考接下来的解决对策,担心这件事弄得满城风雨。当大家收拾好书包,准备打扫卫生的时候,突然有人在垃圾桶里面发现了丢失的手机,他惊喜地大喊:"啊……老班,手机找到了!手机找到了!"丢手机的同学跑去一看,确认是她的手机,高兴地流下了泪水,许多同学都为找到手机而欢呼雀跃,他们欢呼的又何止是一部小小的手机呢?其实,这个时候我已经走出教室,头都没有回,但却怎么都抑制不住脸上的笑容。因为诚信已经找回,我何必再强调什么,无须多言!

分析反思

一、相信孩子应该作为教育的信仰

每一个孩子都是含苞待放的花朵,他们来自大自然,他们有着天使般的纯洁的心灵。这些稚嫩的花朵在开放的过程中，必然要经受到来自自然界各种风雨的洗礼，他们在发展的过程中也必然会受到乌云的遮蔽，有时也会蒙上薄薄的一层灰，但是风雨总会过去，乌云终会消散，灰尘总会被抹去，最终露出纯洁与美好，这就是这些天使般孩子发展的过程。

二、教育的本质是宽广而博大的爱

教育之爱不是无条件的溺爱，更不是被迫去爱，而是给孩子一个认识自己的机会，给他们时间，给他们空间。马卡连柯曾说："没有爱，便没有教育。"冰心也说："有了爱，便有了一切，有了爱，才有教育的先机。"教育是爱的事业，我们要意识到我们的教育对象正处于成长的阶段，作为他们成长过程中的引路人，要注意教育的艺术性，要用爱去感化他们，而不是用简单粗暴的态度、不计后果的方式去对待一时犯错的学生。对他们的辅导和教育并不会因为事情的解决而结束，在今后的教学生活中还需要不断地进行教育、引导，帮助他们更好地步入之后的人生旅程。正如教育家讲的一句话：教育是一棵树摇动另一棵树，一朵云推动另一朵云，一个灵魂唤醒另一个灵魂。我想这句话更能说明教育的本质，那就是"发自内心的爱"，用爱让学生理解老师的用意，接受老师的教育。

三、教育之爱是辛苦的，更是无私的

泰戈尔曾说："花的事业是甜蜜的，果的事业是珍贵的，让我干叶的事业吧，因为它总是谦逊地低垂着它的绿荫。"老师正是如此。时光疾驰，四年过去了，我更加爱我的天使们了，在三尺讲台用一支粉笔和一块黑板传递着无私的爱，这爱像泉水一样清澈见底，像明月一样皎洁无瑕，让我感觉到责任如泰山雄踞我心。是的，教育是爱的海洋，我要用"辛"无私灌溉学生的心灵，用"心"去呵护学生脆弱的翅膀，用"新"去吸引学生走向生命的远方，这才是真正的教育，这才是爱的真谛。

14. 风会记得一朵花的香

毛若雯

案例背景

一个人的存在，到底对谁很重要？这世上，总有一些人记得你，就像风会记得一朵花的香。雅斯贝尔斯所言："教育的本质意味着，一棵树摇动另一棵树，一朵云推动另一朵云，一个灵魂唤醒另一个灵魂。"人与人之间是可以相互影响的，教育是技术更是艺术，教育需要耐心更需要爱心。我们需要怀有一颗爱心，富有耐心，让爱抵达学生内心深处。希望每一位学生在自己所热爱的世界里闪闪发光！

案例描述

一、初相识

若让我回忆与谢同学的初相识，大概要追溯到新生入学军训时。我作为班主任要与学生一起去基地，见证学生接受七天军训的洗礼。在这之前，我与我们班的学生仅有一面之缘——报到的时候见过而已。在军训的前一天晚上，我去学生寝室查寝。我敲门进寝室后，谢同学带领寝室的同学向我问好。我便抬眼打量了他。这是一位高高瘦瘦的男生，形象也很好。从他的眉眼、语气中，我发现这是一个阳光、开朗的小孩。第一次正式见面，他是第一个带头与我打招呼的学生，所以给我留下了印象。

二、再接触

某一天的夜晚，我在基地教师寝室整理我们班学生的信息。忽然，听到了一阵敲门声。我过去开门，推开门后，发现是谢同学。我问他："怎么了？"他回我说："老师，郎同学流鼻血了，在寝室怎么止也止不住，我便陪他来找您了。"我头往外一伸，才看到站在楼梯口的郎同学。他仰着头，鼻孔里塞着纸。我看到后，立马带着他们去基地的医务室找医生。医生说："没事儿的，不用担心，过一会儿就好了。"我表扬谢同学乐于助人，他却说大家都是同学，互相帮助是应该的。那晚，我们陪郎同学在医务室待到近十一点。我在医务室与他们聊了聊军训的情况、是否适应这个节奏、班级同学之间相处如何等，聊天过程中，我发现谢同学是一个很健谈的小孩。因为这件事，我对谢同学有了一个很好的印象——活泼开朗又乐于助人。

三、起风波

开学没多久，我便让谢同学担任我们班的纪律委员，帮助我管理班级纪律。我以为他会是很好的一位助手，然而很多事情不能想当然。

一天，班长过来和我说："老师，午休的时候谢同学不睡觉，和同桌讲话，嗡嗡的，其他同学睡不安稳。"我知道后生了会儿气，觉得谢同学作为纪律委员却带头讲话，不遵守纪律，辜负了我对他的信任。后来我想了想，小孩刚入学，年龄也不大，人都是会犯错的，不能犯了一次错就把他"一棍子打死"。我们要允许学生犯错，学生知错就改就可以了。

于是，我整理了一下心情，课间便去找谢同学聊了聊。我问他："午休期间睡得怎么样呀？还好吗？"谢同学不好意思地低下了头，回我："老师，我错了，我午休时间不应该讲话。可是您知道吗，我中午睡不着，闭着眼睛也睡不着。"我说："睡不着没关系的，闭着眼睛趴桌子上闭目养神也比你睁着眼睛讲话好。你要知道，你在班级里是纪律委员，我们班级形象掌握在你手里，老师对你寄予厚望，觉得你可以管理好班级，老师是相信你的,对吧?你不能带头违反纪律。而且我们下午还有课,中午休息好了,下午才能有更好的精力去学习,学习也才会有效率。睡不着也不用担心,闭着眼睛趴桌子上,习惯了午休,自然就睡着了。"谢同学点头如捣蒜。我认为谢同学态度还是蛮好的,应该不会再有事了。

四、一波未平一波又起

不久后,任课老师过来找我说:"谢同学在课堂上讲话,班级里有点儿吵。"我听了之后,想着这是第二次,我不去找谢同学谈话,只是提点他一下。刚想完,班长又过来说:"老师,谢同学和孙同学吵起来了。"我和班长一起回了教室。经过了解得知,是谢同学说了一句脏话,话说出口后,他才发现自己不能说脏话,已经道歉了。孙同学觉得谢同学针对他,两人便吵了起来。我说:"孙同学,事情我都已经了解了,这件事情确实是谢同学不对。之前学习的社会主义核心价值观、'八礼四仪'都忘光了,对同学说脏话,不尊重人,我让他给你道歉,我们知错就改。"我把谢同学带到孙同学的面前,让他赔礼道歉。谢同学说:"老师,我说脏话是我不对,我道歉。孙同学,对不起。"我看谢同学态度也诚恳,便说:"孙同学,谢同学已经给你道歉了,你看你接受吗?"孙同学说:"我接受他的道歉。"趁这个机会,我顺带提了最近让学生理解并记忆的社会主义核心价值观和"八礼四仪"。我对他们俩说:"我们最近不是在理解记忆社会主义核心价值观和'八礼四仪'吗,但是你们看看我们怎么践行的呢?我们学了,得要做呀,知行合一对不对?我们一定要做新时期的好青年!"两人承诺以后会做到,我便让他俩回教室了。

五、风会记得一朵花的香

谢同学在某一次周末跟我聊天,说他在初中的时候,老师很少管他,他在初中打过架,接触过社会上的人,成绩也算不上好。后来遇到了我,他说我一直相信他,相信他很好,给他机会变好,让他当纪律委员管理班级,关心他的学习与生活。他信任我,也很喜欢我。他和我说以前的事,也不担心我对他的印象会变差。我发现，经历过一些事情以后，学生会有改变的。老师的引导或者一个小小的举动，会对学生产生很大的影响。当学生发现老师是关爱他的，他会感恩并做出改变。我想起之前参加培训时，专家讲的话：他人对你的认可会影响你对自己的认可。我们要多鼓励、多信任学生。这个理论引导了我的实践，我看到自己的学生在往好的方向发展，我也很开心。

以后，每逢节假日，谢同学都会发信息祝福我。遇到什么事了，也都会告诉我，他难过了或者开心了也会和我说。我觉得作为老师，我们遇到千千万万个学生，每位学生都是不一样的。虽然每个人是不一样，但是我相信，我们作为人，对于爱的感知是一样的。学生能够感受到老师对他们是否关爱。而学生作为成长中的青少年，一旦感知到老师对他们的爱，便会有正向的回馈。学生会记得你对他的关爱与帮助，就像风会记得一朵花的香。

分析反思

一、学生是发展中的人，具有巨大的发展潜力

谢同学活泼开朗，但是自我管理能力稍微差了点儿，不能很好地约束自己。老师的耐心教导使谢同学慢慢地发现了自己的问题并进行了改正。

二、学生是独特的人，具有独特性

世界上没有完全相同的两片树叶，人亦如此。和其他同学相比，谢同学曾经有过"黑历史"，是初中老师眼中的"差生"。但是，他步入新班级后，我并没有区别对待。老师一视同仁，每人都是从零开始。老师给予谢同学充分信任，再通过观察、了解以后，因材施教，随着时间的推移，谢同学发生了改变。

三、我的教育行为体现了教书育人的教师职业道德规范

"教书育人"要求教师在教育过程中遵循教育规律，循循善诱、因材

施教，促进学生全面发展。我没有因为谢同学犯错就丧失对他的信心，而是耐心了解情况，对他进行了积极引导。在多方努力下，谢同学得到了更好的发展。

四、我的教育行为体现了爱岗敬业的教师职业道德规范

"爱岗敬业"要求教师对工作高度负责，勤恳敬业，乐于奉献。我不断思考如何帮助学生成为更好的自己，体现了我对工作的高度负责、敬业的态度。我在解决问题时，会主动进行反思，探索促进学生发展的办法，最终取得了一定的效果。

五、我的教育行为体现了关爱学生的教师职业道德规范

"关爱学生"要求教师关心爱护全体学生，对学生严慈相济，做学生的良师益友。我关注学生的心理变化，让学生适应新的学习环境，与班级同学友好相处。同时，我关心学生的学习与生活情况，没有因为学生一而再再而三地犯错而对学生失去信任与耐心，这都体现了我对学生的关爱。

教育的原点：可居留的港湾

15. 你们的未来不是梦

秦迎春

案例背景

实习是每个职校学生踏上工作岗位、走向社会必经的一个重要环节。时光匆匆，经过四年半的在校学习，我带领的2013级联院会计高职班完成了课堂学习的任务，进入了实习就业阶段，正处于走向社会实践的转折点，他们的社会经验及能力还不够。孩子们面临着适应工作新环境，完成从理论向实践转折的严峻挑战。作为实习指导老师，我们要做的就是在这个关键时刻，给予学生正确的引导，使他们适应身份的转变，成长为一名合格的社会人。

案例描述

一、一个求助电话

又一个疲惫的4节课后，我正在闭目养神，享受短暂的午休时光。丁零零，一阵急促的电话铃声，打破了校园午休的寂静。我从困顿中睁开眼，是一个陌生的电话号码，按下接听键，一个急促的声音响起："秦老师，冒昧打扰了，请你帮我给孩子做做思想工作，她平时经常念叨你的名字，很信任你……""请问你是哪位？"经过交流，我知道了这个打来电话的求助者是隔壁班的一位家长，他的孩子是我的语文课代表。现在面临的问题是，孩子的爸爸为孩子找了一个实习岗位，孩子去了两天后，因为不适应，再也不肯去单位了，孩子的爸爸多次劝解无效，向我这个任课老师来求助了。我在电话里先安抚了家长，答应了解情况后再约孩子谈谈。

二、一条示威微信

挂上电话，我先理了一下思绪。陆文怡（化名），一个很开朗的女生，因为是我的课代表，所以和我走得很近，平时总是笑眯眯的，经常挂在嘴边的一句话："秦妈，我想转到你们班来，我喜欢你们班的学习氛围。"我也会笑着回一句话："好呀，欢迎你来旁听。"日常生活中，她还是一个巧手姑娘，每逢节假日，她都会自制一些手工制品送给喜欢的老师。思绪纷飞间我抬眼瞥到办公桌上的一个小花灯，"秦妈，这是我自己做的手工小灯，送给你！"似乎她欢快的声音犹在耳旁，这样的一个孩子，应该很擅长和别人交流啊，怎么会抵制工作呢？心头的疑惑难解，还是先从她的微信朋友圈看起，了解一下她最近的状况吧。想着便打开了微信朋友圈，找到她的最近动态，是昨天晚上发的，上面赫然是威胁的口吻："坚决不去上这个倒霉班了，再逼我，我跳给你们看！"看来问题还真是很严重了！于是我拨通她的电话，约定了第二天中午见面谈心。

三、一场促膝谈心

见面短暂的寒暄后，我切入了话题："说说吧，为啥不愿意去上班？""我不是不想上班，是不想去我爸给我找的这个地方上班。""我听你爸爸讲了，他托了人，才给你找的这个地方实习。"说到这里，文怡一下子委屈了："我不想在他的监视下工作！""爸爸怎么会监视你呢？他找的这个单位，拜托了好朋友指导你，是想扶着你走一段路，直到你自己可以单飞啊。"文怡不吭声了。

"我想应该是你工作中遇到啥不开心的事了吧？"

"秦妈，还是你了解我。"文怡的话匣子打开了，"我爸给我找的这个单位，是个物业管理公司，每天有数不清的小区业主来电投诉。有一次接到一个电话，我是一个新手，解决不了，请他等一下，我找人来接待，他就批评我，说物管怎么啥人都招，弄个吃闲饭的来做啥；还有一次，有个人投诉说屋顶漏水，我说等会儿派人去看一下，他立刻大骂，说不能等，应该立刻来人……诸如此类，不胜枚举。"说着，她含着泪看我，"我才上班一个星期，天天都在被别人骂，我受不了。"

"文怡，当我们走上工作岗位，就要面对形形色色的人，有些人很有教养，说话彬彬有礼，而有些人说话就较为粗鲁，我们不能改变他们的情况，就只有尽可能地调整自己的心态，提高自己的服务技能和说话的技巧，慢慢地就能适应了。""可是，我还是不喜欢这份工作，太压抑了，再说和我的专业不符合啊！""那你有啥想法呢？""我想一边考自考，一边找一份我喜欢的工作。"

"听你这么说，有心仪的单位了？""我以前就在环宇城的必胜客餐厅做小时工，那个环境我很喜欢，和那里的员工相处也很融洽，我想每天在那工作8小时，其余的时间我用来看书，准备自考，我已经考过8门课了！今年年底，我一定可以拿到本科证书，到时候我再重新找一份工作。"说着，文怡的脸上露出了自豪的笑容，我的心也被感染了。

"你这个想法也是可行的，我可以帮你来做你爸爸的思想工作，但你要……""真的？"我还未说完，就被打断了："真的！但是你要向你爸爸道歉。""为啥？""你用跳楼来威胁你爸爸，你爸爸的心里是怎样焦急，你想过吗？""我……"文怡低下了头。

四、一次放手试飞

我当着文怡的面，打通了她爸爸的电话，讲了孩子心中的抵触之处，以及孩子这几天工作的感受。文怡的爸爸说："我本想着自己是一个物管公司的管理者，给孩子安排这个实习岗位，将来可以让孩子接替自己，省得孩子到社会上找工作四处碰壁了，没有想到孩子对这份工作如此排斥，都怪自己没有和孩子事先沟通。"我也趁热打铁，着重指出了与孩子交流的重要之处在于了解孩子的想法，而不是搬出"我这样做是为了你好"

"我过的桥比你走过的路还长"等观点，正如汪曾祺在《多年父子成兄弟》中所说："儿女是属于他们自己的。他们的现在，和他们的未来，都应由他们自己来设计。"

最后，我们达成了一致，那就是尊重和相信孩子，我提出了一个新的建议，那就是放手让孩子试飞，给她一个成长的时间和空间。这个时间就以一年为限，让孩子适应与社会上的人交往，拿到自考本科证书后再重新找工作单位。

分析反思

一、"断奶期"的迷茫

职业学校实习期的学生正处于走向社会实践的转折点，他们的社会经验及能力还不足，面临着较大的就业压力，心里感到越来越迷茫和苦恼，若没有得到及时的心理疏导就会对自身的发展产生不利的影响。

本案例中的学生就是如此，她一方面想要通过实习证明自己的工作能力，另一方面又想通过自考实现自己的学业梦想，沉重的心理负担让她在实际工作中遇到挫折时，一下子崩溃了。

职校的心理健康教育研究表明，在学生从学校走向社会的过程中，班主任要对学生的心理进行分析，有的放矢地进行引导，使学生的不安心理情绪得到有效控制，减少学生的心理压力及负担，从而促进学生健康成长。

我和文怡的促膝谈心安抚了她的情绪，引导她说出自己的想法，再提出处理工作与学习之间的矛盾的方法，肯定其努力的方向，同时通过与家长的沟通，有效解决了孩子与家长之间的矛盾。

二、强烈的独立意识

独立意识，是指个体希望摆脱监督和管教的一种自我意识倾向，即在学习工作、社会交往等各方面独立处理问题或事件的行为能力以及生活上的独立自理能力。

本案例中的学生已经年满十八周岁，是一个有着独立思考能力的成年人了，面对人生中又一个关键路口——实习，学生希望能够自主选择实习单位，家长出于好心的安排，在孩子看来就是在变相地监督自己，她不希望处在这种时刻被"监视"的感觉当中，因此发出了"跳给你们看"的威胁，这正是学生捍卫自主独立意识的强烈呐喊。

教育心理学相关研究表明，家长应该学会放手，让孩子从小自我管理学习和生活，做些应该做且力所能及的事情；应该用适当的方式培养孩子的独立生活能力及自制力，让孩子明白，独立是要有准备的，是一种积淀后的崛起。

通过此次沟通，家长充分明白了尊重孩子独立意识的重要性，同时孩子也明白了家长的苦心，家长和孩子从对立走向了统一，达成了共识。一年的放飞期，正是家长和孩子相互理解后的一个约定。

五年磨一剑，我带领的2013级联院会计高职班进入了实习就业阶段，针对学生的不同情况，我和家长们联系沟通，逐一做了引导。班上的50个孩子，有10个选择了先实习就业，她们大都选择了与本专业相关的岗位；有14个选择了边实习边参加南京审计大学的成人高考补习；有26个选择了江苏省专转本考试，为自己的大学梦拼搏努力。这些孩子们，经过实习岗位的磨砺和时间的洗礼，也许还有人会成为未来的大国工匠。我衷心祝愿我的孩子们都有一个灿烂的前程，我要大声地对孩子们说："你们的未来不是梦！"

三、家长是德育的助手

学校是教育的主要场所，但却不是唯一场所，因此学校、家庭和社会要形成教育的合力。学校教育应该和家庭教育、社会教育紧密联系，构建家庭、学校、社会一体的教育环境，共同促进学生的发展和成长。在家庭教育方面，教师需要拓宽与家长沟通的渠道，在家长面临教育困境时，可以主动给家长提供建议。例如在培养学生独立意识方面，首先提醒家长关注培养孩子独立意识的重要性，其次在行动上进行自我意识的培养，鼓励孩子独立参与某项活动，比如独立完成家务活，独立参与一项实践活动，等等。

家长在教育孩子方面所做工作的重点与学校不同，家庭更注重生活、习惯、伦理道德等方面，更多的是身教，是不考核不评价的"松散"式教育，更在乎情与理。家长应该做德育的助手，帮助孩子健康成长。

16. 亲情作业，架起亲子间的心桥

高梦雪

案例背景

伟大的教育家苏霍姆林斯基说过："生活向学校提出的任务是如此复杂，以致如果没有整个社会首先是家庭的高度的教育学素养，那么不管教师付出多大的努力，都收不到完美的效果。"家，是人世间最温暖的地方。家庭教育是学校教育的基础、补充与延伸，但家庭教育，尤其是职业学校学生的家庭教育往往会出现"缺席"的现象。身为一名常年在一线工作的班主任，我常常思考，究竟如何构建家校桥梁，共建家校关系，才能构建真正的家校合作。

案例描述

期中考试后，班里部分学生成绩下滑明显且情绪低落，于是我邀请了部分家长到校面谈，想了解孩子平时在家的学习状态以及家长和孩子对未来的规划。谁知，家长到校后无一不在诉苦：

"小孩天天就知道抱着手机，话也不说，事也不做……"

"吃完饭就回房间锁了门，我们也看不到她在做什么……"

"孩子大了，不听我们的了，我们也管不住……"

"他爸经常出差，也看不到孩子几面，更别提管小孩了，都是我在管……"

"在家很少和孩子交流，能聊到一起的话题很少……"

家长们虽然一脸伤心无奈地倾诉着，但又觉得这只是代沟，是孩子青春期逆反心理的表现，是没有办法解决的，孩子这样只能自己认命。但是我意识到，家长的讲述中暴露出了孩子玩手机成瘾、拒绝交流、家长缺位等问题，我意识到班里部分学生和家长沟通比较困难，亲子之间已然成为"最熟悉的陌生人"。面对这一问题，我进行了深入思考，力求寻找到切实可行的方法来解决。

在落实具体措施之前我准备先做个全班调研，通过小程序发布了调查问卷以了解班内整体情况，问卷设置了家长职业、性格、居家时间、沟通方式及时长、对家长的满意度等问题。问卷显示，大部分家长的职业是司机、工人、厨师、销售等技术工人，工作辛苦忙碌，对孩子的学习情况不够重视，缺乏对孩子学习和生活的关心。班里有6位学生是单亲家庭；11位学生是非独生子女，家中还有弟弟妹妹，且大部分此类学生除了日常的学习，还要照顾弟弟妹妹。调研结果显示学生对家长的认可度和满意度较低。这让我想到之前在网上看到的新闻，约有75%的学生家长感觉与孩子之间存在"距离"与"隔膜"，有的甚至无法沟通，有60%的家长感到子女与家庭成员间的亲情淡化。

以上种种数据表明，亲情缺失在我班乃至整个社会都是比较普遍的现象。和班里家委会的家长们沟通讨论后，我初步决定采用布置亲情作业的形式改善学生和家长间的亲子关系。

我先是给每位家长布置了一项作业："说给孩子的一段话"，可以是诉说自己的压力和承认自己的不足、孩子成长过程中的一些美好回忆、对孩子的鼓励和期望，真情实感地表达对孩子的爱，以手写信和视频录制的形式在班会课上向学生们展示。家长们都很配合，精心准备了视频。在这节班会课上，学生从一开始的毫不在意到红了眼眶，大家都十分感动。老师也在恰当的时机给学生布置了亲情作业。

本着将德育内容化整为零的原则来布置作业，做到周周有重点，月月有任务。第一周要求孩子每天出门和回家时主动和父母问好，每天都增加一点儿交流内容。每天和家长线上联系确认今天有没有交流，前两天部分学生没有按时完成，我每天在放学后的总结中提出今天有家长和我反映，孩子懂礼貌了，主动问好，大家做得很棒，后面几天学生的积极性明显提高了很多。第二周开始增加一些行动上的作业，比如给父母一个拥抱，分享朋友间的趣事，陪父母下楼散步，等等。家庭情感流动是一种动力基础，亲子间应平等对话，平时多分享人生体验与感悟，人比情绪重要，情绪比事情重要。几周下来，学生从刚开始别扭、不好意思、束手无策，到后来变成了一种自然而然的自觉行为，每天进班的神情也越发地放松惬意。

渐渐地，我发现班里的孩子变得开朗了许多，也会主动和家长分享班里发生的事。我决定趁着亲子关系缓和的这一契机，将"作业"转化为学生的一种习惯，使学生长期自觉地做下去。我们班在周末开展了一次有趣的"身份互换"活动，活动当天学生需要承担家长的基本家庭任务，如买菜、做饭、洗衣服、打扫卫生等。家长需要上交手机，按照实际情况承担学生的基本学习任务，如背诵、默写、阅读等。经历互换身份后，学生们表示，家长们白天工作，下班后又要完成各种家务，实在太辛苦了。家长们端坐在书桌前背诵、阅读，仿佛重回学生时代，感受到学生的压力和求学之艰辛更甚当年。学生和家长在角色互换中体验彼此的"不容易"，借此促进亲子间的沟通和理解。这让学生和家长的感受都颇深，"原来孩子和家长都不好当呀"。他们在不同的位置上更深刻地体验了不同的感受。爱不是一味地服从，更多的是沟通和接受，只要彼此能明白对方的用意，付出就有成效。

学生家长们积极地参与了活动，恰逢我们伟大的中国共产党成立100周年，班会课的主题确定为红色教育主题——"忆往昔，看今朝，展未来"。课前布置了实践作业，家长和孩子利用周末时间走访了南京的红色教育基地：侵华日军南京大屠杀遇难同胞纪念馆、南京航空烈士公墓、雨花台烈士陵园和南京国防园等，在班会课上分享红色故事，由学生和家长共同完成PPT和发言稿，在实践中更加深刻地领悟红色精神。本节班会课让学生和家长充分了解了中国革命史，通过革命史体会革命精神，感受中国特色社会主义的优越性。面对新时代的考验与挑战，老师引导学生传承革命精神和延续红色文化，将工匠精神融入职业生涯规划中，让革命精神在新一代青少年中薪火相传、血脉永续。在专业技能课上，我选择了点钞技能课，对于点钞学生已经有了一定的基础。家长们在刚开始学习时遇到了很多困难，但是经过自己孩子的指导和帮助之后，也渐渐熟练起来了。本次专业技能课，虽然只是让家长体验了会计这个岗位中的一小部分，却也能让家长更加了解职业教育，体会职业教育之难。

分析反思

一、巧设活动，增进亲子关系

巧借"亲情作业"，修复亲子关系。学期末，我组织了"家长观课"活动，进一步促进家校共育，向家长开放了两节课——班会课和专业技能课，目的是让家长零距离感受学生的在校情况，实现家庭教育和学校教育的统一。

感情是具有双向性的，一方面是孩子对家长的亲情养成和情感表达，另一方面是家长对孩子的情感反馈和陪伴。家长感受到学生的变化，有欣慰有惊喜，但是家长也需要付出，所以我也给家长提了建议：每天至少抽出半个小时和孩子相处，督促孩子完成作业，周末抽出两三个小时陪孩子一起做家务、运动、打球等，要理解和宽容地对待孩子，夸赞孩子取得的每一点进步。

观课活动让家长们近距离了解了孩子的在校学习情况，感受到了现代职校和谐的师生关系，加强了学生、教师、家长之间的深度沟通，同时也有效调动了家长参与学校管理的积极性。

通过案例中的亲情作业的布置与实践，我们班的家长已经逐步走出权威式的家长作风，建立起与孩子平等对话、合作的关系。孩子也不再拒绝与家长沟通交流，还能主动为家人着想。学期末，许多家长给我发消息，说孩子懂事了许多，平常在家会分担家务，也会时常分享在校的生活点滴，至此，本学期的亲情作业也终于得到了好的反馈。

二、交流家庭教育观念

树立良好的家庭教育观念是共建家校关系、提升亲子关系质量的有效途径。班主任的适当介入，有利于直接促进家长学习意识的觉醒并进行自我反思。家长的知识水平、教育意识和教育能力，决定了家庭教育观念的科学性，正确的家庭教育观念对培养心理健康的孩子非常重要。绝大部分家长是在学习做家长，也需要通过自我教育，借助问题处理的过程，再借助当今社会提供的丰富的教育资源，来提高自己的综合教育素质。

在这次的家校活动中，我充分调动了家委会成员的积极性，倾听家长的心声，集思广益，共同商讨对策。在具体的工作布置方面，践行"可见的德育"实践体系，以将德育内容化整为零为原则来布置作业，做到周周有重点，月月有任务。作业内容"可见化"，从孩子们的生活实际出发。

学期初暴露的亲子沟通障碍，通过亲情作业消除了，对于正在成长的职校生来说，完成亲情作业，不仅能改善亲子关系，也能从各种角度去感受亲情、感悟亲恩，汲取更多成长成才的养料和能量。好的亲子关系是教育的根，是决定孩子一生幸福的底层密码。一段好的亲子关系具有相对自由、和谐、彼此尊重的特征，在建设良好亲子关系的过程中，则需要较强的沟通能力。相信在学校与家庭的共同努力之下，我们的少年定能绽放光芒，同时追逐生命里光临身边的每道光。

17. 孩子：学会好好爱自己

荣　静

案例背景

作为班主任的我需要思考：有没有真正地关心每一名学生，有没有仔细思考他们表现背后的故事，有没有针对学生的不同特点制定特色化教学方式……请相信，每一个学生本质上都是好孩子，如何改变这些所谓的"问题学生"，关键在于老师的教育和引导！同时，也正是这一群所谓的"问题学生"，在一定程度上改变了我！

人生如故事，每个人都有自己的故事，这故事或大喜大悲，或大起大落，或平淡无奇，或起伏不平，所有的人都有一个心愿，就是用心去写，用心去读。我在职业学校接手班主任工作刚刚两个月的时间，就发生了这样一件事。原来"无法无天"、天真烂漫的孩子，也会有一个"心酸"的故事。

案例描述

那年九月，刚刚开学的第一个星期，系部通知我去接手一个班级的班主任工作。该班级是会计专业，已经是在校二年级，全班42个孩子，年龄在17～18岁。班上没有特别叛逆的学生，除了七名男生相对活泼，会做一些"小动作"惹老师生气外，所有的女生都是安安分分，没有浓妆艳抹。最起码从表面上观察，还是一个令人满意的班级。

两个月后的一个星期六，我正准备利用休息时间带孩子出去玩，手机铃声响了。来电是一个陌生的号码，接通后，对方用非常浓重的外地口音告诉我她是某某学生的妈妈。在整个通话过程中，由于对方口音太重，我基本上是半蒙半猜地理解了她的意思，大致是：孩子星期五晚上没有回家，现在拒接家长的电话，问我可不可以联系到孩子。由于带班的时间还较短，我都没有办法迅速地将这个学生的姓名与相貌联系起来。当时我想，这个"问题学生"肯定是个坏小孩，都敢夜不归宿，胆子真是够大的，一定是跑出去玩了。各种"社会青年"的恶习不断涌现出来，让我不自觉地给这位女学生印上了"坏学生"的记号。

挂了家长电话后，我冷静了下来，脑海中慢慢浮现这个女生平时在班级的表现。这位"问题学生"个子中等，长得很单薄，平时在班上很少说话，更不要说大声喧哗、与同学打打闹闹了。我打电话给她，也是打通了没有人接。于是我通过QQ联系了她的同桌，这是一位比较热心的女孩子。我想同桌之间，可能知道的事情会多一些。

两个同桌之间平时关系较好，经常会说一些"小秘密"。果然这次离家的原因，同桌也告诉我了。原来是因为她的妈妈打了她，还骂了她一些很难听的话，现在这位学生住在一位闺蜜家里，情绪很激动。同桌还告诉我，千万不要告诉这位学生的家长，不然再也不会相信我了。

在这位同桌的帮助下，我和这位离家出走的孩子约在周一上午学校附近的肯德基见面。

那天下着雨，天阴沉沉的，秋季的雨天，还是很阴冷的。我去得较早，选了靠近门的位置坐下，一会儿这位学生就来了。她穿着校服背着书包，但看得出里面的衣衫很单薄，从头到脚全部被雨水淋湿，头发全部贴在脸上，雨水顺着脸颊向下滴着，她怯怯地喊了我一声"老班"，坐在了我对面的椅子上。在接下来的时间里，我慢慢知道了她的故事。

她老家在安徽农村，一家四口（爸爸长期在外面打工，很少回家；有个弟弟，在上小学五年级；妈妈没有什么文化，在南京做早点生意），他们在南京的家就是租的一间地下室。他们原先一直住在安徽老家，由于她在12岁的时候受到一次对任何一个女孩来说都无法接受的伤害，虽然不是她的错，那个坏人也被抓了，但人言可畏，她们一家人只能选择离开。但是从此之后，她妈妈在骂她的时候，就会用"狐狸精""勾引人"甚至更加肮脏的词语来伤害她。由于家里经济情况很糟糕，她妈妈从没给过她一分钱零花钱，也从来不给她买新衣服，她有的时候只能穿妈妈的旧衣服，这让她十分自卑。自从上了职校，她就开始利用周末打工，一个月微薄的几百块钱，她却要用于自己的一切开销（中午伙食、公交、打电话、日用等）。平常每天回家，她还要帮妈妈收拾第二天出摊的东西（洗菜、切菜、收拾、打扫），早上5点就要起床帮妈妈出摊。尽管如此，她在家人的眼里仍然只是一个多余的人，没有做错事情，小打小骂天天有，一旦犯错，就会加重打骂。这次是因为无来由的一个猜测，她的母亲动手狠狠打了她，还说了对一个十几岁的女生来说无法承受的话，孩子实在忍受不了了，最终选择了逃避。

  天啊！这是什么家庭，我不知道。这个孩子的心里该有多苦，但是她一个人默默承受了，这是我无法想象的痛苦与煎熬。

  其实，我作为一个母亲，心里已经开始心疼这个孩子，她是一个未成年人，我作为一名老师，必须让她回到自己的家庭。

  我告诉她，我与她的爸爸联系过了，爸爸很担心她，希望她早点回家。孩子也知道，爸爸是爱她的，弟弟也是爱她的，只是爸爸长期不在家，弟弟年龄小在家也说不上话，她不清楚怎么做妈妈才能满意！

  我又与她谈了很多做人的道理，其中一点是希望她做到"自尊、自爱、自强"。自己尊重自己，自己爱护自己，必须坚持学习今后才能自食其力。另外请她做到"感恩"，善待身边的每一个人，感谢每一个人，用自己勤劳和善良争取自己的幸福。孩子最终同意和父亲通了电话，电话刚一接通，孩子的眼眶就红了，声音也变了，忍不住号啕大哭起来。这哭声令人心碎，这是忍耐了多久的羞辱和委屈的泪水啊！最后父亲的话平复了她的情绪，在与父亲长谈过后，她安全回到了家。

  在此之后的每一天，我都希望她开心快乐，像班上的其他学生一样，可以经常开怀一笑。我会时不时与她聊几句，往她口袋里放几颗糖，生日的时候给她一个蛋糕，问问近期的情况，等等。她也会在教师节的时候，偷偷在我办公桌上放一只苹果。

孩子，我只想告诉你，你是个坚强的好孩子，你的身边有很多人爱你，亲人、同学、朋友，还有我！你一定要学会好好爱自己。

分析反思

一、用心灵赢得心灵

我国教育家陶行知曾说过："真教育是心心相印的活动，唯独从心里发出来的，才能达到心的深处。"

爱是教育的原动力，教师关爱的目光就是学生心灵的阳光。教师如果对学生的实际情况缺乏了解、心中不明，就不能从思想、学习、生活上全面关心学生，爱护学生，也就不能很好地教育学生。教师只有全面了解学生的思想表现、家庭环境、社会交际等情况，才能根据学生的不同特点，有针对性地进行教育。

冰心说："有了爱便有了一切。"我认为，爱学生是根本。爱学生，就需要我们尊重学生人格、兴趣、爱好，了解学生的习惯以及为人处世的态度、方式等，更要研究新时代学生的心理特征，然后对症下药，有意识地引导学生自尊、自爱、自强。老师要告诉学生，人要有尊严，首先需要自我尊重，其次需要通过自己的努力来维护自身的尊严和人格，从而帮助学生形成健全、完善的人格，树立正确的世界观、人生观、价值观，迈向更为自立自强的人生道路，从而更为自信地走向理想的人生之途。

二、间接改进学生的家教环境

这位学生的母亲的某些做法实在是令人心痛，非常不利于孩子形成正确的价值观，不利于孩子自信阳光地成长。通过与孩子和孩子父亲的交流，我发现她的父亲还是比较通情达理的，因此我从她父亲那里进行突破，通过让父亲与孩子沟通帮助孩子打开心结，间接改进了学生的家教环境。正是父亲恳切的话语，最终让这个孩子暂时放下了对家庭的逃避。班主任的介入，就是为了促进家长进行自我反思，学会换位思考，学会自我学习，从而改善家庭氛围，形成有利于孩子成长的家教环境，形成和睦的亲子关系。

三、引导家长用正确的方式爱孩子

家长是一辈子的角色，有些家长并不是不爱孩子、不愿意教育孩子，而是受制于自身的受教育水平、视野境界，不能够用科学的方法和方式来对待孩子。老师首先要理解和尊重家长之间的差异，同时适时通过多种途径，启发和鼓励家长学习。激发他们的学习动机与动力之后，就要对不同的家长提供针对性的资源和平台，促进家长进一步学习。同时，我们也要告诉孩子，父母不是不爱孩子，而是因为自身的能力有限，爱孩子的方式错了；要引导孩子看到父母生活的不易，从小事中感知父母对自己的爱，学会感恩父母。虽然有些父母无法给自己优越的生活环境，但是因为有了他们，自己才有了温暖的家，有了亲情的陪伴，有了可以遮风挡雨的港湾。

18. 唤醒你沉睡的学习热情

华艳锋

案例背景

中国青少年研究中心与北京师范大学教育系曾在全国做过中小学生学习与发展的大型调查，结果表明中国学生普遍厌学，尤其是中学生；北京心理卫生协会曾经召开的心理学专家座谈会上公布的一项调查，结果也表明中学生厌学率高达20%。这些在中学时期甚至小学阶段就已经开始厌学的学生进入职业学校后，由于进入叛逆期，加上升学压力的突然缺失，厌学的现象更加严重，经常出现迟到、旷课、上课睡觉、玩手机、不完成作业等情况。为什么全社会的人越来越重视教育，学生的厌学现象却日益突出？作为一线教师，这个问题日益困扰着我。

案例描述

一、老爸的"任务"

"小风？"咦？人不在。

"老师，下午的计算机课他就不在。"班长小恒答道。

没请假人却不在，怎么回事？难道是旷课？不会吧？中专一年级的学生胆子没那么大吧？况且，为了防止学生迟到早退，我一直是勤勤恳恳一天不落地早上到校时点名，下午放学前数人，他敢明目张胆地旷课？虽然我不愿意相信，但必须承认，他从进入这个学校到现在的两个多月中，学习态度是很懈怠的。据任课老师反映，无论是有趣的语文课，还是活泼的美术课，都很少能看到他的笑脸。他在课堂上眼神很迷茫，打盹的现象也日益明显，老师偶尔提问他，他总是很平静地回答"我不知道"。

其他学生放学后，我赶紧回到办公室给他的家长打电话，询问孩子是否在家，经过家长的核实，孩子已经在家里了。为了更多地了解孩子的情况，我跟孩子的家长约定第二天中午在我的办公室谈一谈。

第二天，小风按时来到学校。看见我，他没有对前一天的旷课做任何解释，也没有因为我马上要跟他家长见面而有任何的情绪，一如既往的平静，似乎什么事情都没有发生。

午休的时候，孩子的家长如约而至，我也把孩子带到了办公室。落座后，我开门见山地问："小风，你昨天下午怎么没有上课呢？你去哪里了？"当着爸爸的面，他心平气和地说："我不想上，那个课一点儿意思都没，就回家了。"看得出来，孩子说的是实话。

家人听了孩子的话，很和气地说："学校有学校的制度，怎么能由着自己的性子，想来就来，不想来就不来呢？学校的基本要求你还是要做到的呀。"那种语气听上去，不像父亲批评孩子，更像是成人之间对一件司空见惯的事情交流着自己的看法。

"可是，那个课我真的不喜欢，所以也听不进去，在那里坐着也是浪费时间。"孩子的语气依然保持着一贯的平静。

我试图改变他的想法，于是试探性地问道："你觉得你爸爸今天来学校是因为喜欢吗？"

孩子一怔，转而微微一笑："不喜欢。"

"那他为什么要来？"我继续追问。

也许不想回答我，也许不知如何作答，他没有回答我。

"因为责任，你是他的孩子，他要对你的行为负责，而你作为孩子，是不是在做事情之前也想想自己的责任呢？"我的语气有些严肃。

这次，他没有犹豫，立即说出了自己的"委屈"："可是，中考后我本来是不想来上学的，是爸爸答应我，只要我能在这个学校坚持上完三年学就行，能不能拿到毕业证都无所谓，等到了十八周岁法定年龄，他就给我一笔资金，让我去做我喜欢的事情。老师，你想想，如果让你天天面对你不喜欢的事情，你还愿意吗？"

原来，他来上学，只是为了完成老爸给的"任务"！

那次谈话之后，我们达成了一个口头上的协议：学习成绩的好坏老师可以暂时不干涉，但学校的制度必须遵守，不能旷课、迟到，起码的作业也必须完成。

因为我告诉他，如果这些基本的事情都做不到，他可能很难完成在学校里"待"三年的"任务"。孩子同意了，其实，他除了不爱学习，跟老师沟通时的态度还是端正的。

二、一颗友爱的"糖果"

那之后，他把欠了一堆的数学作业给补了上来。补好数学作业后他告诉我，补数学作业对他来说真是一个挑战，因为他在小学高年级的时候就已经放弃数学学习了，作业几乎也是不做的，这次作业上面那些"乱七八糟"的符号和"杂乱无章"的画图把他累坏了。为了给他一些肯定，我鼓励他说："辛苦了，辛苦了，不过以后你可以试着把它当作艺术品来对待嘛。"

虽然那之后他的作业、出勤基本没有出过问题，可是期中考试、期末考试的成绩出来后，我们还是很心痛，全科都不及格！其实，了解职业学校的人都知道，学校的考试内容是很简单的，一般考前稍加复习，过关是没有问题的，可是，他竟然没有一门过关！

孩子，我想对你说，没有优秀的学习成绩是不影响你将来的成长，但是失去学习的能力与热情是会影响你一生的发展的呀！我要怎么做才能唤醒你沉睡的学习兴趣呢？

正在思量着如何和他进一步沟通的时候，有一天下课后，我走在走廊上，看见他正趴在走廊的栏杆上，看见我来了，他回头对我一笑，伸出手来："老师，糖你吃不吃？"难得他主动向我示好，我赶紧抓住机会，表现出很好奇的样子："什么糖？我尝尝。"他把糖递过来，我塞进嘴里，很满足地说"还真是蛮好吃的",并趁机跟他攀谈起来:"听说你唱歌蛮好听的,马上元旦汇演,怎么样,给大家表演一个?"谈到音乐,他的两眼立即变得神采奕奕,出乎我意料的爽快:"行,到时候给你个惊喜。"

果然,元旦汇演中他一鸣惊人,那动听的歌喉一亮开,就引得满堂彩,从没有看到过他如此忘情和投入,所以他下台的时候,我冲他竖起拇指,还不忘调侃他一下:"男神耶!赞,赞,赞!不过,真正的音乐爱好者不光模仿别人唱,还要自己创作歌曲哦,你要不要试着自己谱几首曲,创造属于自己的音乐?"

也许是因为我偶尔的鼓励,他后来竟然经常跟我开点小玩笑,我也会试探性地问他一下:"音乐创作得怎么样啦?"

他笑笑:"不急。"

孩子,其实我并不在意你的乐曲能否作成,我只希望你能挥洒自己青春的热情与活力,有对自己所热衷事情的学习能力,这才是将来你成长道路上不可或缺的生存之道。

分析反思

本次事件中的小风是当下很多学生的典型代表,他们从小学开始就被家长、老师以及身边的环境灌输一种理念:要好好学习,长大成才。然而在社会发展、经济腾飞的大背景下,知识的更新越来越快,学习的途径越来越多,随之而来的就是各方面的学习压力,以至于很多学生背负着与他们年龄不相称的沉重包袱。他们为了所谓的"将来",放弃自己的爱好,一味地追求与升学有关的文化成绩。在这个过程中,如果学生在学习的中途遇到挫折却没有及时合理地处理好,就会影响他们的学习心态,出现厌学情绪,而这种情绪如果不能得到有效的疏通,将直接影响他们将来的就业与发展。因此,如何调整学生的状态,改变家长的观念,是每个教育工作者乃至全社会义不容辞的责任。

一、改善师生关系,从家长那里开始

德国著名的教育家第斯多惠说:"教育的艺术不在于传授本领,而在

于激励、唤醒、鼓舞。"在本案例中，老师把家长和孩子都邀请到办公室里来，进行一个"三方会谈"，让孩子吐露了自己的心声，也让父亲了解到自己在教育上存在的问题。这个案例中的家长在知道自己孩子旷课回家之后，非但没有教育孩子，也没有及时打电话告知老师，其实已经和老师之间形成了一个无形的壁垒。正是家长的这种默许，放纵了孩子的欲望，导致孩子没有认清自己的责任。家长的这种态度在潜移默化中暗示孩子可以旷课、不尊重老师，不利于建立良好的师生关系，同时暗示了学生可以忽视学习，影响了学生学习的主动性和学习成绩。自从进行了"三方会谈"之后，家长也意识到了自己对孩子过于放纵，不注重培养孩子的责任意识。在我接受了孩子的一颗友善的糖果后，师生关系得到了明显的改善。因为师生关系的改善，孩子也更愿意学习了，积极性提高了，学生成绩也有所提高。所以，教师要经常进行家校沟通，及时掌握孩子的心理动态。

二、培养成就感，与兴趣特长和家庭责任联系起来

家庭是由家庭成员组成的，每个家庭成员都有自己的责任与分工，不同阶段分工不同，但不变的是每个人都要对家庭尽到责任。父母的主要责任是赚钱养家，而孩子的责任就是好好学习，健康成长。在本案例中，小风没有意识到自己在这个家庭中也是要承担责任的，认为父母对自己的付出是无条件的。如何让孩子能够主动承担起自己的家庭责任呢？小风并非没有自己感兴趣的知识，在本案例中，小风的兴趣就是音乐。老师在了解了学生的兴趣和特点后，要善于发挥他的特长，给学生创设展示的平台和取得成功的机会，在学生展示之前，也可以给予学生充分的鼓励与必要的支持，让学生在努力中找到快乐，最终实现在展示中找到成就感。因为成就感能带来满足感，所以孩子获得成就感对激发其继续学习下去的热情非常有益，成就感是孩子最大的学习动力！这份成就感，使得孩子能够在音乐领域保持永远的热情和坚定的信念，促使他在这条路上走得更远。通过培养成就感，孩子得以担负起属于自己的家庭责任，再让这份责任感落实到其他学习中，实现自我价值。

19. 搭建心与心之间的桥梁

张玉梅

案例背景

作为老师，你是不是经常会遇到这样一种情况：你在班级里讲很多的道理，不管是谆谆教诲、循循善诱还是厉声呵斥，可是有些学生一下课还是会继续违纪、继续犯错误？身为家长，你是否发现自己的孩子越来越爱狡辩，脾气越来越大，动不动就发火，怎么说都没用？与人相处，特别是与青春期的孩子相处，"讲理"已经不能走遍天下。善用且巧用"共情"，不要去看表面上他在说什么，而是关注他在想什么，尽量做听众，理顺他的情绪，再去探讨解决方案，心与心之间的桥梁才能搭建，沟通才能奏效。

案例描述

一、手机风波

一天清晨，刚刚坐上地铁的我，听见包里的手机铃声响了，拿出来一看，是班上的小金同学发来的短信："老师，我今天上午不去学校了，下午也可能不会去了。"看完信息，我生出疑惑。小金是生病了吗？为什么不是家长第一时间跟我请假？我早已告知他们，我只有半天的请假权限，为什么小金说下午也可能不来了？怀揣着这些疑惑，我回复了他的信息。我说："小金，是身体不舒服吗？要跟老师请病假吗？"小金回复道："老师,我和父母昨天晚上发生了冲突,今天不去上课了。"紧接着手机 QQ 上又收到小金妈妈的信息:"张老师,我家孩子昨天晚上一到家,就抱着手机一直玩,我叫他好几次,他都没有回应。像这样子已经很多次了,他视手机如命,连上厕所都要拿着。我感觉在他心中,手机的重要性已经大于亲情。现在我要没收他的手机,不让他去学校,我要让他在手机和家人之间做出选择。"

小金同学即将年满 18 周岁,性格腼腆,成绩一般,家庭经济条件优越,但兴趣爱好不多,长期沉溺于玩手机。因为手机问题,小金曾多次与父母发生冲突。父母觉得自家的孩子跟手机的感情最深,甚至已经超越了亲情。他们对孩子的行为极度不满,就采取强制措施,没收他的手机,这加剧了亲子间的矛盾。

二、与生 "共情"

小金母子现下正针锋相对,互不相让。我决定先说服小金下午来学校,听一听他的想法。小金两点钟如约来到我的办公室。我先请他坐下,我们开始了一次面对面的长谈。首先我让他描述了昨晚跟妈妈之间的冲突,事件的起因及如何收场的。在他的描述中,我听到了这些:"妈妈一直不停地唠叨我,一件小事反复地说;她和爸爸也是会盯着手机看,也会不及时地回应我。"

这时我的脑海中闪现出假期心理大讲堂培训时,讲师说的一些话:"人的大脑有两个系统在运作。系统一,可以理解为潜意识系统,或者感性系统。它是自主运行的,比较原始,可以把它当成每个人心中的那头大水牛。系统二,理性思考系统,掌控自控力,就是人在非常生气的情况下,如果想依然保持应有的礼仪,就全靠它了。但在绝大多数情况下,系统一主导一切,即潜意识主导一切,牛拉着人走,而不是人牵着牛走。系统二只是负责为系统一寻找支撑的理由,为其辩解。所以与学生相处,不要去看表面上他在说什么,而是他的'牛'在想什么。"

所以,基于此,在小金描述时,我尽量做听众,只说了一些诸如

"嗯，你是不是很难受？感觉很委屈？你说得有道理，换作我，我也难受……"之类表示理解的话。说着说着，我发现小金的表情已经没有刚进来时那么凝重了。他放松了，好像要打开心扉了。

接着我问他，除了玩手机游戏，有没有其他的爱好，每天分配给亲情、友情、学习、锻炼的时间有多少。并且告诉他，现代社会，手机的确已经成为大人、小孩生活中不可缺少的一部分，但我们更应理性地分配时间，而且手机的好处也远远不止游戏这一项。希望他能多多地发展更好的兴趣爱好，多出门走走，"读万卷书，行万里路"。然后，我也告诉他："妈妈之所以如此着急上火，甚至采取强制手段，只因为她很爱你，在乎你们母子的关系，希望你们的亲情关系是第一位的。你已经是快 18 岁的大人了，要多多问问自己为父母做过哪些暖心事，有没有一些'小确幸'的片段，遇问题先多多反思自己。"小金微笑地点点头。

三、与"家长"协商

小金较愉快地走出办公室，接着我跟他的妈妈以电话的形式进行了沟通。第一，我告诉她，已经找小金谈过了，现在跟家长交流一下母子二人因手机引发的冲突问题。我告诉小金妈妈，小金告诉我，在他的心中，爸爸妈妈和弟弟非常重要，亲情在他的生命中是不可缺少的。小金只需要更加合理地分配时间，缩短花费在手机游戏上的时间，更多地和家人面对面地相处交流。第二，家长也需要以身作则，以行动示范给孩子看。爸爸妈妈都不是整天对着手机，他们有自己的事业、爱好等。第三，这个年龄段的孩子已经不会"很听话"了。家长不能着急，强制手段会加剧矛盾，我们不妨多多发现孩子的亮点，在平时的交流中多鼓励孩子，不要因为孩子爱玩手机游戏就全盘否决孩子。

四、搭建"心与心"之间的桥梁

下一步，我又利用周一的班会课，跟同学们一起梳理本学期文化课和实操课、我们的班级目标和个人目标，让大家明确任务，确定努力的方向，并且鼓励大家多多参加系部和学校举行的各项文娱和体育活动，发展兴趣，多多行动。通过视频短片的形式告诉大家，手机远远不止游戏这一项功能，我们该如何利用它更好地生活，更好地服务学习？和大家讨论并作总结。

小金的妈妈两天后发短信告诉我："孩子这几天表现不错，回家会主动帮爸爸做些事；并向妈妈保证，晚上放学回家少玩游戏，多干些家务，帮弟弟看看作业等。"小金的妈妈也说，自己也要注意和孩子沟通的方式，孩子已经长大了，正确地引导，才可以有效地沟通。

分析反思

苏霍姆林斯基把儿童比作一块"大理石"，这块"大理石"要雕琢成一件成功的艺术品，主要依赖六位雕塑家：家庭、学校、儿童所在的集体、儿童本人、书籍、偶然出现的因素。这六位雕塑家必须配合得当。所以要教育好孩子，需要合力，需要共情。

一、与孩子共情，给予有温度的关爱

"一把钥匙开一把锁。"针对本案例中小金同学的情况，身为老师的我并没有继续采取说教的方式，因为小金已经产生了"抗药性"。在接下来的工作中，我充当的是倾听者的角色，充分与孩子共情。通过尊重小金，拉近师生关系。

本案例中的母亲平时在与孩子的相处过程中，忽视了孩子心理上对情感的需求，过于强势，为了生计又很少有时间陪伴孩子。空闲时间，她也是抱着手机，忽视了与孩子的交流，没有做到以身作则。老师与家长的沟通能够让家长认识到自己教育孩子方面的不足；认识到作为家长不仅要满足孩子的物质需求，更要满足其精神需求；认识到每天再忙，都应该抽时间陪陪孩子，陪孩子聊一聊生活上遇到的有趣的事情。在与孩子发生争执时，这位母亲采取的是强硬的没收手机的办法，让孩子在手机和亲人之间做出选择，殊不知这恰恰走到了孩子的对立面，缺少共情。

作为家长，常常困惑的是，为什么我都是为孩子好，孩子却不领情呢？这些家长不知，教育也是有温度的。我们对孩子的好、对孩子的爱，孩子为什么就感受不到呢？这个时候，家长和老师都不妨想一想，是不是我们的方式出现了问题，爱要通过正确的方式表达出来，我们要给孩子可触摸到的温暖。

二、与家长共情，给予有耐心的期待

大部分的老师也是为人父、为人母，因此在与家长的沟通交流中，也要充分考虑家长的心态，做到共情，才能有效解决问题。家长也都是独立的个体，不同家长有不同的个性，面对不同问题时的态度也不一样，班主任要根据家长的不同情况做出相应的回应。家长除了个性不同之外，他们的职业、文化背景、家庭状况也不尽相同，老师要对家长给予耐心的期待，实现与家长的共情，从而成为家长与学生之间的桥梁，引导家长与学生实现共情，真正地实现家长与学生之间的相互理解，从而减少矛盾的发生。

共情就是你站在对方的角度倾听和观察这个世界，并在对方的话语中发现部分事实。共情是一种能力，也是一种情感的交流和共鸣。有时候，它会产生比任何方式和手段都无法比拟的作用和效果，更是一种与学生交流的艺术，需要老师和班主任在教育教学工作中不断地感悟、训练、提升。

共情不仅仅是心理咨询中的一种技术，也是班主任工作中的有效教育方式，更是班主任的一种态度，一种品质，一种素养。我们要在工作中努力践行，与学生共情，与家长共情，同时，还要在与家长共情的基础上进一步引导家长与学生共情，搭建起教师与学生、教师与家长、家长与学生之间的"心桥"。

20. 握住美丽的亲情

荣 静

案例背景

现在高职学校的孩子已经是"00后"了。一代人有一代人的气象,新生代冉冉升起,时代在变,学生与父母之间的关系也在变。

"00后"出生于21世纪,回望本世纪的前二十几年,科技、资讯高度发达,经济社会快速发展,互联网等给社会生活带来深刻改变,社会思想观念极大裂变。在这样的环境中成长起来的一代人,自然有与此前几代人截然不同的特点。

经济爆炸式增长带给他们的,已经远远不是温饱,而是更前卫时尚的消费需求,以及更独特的价值观念。他们的行为无拘无束,他们的思想如风如幻,在外人看来,他们的喜好和性情难以捉摸,甚至是匪夷所思。

案例描述

开学第一周,我收了全班学生的寒假作业——周记五篇。

当我同往常一样,翻看着千篇一律、如同"流水账"一样的各类吃、喝、游记正感到乏味时,突然被其中的一篇周记深深震撼。

那个经常上学迟到、课堂上低声聊天、不能及时完成作业的"叛逆期"孩子,却拥有一颗脆弱、柔软、渴望关爱的心!

一、孩子的周记

我是一个叛逆的孩子,而她则是一位传统的母亲。所以我们之间有太多的不一样,也有一条深深的代沟。于是,我开始小心翼翼地逃避,可是终于有一天夹在我们俩之间的"炸弹"还是爆炸了。

星期天的下午,我一边听歌,一边写作业。忽然传来开门声,我匆忙拔下耳机,把手机胡乱塞在床下,没想到这一幕还是被母亲发现了。

她迅速冲到床边,一把揪出手机,毫不犹豫地将手机摔在我面前。就是那一瞬间,母亲愤怒地对我说:"你在做些什么?这就是你学习的态度?"我刚要开口,母亲便又说:"你这样怎么可以顺利毕业?将来怎么会有好的发展?"我也不知怎么了,突然站起来,对母亲大吼:"你除了上班,就是加班。回到家里就捧着手机,偶尔想到我,对我总是指责批评,这也看不惯那也看不惯!你到底有多少时间是用在我身上的?"说完,我气愤地摔门而去,完全没有顾及母亲那一脸的惊愕。

走在满是人的街上,看着街上一对欢快交流的母女,我愣住了,呆呆地看着她们。我思考了很久——我们是否可以不再对立?是否可以更加和谐?

我迈着沉重的步伐,带着满身的疲惫回到家里。站在家门前,我犹豫害怕了,我好像没有勇气去面对我离开时满脸惊愕的母亲。但是事情总是要解决,我还是鼓起勇气走进家门。当钥匙插进锁眼的刹那,我又停了下来,我不知回到家之后面对的还是不是那个气势汹汹的母亲。但是,刚刚在街上遇到的那对温馨的母女,给了我一股温暖的勇气。我果断地将门打开,当我还在思考如何与母亲和解时,不知从哪个角落传来一声轻轻的啜泣。我轻轻走进房间,打开灯,我看不见母亲的泪水,但我可以感觉到沉重的眼泪打在我的心上。

我坐在母亲身边,母亲抬头用红肿的眼睛看着我,我轻轻抚摸母亲的手,两个人都未说一句话,但一股从未有过的暖流油然而生。

原来,这就是我渴望的温度,原来美好就在身边!

二、我的感动

我对学生的周记只有一条要求,就是必须是真实的事情,写出真实想法与感受。因为我从来不规定周记的字数,收上来的周记,学生通常都是随便应付几句交差。在众多寥寥数行的周记中,只有她洋洋洒洒地写满整页纸,写出了自己的故事,写出了心里的真情实感。

第二天,我在课间"漫不经心"地找了她,只说"你的周记我看了""写得很好啊""加油努力啊"之类的话。看上去我是"漫不经心",实则我是想给她鼓励、给她点赞!但又不愿那么刻意,给她压力。既然她已经懂得珍惜,我相信她会做得更好。

我将孩子的周记拍照发给她的母亲,我希望家长也了解孩子的想法。有些话可能没有当面直说,也许最真的想法只留在文字里。我想感动我的这篇周记,也一定会感动当事人——孩子的母亲。

我在QQ留言道:"这是孩子的一篇周记,我发现她写的东西非常好,她是走心的。"

过了许久,她母亲回复:"谢谢老师夸奖。"

我对这篇周记的"无言",家长的"无言",孩子与母亲那次"无言"的和解,在这些"无言"的背后,流淌着的都是人与人之间最美好的感情,留给母亲与孩子慢慢去体会、慢慢去沟通。我们在教育孩子的同时,孩子也在教育着我们。

三、后续

几周后,我的办公桌上多了一张字条,写着:

"成长,教会我接受失败,教会我懂得责任,教会我信任别人。也许我是个例外,我并不想长大,若能一直生活在父母的宠爱中、师生的关怀中,永远无忧无虑该多好。渐渐我发现成长是一个必然的过程,由不得自己。

"老师,我在努力学会长大。我也希望可以永远握住母亲的手,永远握住这份美丽的亲情!"

分析反思

针对"00后"学生的特点,学校教育应该因时而变,研究新生代的新特点,根据他们的特点因材施教,要关注他们的学习生活,更要创造宽松的沟通交流环境,引导他们正确抒发情感,拥有积极健康的心态。在经过五年的高职学习生活之后,这批学生将要走上社会,炫酷的千禧一代能否给这个社会带来新的能量,就取决于教育的塑造,也取决于全社会对他们的态度。

一、教育机智:无言的教育

教育家乌申斯基说:"不论教育者怎样地研究了教育学理论,如果他没有教育机智,他就不可能成为一个优秀的教育实践者。"在教育过程中,需要根据教育情况,正确、迅速、敏锐地做出判断,选择有效的方法,这就是教育机智。

在本案例中,我没有直接将学生周记里的这件事展开来说,而是用"模糊"的话语,甚至是用"无言"来一带而过。我将孩子的周记拍照发给她的母亲,也未直指这次争论,而是表扬孩子周记写得好。这两次"无言"恰恰保护了孩子与家长的自尊心,没有辜负孩子对我的信任,才有了那次美好的"后续"。

爱是教育的原动力,教师关爱的目光就是学生心灵的阳光。教师如果对学生的实际情况缺乏了解、心中不明,就不能从思想、学习、生活上全面关心学生、爱护学生,也就不能很好地教育学生。教师只有全面了解学生的思想表现、家庭环境、社会交际等情况,才能根据学生的不同特点,有针对性地进行教育。

教育是一门艺术,只有走进学生心灵的教育才是真教育。"一把钥匙开一把锁","锁"就是遇到的问题,"钥匙"就是解决问题的有效策略。一线班主任在与学生交流的过程中,要注意方法策略,如果用"蛮力"想把一头牛拉进栅栏内，无论是生拉硬扯还是用鞭子抽打都无济于事。这个时候，有经验的农夫只需要一把青草，就能轻轻松松地将牛引进牛栏。在日常的德育工作中，我们要善于运用教育机智，用一把"青草"，因材施教，正确引导，才能有真教育。

二、把家长请到德育的现场

本案例中，虽然我并没有直接与家长沟通这一次的争吵，但是我将这篇周记发给孩子的母亲，其实就是一个无形的德育现场，班主任、家长、孩子在一个无形的场域内进行沟通。老师将家长请到了德育的现场，让家长知道孩子的心里是怎么想的，形成了家校合力，相信这位家长在看完周记之后能够有所改变。

作为一名班主任，亲眼看见过许多父母和孩子争吵的画面，这个场景中通常是歇斯底里的父母与愤怒委屈的孩子像仇人一样对立着。经历得多了之后，我便开始思考一个问题：明明父母深爱着孩子，为什么最后总是站到了孩子的对立面？为什么每个与父母有隔阂的孩子都认为父母并不爱自己？一方觉得自己已经奉献出全部的爱，一方却将这份爱看作桎梏、囚笼、枷锁。我想，这应该是父母给予爱的方式出现了问题，家长总是用"我以为是为你好"的方式去对待自己的孩子，却没有真正想过孩子需要什么，没有照顾到孩子的情绪，这种爱、这种温暖孩子看不见、摸不着、感知不到，这是问题的根源。所以，作为家长，在养育孩子的过程中，并不是一句"我爱你""我都是为了你好"就够了，还需要不断地去探索如何"爱"。作为老师，专业的教育者，我们不仅需要引导家长认识到表达爱的方式能够直接影响教育和关爱的温度，还需要在方式方法上给予一定的指导，即创设各种各样的德育场所或德育情境，充当学生与家长沟通的桥梁。

因此，不管是老师还是家长都要注意到，教育与关爱一定要让学生可感知、可触摸，这样才能真正温暖孩子的心灵。而在这个过程中，作为老师，我们可能不仅需要教学生，还需要教家长。

21. 架起桥梁收获信任

王庆庆

案例背景

家长是孩子成长的启蒙老师，也是家庭教育的第一责任人，因此班主任如果能够争取到家长的积极配合，在教育学生的时候往往能够事半功倍。然而很可惜的是，总有一些"桥梁"是不通畅的，有些家长在面对年轻班主任时的不信任，让家校沟通变得不够顺畅，在管理学生的方式方法上也会出现分歧。我就是这样一位年轻的班主任，刚上任不多久，就遇到了一位让我"又爱又恨"的孩子——小董。她长得漂亮成绩也好，唯独让人头疼的就是她总是迟到早退。

案例描述

一天，我的早自习课上，突然一声"报告"打破了早自习的寂静。全班同学扭过头去，只见小董站在门口，歪歪斜斜地挎着个书包，哈欠连天——这已经是她这周第三次迟到了。见我一副山雨欲来风满楼的样子，小董赶紧从书包里掏出一张纸双手递给我，我不用打开都知道里面的内容，一定是她爸爸为她写好的病假条。可每当我和她爸爸联系时，她爸爸总是满不在乎地在电话里和我说："老师，我们家小董成绩好，长得好，我家也不缺钱，她毕了业我们就直接为她安排工作，您也不用要求这么严。"每当我准备好一箩筐道理想与他好好说上一说时，他总是借口"工作很忙"挂断我电话。一来二去，她的家长干脆连我的电话也不接了，但凡小董迟到，一张病假条就递到了我手上，为她的迟到开脱。

在一次"班主任节"中，小董爸爸的卡片上面赫然写着："班主任太年轻，经验不足，教育方法也有待提高。"这句话犹如晴天霹雳，划过我的心头。我曾经为我的年龄优势感到自豪，因为学生都爱与我亲近，我与学生之间没有代沟，却没有想到因为我的年轻和经验不足，家长产生了"不信任感"。巨大的失落感下，我沮丧地请教了许多有资历的老班主任，慢慢地，我终于了解到，原来是我每一次简单的"告状方式"，让家长觉得我只在乎班级的集体荣誉和我的个人"政绩"，根本没把学生放在心上。我恍然大悟，的确，我的电话总是那么不合时宜，永远"报忧不报喜"，换位思考下，我也会对这样的班主任产生不信任感吧。我苦思冥想了很久，终于借着一个转机想到了一个好办法。

期中考试结束了，小董成绩不错，更让她高兴的是，在全校的技能选拔大赛中，小董凭第一名的专业成绩入选了技能大赛集训队。然而没过三天，小董便被集训队退了回来，理由是集训队不需要一个不守时的队员。小董爸爸带着小董一脸不服气地闯进了我的办公室，冲我吼道："不就是迟到吗？又没有耽误训练，我们可是第一名！"小董在旁边默默地擦着眼泪。我请他们坐下，拿出《班级日志》给他看小董迟到的记录，又给他看了集训队的规章制度。小董爸爸瞥了自家女儿一眼，把所有东西交给她看。我继续说道："技能大赛是一件非常严肃的事情，学校从不缺第一名，我们需要的是有集体精神、能够遵守团队制度的学生。"小董满是眼泪的脸上开始出现悔意，她爸爸也似乎有所触动。小董哀求我："老班，我知道错了，我真的很想参加技能大赛。"

技能大赛是职校学生升入本科的"立交桥"，如果小董这一次能够晋级成功，最终拿到省级金奖的话，她就可以被保送进自己一直心仪的大学。我表示这是学校的规定，但同时又诚恳地向他表示，我会尽力帮助小董。看着小董爸爸脸上明显不太相信的表情，我让小董先回班级，然后邀请小董爸爸和我一起去找教练。教练一看到小董爸爸便开始大倒苦水，说因为小董的迟到早退，已经影响了他们三天的训练进度，教练态度坚决地表示绝不需要这样一个不守时、没有规则意识的孩子加入，小董爸爸准备好的一肚子说辞都憋了回去。

我一边言辞恳切地为小董说情，一边趁机提出约法三章——我作为小董的老班，愿意担任第三方监督人，如果小董能够签下保证书，在出勤方面真正约束自己，对于这样一个有才华有希望的优秀种子选手，学校和老师还是希望提供机会和舞台给她展示自己、实现梦想的。小董爸爸没想到我会提出这样一个缓和情势的方案，立即对我连连道谢。教练想了一会儿，也答应了我的要求。我严肃地对小董说："如果签，便要真的做到，否则只会被第二次退回。如果再被退回，即使我是你老班，我也不能再替你求情了，毕竟这不仅关乎你个人的荣誉，更关乎整个学校的荣誉。"小董爸爸听后立马向我承诺：以后他每天都会亲自送小董上学，保证小董绝不会再迟到。

于是我亲自带着小董去找教练，希望教练能给小董一个试训期，在这期间小董可以跟着集训队训练，这样既不耽误训练内容，又能激励她让她每日早来。但教练有一个要求——她必须每天提早半小时到集训室，记录其他队员的到校时间。

让家长看到我的真心付出是第一步，第二步就是让家长看到我的专业能力——作为班主任，我有义务且有能力去帮助小董完成这个承诺，而不是隔岸观火。为了让小董每天提早半小时到校，我每天早上都会打一个电话叫醒她，没想到小董通常已经早早起床了。等她来到学校，我已经等在校门口了，然后带着她一起进入集训室训练。在这提早的半小时里，我协助她记录每一位队员的到达时间，然后一边督促一边陪她压腿练早功。

自那以后，小董在训练中再也没有迟到过。我每天早上都会遇到小董爸爸，他看见我也会主动与我打招呼了。一天早上，下着瓢泼大雨，整个城市拥堵不堪，我突然接到了小董爸爸的电话，这是小董爸爸第一次主动与我联系，这个电话里，他的语气不再是不耐烦，而是很抱歉地对我说因为路上积水，小董可能要迟到了。我赶紧安慰了他们，让他们一定要注意安全，自己心里却很开心——这个电话意味着我与家长之间的坚冰正在渐渐消融。

分析反思

一、关注"好学生"

你可能会好奇小董试训期后有没有"转正",其实这是我和集训队教练共同设的一个"局"。作为班主任,我们可能平时更多地将关注的眼光和精力都放在一些"特殊问题学生"的身上,帮助他们转化行为,调整心态,提高成绩,却往往忽略了一些本身就比较优秀或成绩较好的学生。然而这类学生也会存在一些行为问题,就像小董,虽然成绩好,待人诚恳,多才多艺,然而"迟到"这一个小毛病,却很可能影响到她未来的职业道路。

迟到是学生行为习惯中最难抓最容易反复的问题。我知道光是一张保证书还不够,万一小董在比赛结束以后继续我行我素,或者再次因为迟到而被集训队退回,我不仅浪费了一次教育契机,更没有达到我的教育效果。因此,在面对学生身上存在的问题时,老师不仅要想办法进行转化,还需要确保这种转化能够持久。

更何况,利用"病假条"这种小聪明打擦边球的还有她爸爸,父母的行为会在潜移默化中影响孩子,更会对家校合作教育产生阻力,如果不能从根本上引起家长足够的重视,就无法解决这个问题。

所以,我们始终没有放弃小董,只是希望她能接受一些磨炼,从内心认识到自己的问题,改掉迟到的毛病,从而变得更加优秀。我也对小董爸爸的配合表示了感谢。

二、善于抓住教育契机

教育家乌申斯基说:"不论教育者怎样地研究了教育学理论,如果他没有教育机智,他就不可能成为一个优秀的教育实践者。"在教育过程中,需要根据教育情况,正确、迅速、敏锐地做出判断,选择有效的方法,这就是教育机智。因此,在教育过程中,除了被动地等待教育契机的出现以外，更重要的是要善于利用周围的有利条件，为自己创造教育契机，当然，这就对教师提出了一定的要求。首先，教师要能够发现问题并找到出现问题的真正原因，如果个人经验不足，可以向其他有经验的教师请教，如果的确是自身存在问题要承认自身不足，积极面对。其次，教师要学会对症下药，找到学生的"痛点"，直中要害。最后，所有这些都要建立在教师给予学生的关爱发自肺腑这一基础之上，只有真心才能打动真心，所有的技巧都是以真心为基础的。

三、与家长沟通也要有温度

在帮助小董养成好习惯的这一过程中，我也收获了家长对我的信任。小董拿到金牌的当天，她的父亲请我去家里坐坐，我才发现原来她自那天下雨迟到以后就搬到学校附近租的房子居住，小董爸爸热情地接待了我。

其实许多时候，家长之所以不信任我们，与我们自己的处事方式也有关系。一个电话、一个短信，我们总是用这种最冰冷的方式去敷衍了事，懒得去思考如何用更好的方式去和家长、学生沟通，还感觉如此快捷方便，殊不知最后只能将自己化成家长手机中一个没有情感温度的"班主任"符号。和家长沟通的艺术往往会被我们忽略。因此，无论是在和学生的沟通上还是在和家长的沟通上，老师都要注重选取最佳时刻和最佳角度。所谓最佳时刻就是心情最舒畅的时刻，最佳角度就是听者易于接受的方面。

班主任就像一座桥梁，担负着沟通协调的职责，只有让家长看到我们对学生的关心，看到我们作为班主任的专业能力，才能获得家长对我们的信任，家校育人合力才能真正的强而有力。

22. 我为母亲做件事

王晓征

案例背景

改革开放以后,除少数民族外,汉族大多数家庭都是独生子女家庭,造成往往6个大人带1个小孩,溺爱现象比比皆是。这给有些孩子造成一种错觉,认为衣来伸手饭来张口是理所当然的事,因此他们缺乏感恩心理,长大后也不懂回报父母和社会。

我所带的班级是汽修专业中专二年级的一个班,再过半年学生就要踏入社会进企业实习。从年龄来看,大部分学生将满18周岁,即将成为完全民事行为能力人。

母亲是每个孩子最亲近的人。为了让孩子们学会感恩,回报他人,我在班级开展了一次"我为母亲做件事"的活动。通过让学生为母亲做一件力所能及的事,为母亲分担一点家务或精神压力,引导学生用实际行动感恩母爱,回报周围的人,并进一步延伸到感恩师长和朋友,感恩社会、回报社会。

案例描述

我所带班级的孩子们在2016年11、12月到名爵汽车公司生产见习两个月,在见习期间每个人都通过自己的辛勤努力,获得1万多元的见习补贴。

这是孩子们人生中的"第一桶金",对孩子们有着重要意义。如何将这笔钱花得更有意义,我想了很久。最后,我让班委在班级征集关于将这笔钱花得更有意义的想法,筛选之后在班级进行了投票。征集到的想法各式各样:有的存起来,有的给自己买心仪已久的礼物,有的给贫困地区小朋友捐书捐学习用品,有的大吃一顿……当我将这些方式写在黑板上,让孩子们投票选出一项时,"为母亲做件事"获得了压倒性的胜利。在投票结果出来之后,我对活动进行了更细致的布置。

我安排了两类活动:一类是不花钱为母亲做事,另一类是花钱为母亲选一样礼物或完成一个心愿。全班28人被分成两大组——花钱组和不花钱组,分别展开活动,事后进行交流。

我首先参加了花钱组的交流。

这个小组14名学生各有各的主意,他们各抒己见。有3名学生给母亲买了面膜,希望母亲的容颜能在面膜的滋润下越显年轻,有2个孩子还亲手为母亲敷面膜。有的母亲从未敷过面膜,当看到孩子送给自己面膜时,有些不好意思。当我问到为何想到给母亲送面膜时,有1名学生说是她的主意。有一天她在家里翻看家人的老照片,看到十几年前父母的合照,那是父母的青春,那时候的母亲笑得多么灿烂,多么肆意。想到如今,母亲为了生活,为了我们,皱纹爬上了脸颊,她就有了给母亲送面膜的主意,希望母亲能够青春不老,容颜永驻。

有4名学生给母亲买了鲜花,希望母亲有花一样的笑脸。这4名送花的学生有3位是男生,问到他们送花给母亲的用意时,这3位平时大大咧咧的男孩子罕见地抿着嘴不好意思了。有1位男生说:"女生嘛,不都喜欢花吗?喜欢这种'华而不实'的东西!"看起来是一个"钢铁直男",嘴硬。这时那个送花的女生告诉我,不久前的情人节,刚刚这位男生的母亲说孩子父亲没给她送花,自己从来没过过情人节,看到朋友圈各种花样晒情人节礼物,忍不住抱怨起了父亲。这个"钢铁直男"记下了母亲的这个心愿,于是送了母亲想要已久的一束花,母亲十分高兴。

有2名学生带母亲去做了一次保健足疗,有3名学生给母亲买了裙子,还有2名学生带母亲去吃了大餐。有2位母亲觉得儿子买鲜花华而不实,下次不要买了。有 1 位母亲说裙子的尺寸不对，颜色也太鲜艳，恐怕穿不出去。还有 1 位母亲说衰老是自然规律，面膜就不用了。但不管怎么样，母亲们都是高兴的，儿子们有的还是第一次买礼物给母亲，也很高兴。有 1 名学生说以前都是母亲带他去吃肯德基、麦当劳、必胜客，而母亲自己总是不吃，就带一杯白开水坐在边上看着他吃，当他吃不完时母亲才会将剩下的食物吃掉。他这次花了两百多块请母亲吃饭的时候，才发现母亲并不是不爱吃这些她口中的垃圾食品，而是将这些都给了自己。

接着我参加了不花钱组的交流活动。这个小组同样是 14 名学生，他们所想的点子也是层出不穷。

有 3 名学生为母亲烧了一顿饭，虽然饭菜口味不够理想，但母亲很高兴。做完这顿饭之后，学生才知道，原来做饭远没有自己想象的那么轻松，而母亲十几年如一日地在厨房里操劳，每天洗菜做饭洗碗，面对着油烟的侵扰，自己却经常吐槽饭菜不合胃口，嫌弃母亲的手艺还嚷着要出去吃。

有 2 位学生为母亲洗衣服，第一次发现原来洗衣液很伤手。有 3 位学生为母亲按摩，才知道母亲腰疼。有 2 位学生为母亲洗头发，才发现母亲的白头发已经不止三五根了。母亲在我们不知道的瞬间、看不到的角落里慢慢变老，而我们好像还未长大，还事事需要母亲叮嘱，生活需要母亲照顾，还总是让父母操心。在做过了这些事情之后，学生们一致认为有必要为母亲再多做一些类似的事情。他们自问，等到母亲老了，他们能不能做到像母亲对待小时候的自己那样来对待母亲，能不能满足母亲看似无理的要求？他们都保证以后要对母亲更加体贴，变得懂事起来，快快担起为人子女的责任。虽然这一组同学没有为母亲花钱，但母亲们同样很高兴，因为母亲们收获了温暖与感动。

然而有 1 位学生很特殊，因为父母亲离异后他跟父亲生活，他已经 10 年没有和母亲见过面了。母亲无疑是每个人生命中最重要的角色之一，并且没有人可以替代。由于没有联系，他已经记不清母亲长什么样了。当其他同学在畅谈他们为母亲做了什么、母亲是如何关爱他们的时候，我能看到这位学生眼睛中流露出的羡慕与向往。轮到他发言时，他说如果有机会，他多么希望可以牵着母亲的手一起在日暮黄昏里散散步，向母亲好好诉说心里的思念。所有同学都被他感染了，有的女生甚至流下了眼泪。同学们纷纷报以热烈的掌声，祝愿他的梦想早日成真。

分析反思

一、换位思考，换位体验

孩子成长、成熟并懂得感恩是每一个家长、教育者最关心的领域和话题之一。如何让孩子学会感恩？原来都是母亲照顾孩子的衣食住行，孩子已经习以为常，无法体会母亲十几年如一日的辛劳。只有当学生亲自去做母亲做过的事，吃母亲吃过的苦，受母亲受过的伤，他们才会明白母爱的无私和伟大，才会感恩母亲。真正的共情一定是真正拥有对方的情感体验，站在对方的立场上去思考问题，做出行动。让孩子给母亲做一件事，不仅是换位思考，更多的是让孩子身体力行，当孩子们有了一份真真切切的体验之后，对母亲这个身份的体认才会更加真实，才能更好地与母亲共情。

二、自我教育，自我觉醒

教育的最高境界是教会孩子自我教育。教师和父母的最大魅力就是，帮助孩子形成自我教育的能力。孟子强调德性涵养要依靠"自得"，他说："君子深造之以道，欲其自得之也。"人只有认识自己，才能战胜自己，而人是很难认识自己的。认识自己通常都是依据他人的反馈而实现的，就像人们通过照镜子来观察自己，认识自己，发现自己。要提高孩子的自我意识，就需要借助教师和父母的反馈。相反，最让孩子伤心、失落的师长是这样的——凡事都喜欢做"交通警察"，总是用一种惩罚和评判的目光来"审视"孩子。苏霍姆林斯基曾经说过："只有能激发学生去进行自我教育的教育才是真正的教育。"学生通过花钱买礼物或者为母亲做事的过程，感受到母亲的反馈，意识到自己曾经的不足，这是最好的自我教育和自我觉醒。一旦觉醒，便不可逆转，他们就会在今后的生活中坚持下去，形成优良的思想品质。因为孩子对母亲辛劳的了解并不停留在母亲的诉说、老师的教导层面，而是用自己真实的体验，使其成为自己人生的一段经历，因此才具有不可逆转性。

在学生实现自我教育、自我觉醒的过程中，无疑，教师起着至关重要的作用。在此过程中，教师需要从启发者、引导者、创设者的角度，带领学生进入真实的德育情境，发挥学生的主观能动性，从而使学生获得积极的情感体验，收获成长。

三、实事求是，因人而异

有的学生家庭经济条件较好，花钱为母亲买礼物稀松平常；有的学生家庭经济较困难，钱要花在刀刃上，没有能力为母亲买礼物。有的学生有母亲可以孝敬，怎么做都可以；有的学生已经远离母亲，见一面都很难。因此，老师在布置班级活动时要考虑到每个孩子的实际情况，多为孩子想，尽量做到每个孩子都有参与的机会，每个孩子都能展示自己，每个孩子都能够有话说，有事做。

不管他们回报母亲的方式是什么，他们都用行动证明了他们是一群懂得感恩的好儿女。我们每个人都应该常怀感恩之心，希望每个孩子的感恩之心长存，懂得感恩的人最美！

23. 职业定位引导学生走向就业

吴天诚

案例背景

随着高等教育的快速发展及办学规模的迅速扩大，高校毕业生就业问题已成为政府、社会、学校共同关注的问题。高校毕业生就业问题解决不好，势必影响公众的教育需求及社会的安定团结。高职高专毕业生的就业情况一直不容乐观。学生在就业上存在很多困惑，比如就业时专业不对口、不知道如何进行职业规划等，还存在就业竞争力不强、就业质量不高、就业应聘技能不足等现实情况。

这里固然有高校连年扩招带来的毕业生基数增加造成"洪峰"的因素，也有宏观经济结构调整和经济发展水平不一等导致区域性差异和岗位不足的影响。但从学校层面来看，这与学生的专业基础知识不够扎实、实际适应能力不强、综合素质不高，以及所学专业不对口、自身择业观念错位等因素，同样有着十分密切的关系。

案例描述

我在2018年3月份接手了一个即将毕业的班级，之前在此班级教过网络营销课程，并且注意到小畅这位学生。平时上课中，小畅同学认真听讲，但是活跃度不高，基本上安静地坐在位置上，但临近毕业，小畅几次找我沟通职业选择方面的问题。

后来，我接到一份工作安排，教授毕业班的学生电子商务课程，由于授课对象是即将毕业的学生，在上课的过程中，我举的例子基本为身边的朋友从事的微信营销、微博营销等营销类的工作，也举例了PS、AI等设计类的工作，还有客户关系管理等相关工作。在讲到这一部分时，班上的学生基本在认真听讲，我并没有给予小畅太多的注意，但在下课的时候，小畅同学主动找到我，让我很意外！

当时的我正准备离开教室，有人喊了一声"老师"，我回头一看，是小畅同学，顿时心想，这位同学居然主动找我，会有什么事？我很是好奇。小畅又说："老师，我最近遇到了一个困惑，但刚才听了您课堂上讲的，我想问问您。"她一边说着一边把我引到了教室外面。"老师，我即将毕业了，但是我不知道如何选择职业，不知道应该怎么办。"小畅小声地说道。我简单地思考了下，回答道："你有没有与你的家人商量？他们给了你哪些建议？"小畅皱着眉头说道："爸爸妈妈希望我做销售类的，可是我不喜欢。"我想了下，这名学生文文静静，平时与别人沟通比较少，语言表达能力欠缺，但是拥有较好的美术功底和图像处理功底，我问道："你自己不喜欢销售类的职业，有没有告诉过你的父母，他们又怎么说的？"小畅依旧皱着眉头说道："我讲了，但是与他们起了争执，最后也就不了了之。"我又问道："那你自己想从事什么样的职业？"小畅说道："老师，其实我挺喜欢画画的，您看。"说着，她掏出了手机，给我看她自己画的画。我除了教授电子商务课程之外，还是电子商务技能大赛的指导老师，会进行设计和软件制图。她的画还是不错的，挺有设计感的。我看了之后，说道："挺好的，怎么了，你准备往这个方向发展？"小畅同学说道："是的，我做了几张图，还需要老师帮忙看下，哪些地方需要进行修改。"

看完图片后，我个人觉得，小畅同学的画图水平整体还是不错的，但还要进行细致化处理，我提出几点建议：第一，部分图片颜色搭配有点问题；第二，构图设计比较新颖，要继续保持下去；第三，可以朝网络促销、banner等方向发展。小畅听完我的点评后，问道："那我以后往网店美工这个方向发展，您觉得怎么样？"我听完后，心中想了一下，未来的职业定位对一个学生来说至关重要，不能轻易地给学生定位。我说道：

"你在设计上确实比班上其他同学强不少,但是设计行业的人都很强,他们个个都是这方面的高手,就你目前的水平来看,我个人觉得你的作品还有不少要改善的,不知道你能不能坚持每天作图,老师每天都可以帮你纠正,给予你足够的帮助,但你自己要坚持!"小畅笑着说道:"谢谢老师,我可以的,老师,我可以加一下你的微信吗?这样我有问题可以及时地找到你。"我说道:"可以的,但你要好好作图啊。"之后,小畅会定期把她的作品交给我并与我共同商讨,作品渐渐有了提高。

在此之后不久,我便与学生的家长进行了沟通,把学生的想法和最近的作品与她的父母进行了沟通,学生的家长也表示能够理解。虽然现在小畅还没有工作,但我觉得她是热爱设计职业的,并且会取得优异的成绩。经过这件事后,我开始反思,可能像小畅这样的学生不在少数,目标不明确,职业定位模糊,内心自我挣扎,等等,需要我们老师进行指引。

分析反思

一、提高自身素质,开展职业培训

作为学生,在学校学习期间应努力提高自身素质,同时为应对今后的发展,还需对自己的职业生涯进行规划。在这个过程中,教师和学校一方面要为学生提供相应的指导,搭建适当的平台,比如开设相关课程,开展相关比赛等,另一方面,还要起到监督与督促的作用,使学生充分认识到问题的重要性从而激发内在动力,认真严肃地对待这个问题。职业生涯培训的缺失直接影响就业,高职高专大学生职业生涯的规划关系着学生的学习方向与学习重点,以及大学期间社会实践的方向与毕业后的就业方向与发展方向。像小畅这样的学生可能还有很多,有的甚至还没有意识到这一问题,或者意识到了但却不敢与老师交流,对于这种情况,我们老师就需要多考虑一些,多做一些,替他们想到,指导、督促他们完成。

职业生涯规划并不简单地等于"就业"和"找工作",实际上,职业生涯规划是指一个人有意识地计划个人全部生活的过程,包括重要的生活领域，学习、工作、闲暇之间的各种关系，同时积极采取行动步骤，在自己所处的社会环境中实施这些计划。

二、加强社会实践，正视自己，从基层做起

此外，作为教师，还须引导、教育学生认识到，只有计划没有行动只是空想，要通过大大小小的实践活动提高分析和解决问题的能力，从而更好地完善自己的计划，找到最适合自己的方向。因此，学校也应多组织学生参加各项活动，多与公司合作，发现、展示并提升学生的综合能力。学生在校期间，学校要多让学生与公司接触，让学生多了解社会与工作，为求职做好准备，为未来的职业生涯奠定基础。

高职学生自己还必须了解现在的劳动力市场，特别是高职学生劳动力市场的总体供求数量信息和结构信息，要了解具体职位的职责要求，要了解自己个人就业能力的水平，把自身的各种资本、能力的信息传递给市场，让市场明白自己的价值。

在目前的大环境下，顺利就业是将来职业发展的基本前提。在就业环境不是很理想的条件下，高职学生可先选择在报酬较低的中小企业就业，也可以灵活就业，包括临时就业、非全日制就业等。在就业过程中关注个人的人力资本积累，寻找更好的职业发展机会。职业生涯的成功与否并不取决于毕业后的第一份工作，关键在于能否借此积累经验，为今后职业成功奠定基础。先就业再择业，可为职业发展积累人力资本。

三、拓宽渠道，为高职生就业开辟基地

学校要激活各种有利因素，建立就业基地。首先，学校应加强与行业协会、大型企业集团和各地人才服务中心的联系，努力成为各地经济技术开发区人才培养基地的友好合作伙伴，扩大就业基地。其次，应积极开展社会实践、暑期见习活动，充分利用学生实习见习、社会实践的单位来拓宽学生的就业渠道，或者通过聘请客座教授等渠道，倾听用人单位意见，进行情感交流，促进校企沟通，巩固扩大就业基地。

四、产学合作，是改变就业的另一条坦途

校企结合、产学合作是高等职业教育的显著特色，也是实现学校、企业、学生三方共赢的一条有效途径。通过产学合作，拓展了技术与技能培养的教育资源，提高了毕业生对职业岗位能力要求的适应程度，从而也拓宽了毕业生的就业渠道。

我们知道高职学生就业的道路是曲折的，但又是充满希望的。社会对高职学生有很大的需求，我们相信在不久的将来企业会越来越重视高职人才，高职学生会在就业道路的曲折性与前进性中找到自身的定位、找到理想的职业。

教育的契机：可捕捉的闪光

24. 此时无声胜有声

王 珂

案例背景

每个人都从属于一个群体，几十个学生被分在一个班里就形成了一个学生群体。通过班主任的引领，全班同学逐渐从松散群体发展成为一个健全、团结、向上的班集体，班主任是整个班级建设的主帅。对于学生群体来说，班主任就是班集体的缔造者和设计者。班主任也是构建班级人际关系的艺术家，处理好班主任与学生群体之间的关系是做好班主任工作的第一步。

我担任高职计算机专业的班主任，班上有24名学生，男女生比例大约为4∶1。班上的学生思想比较活跃，渴望自主自立，到了四年级更是产生了"我的事情我做主""没事别找我"等渴望自主独立、注重个人隐私的意愿和行为。班级看似形成了自我管理的班风，表面上风平浪静，但偶尔也会产生一些小风波。作为班主任的我会时不时敲敲警钟，寻找契机融入学生群体。

案例描述

一、罐头风波

一个周二的午休，我依照惯例进班巡查。天气渐暖，我细心地叮嘱学生注意春季饮食卫生、适量增减衣物等有关事宜。回到办公室，批改完作业本，"嗡嗡嗡"——手机振动了，是班长的电话，为了不打扰同事午休，我掐断了，还没来得及把短信发出去询问何事，"咚咚咚"响起了敲门声……"请问计算机班的班主任王老师在吗？"一个学生焦急地询问道，"我是学生会的，老师，你们班有一股臭味，主任让我告诉你，你赶紧去看看吧！"果然不出所料，班级里出事了，明明20分钟前才进班，垃圾桶已经被值日生清理过了，根据班规，不允许带外卖食物进教室，怎么会有恶臭味呢？我三步并作两步紧跟着学生会的同学走向班级，边走边询问。"老师，我没看到有人吃东西，有许多同学从班级里走出来，教室里有臭味……"

我带着疑惑走进班级，映入眼帘的是敞开的门窗和井然有序坐在班级里的学生，并没有学生会的学生所描述的门口有许多学生，班级里也没有臭味。看着班级里有些学生不安的表情，我估摸着学生知道我要进班，先把表面工作做好。"听说班级里有臭味，我来一辨真假，午休的规矩你们再熟悉不过了，50分钟的午休，还折腾一下，真体谅一天上四节课的我，以后班级里不管有什么气味，午休就是要待在教室里，规定就是规定。"夹杂着担心被主任责怪、对学生表现失望的情绪，我把学生责备了一通，说话时我的音量很大，语气坚定，表情严肃。班级里鸦雀无声，学生们感受到了我的失落情绪和身体的疲惫，出于羞愧，没有人解释刚才发生的事情。

重回办公室的路上，班长发了条QQ信息给我："老师，午休时有人打开了鲱鱼罐头，然后臭气熏天，不知情的同学就跑了出去，后来被学生会的同学看到了。我之前打电话给您就是想报备一下此事。"我感到些许安慰，还有得力的班委和我沟通此事。"谁？是谁买的罐头？谁的主意？是前排还是后排同学？"我焦急地回复道。"老师，我没看到。""下午放学全班留下来！"还在气头上的我斩钉截铁地说。

二、关系僵持

下午放学，我本以为可以很顺利地处理好此事。按照惯例，循循善诱与谆谆教诲相结合，一定会让发起者主动承认错误。我开门见山："中午是哪位同学打开的鲱鱼罐头，听说这个罐头很贵，也不是一般渠道能买到，明知道午休的规定为什么还要打开罐头，搅得班级同学心神不宁！"

班级里一片寂静，无人理睬我的问题。"此事你毫不知情、与你无关的同学请举手。"寥寥无几的5只右手举了起来，都是女生的。怒火一瞬间从胸口爆发出来，我再也无法抑制此刻的情绪。"请5位女生收拾好东西放学，剩下19位男生请留下。真是太让我失望了。我今天一定要找到这位发起者！"我的语气严肃急切、眼神犀利。然而在座的学生举止各异，有的若无其事，有的事不关己高高挂起，有的端坐着仿佛等待即将发生的事情。我已经心中有数，有3位同学早已在我心里备案了，于公于私，我还是希望发起者能够勇敢地站出来。"男子汉敢作敢当，中午打开罐头的事情，主任也已经知道了，非要在临近毕业时捅出篓子，给自己和班级带来负面影响，希望你能够举手示意我，或者发短信告诉我，给大家5分钟。"我下达了最后通牒，可是时间一分一秒过去了，学生们没有任何妥协的迹象，现在的局面是1对19。19名学生抱成一团，我占下风，这是我管理班级以来第一次遇到这样的情况，看来除了当事者本人站出来承认错误，其他同学是不会揭发他的。漫长的等待，换来的却是失望与无奈，我知道这样的僵局是无法打破的。"大家很'团结'、讲'义气'。希望与此事无关的同学能够想清楚你现在的决定，我想没必要用这样耗时间的方式换来这份师生情。"尽管很无奈，我还是让大家放学了。

三、峰回路转

我带着疲惫的身体和低落的情绪回到了家，回想起中午到放学后发生的事情，依旧是生气和失望。"嘀嘀嘀……"手机响了，是磊子。"老班，我想和您说一说班里的事情。罐头是小石和小凡同学合资购买，班级里大部分同学都知道他们今天要打开罐头，只不过不知道是什么时间段。午休时，当小凡把罐头起子拿出来时，我们班委也劝阻了他，本以为他会看在同学一场，就此罢休了，没想到还是打开了，当时就轰动了，臭气熏天，有些同学不淡定了，跑了出去，还引来了别班的同学。这一点我们班委没做好，下午我们也不是存心想抱团，当您询问哪些同学不知情时，我们都很诚实地选择等待小石和小凡同学主动认错。留下来的1个小时，我们也重新认识了他们,大家也很失望、生气。我知道您很生气,您能不能将此事化小,不要将大家推向极端……"我立刻回复:"老师谢谢你的这通电话,当时我心情很糟糕,没能考虑周全,这件事我也不再追究,明天早读还是需要提醒大家把握分寸。"通完电话,我也释然许多。打开 QQ,看到了小石同学在下午放学后给我的留言:"老师,我还是没有那么大的勇气,在全班承认错误,我只是出于好奇,希望老师能够原谅我。"看到这则留言,我想至少做错的同学里有人选择站出来承认错误。

第二天的早读课,预备铃刚响,我就听到了同学们朗朗的读书声。早读课结束,我语重心长地说:"同学们,昨天的事情我不再追究,昨天的 1 个小时,足够让开罐头的同学对大家的期待有了交代,希望在座的 19 位男生把握好义气的尺度,好奇心人皆有之,定位好角色,做到问心无愧。"

分析反思

一、结合实际,找到定位

在班级管理实践中,我们往往能看到三种类型的班主任:权威型、民主型、放任型。采用权威领导方式的班主任侧重于从领导与服从关系对班级学生实施严格的管理,监督学生执行老师的要求。民主型的班主任善于倾听学生的意见,不是直接地干预,而是间接地引导。放任型的班主任主张不过多地干预管理,以宽容的态度接受所有事情。不同处事类型的班主任,直接影响所管理班级的班风和学生的为人处世。我还不能严格地将自己定性为其中任何一个类型,在任职不长的 3 个学年班主任生涯中,我也在不断寻找自身的定位,不断总结处理班级事件的方法,尝试找到班主任与学生之间的最佳关系模式,不断摸索个人与群体之间相处的界限,以上也是我在今后的工作中需要持续努力的方向。

通过这件事,我发现高职学生年龄渐长,心智逐渐成熟,他们需要更多的自管空间和私人空间,不希望老师过多干预他们的事情,但他们毕竟年轻,缺乏社会生活经验,往往在处事上考虑不够周全,不能三思而后行,容易冲动,时常做出一些欠考虑的事情。这就需要老师及时地规范和引导,孟德斯鸠说过,"自由不是无限制的自由,自由是一种能做法律许可的任何事的权力"。在给予学生一定限度自由的同时,班主任必须做好约束和监督工作,随时给学生把关,指引学生在正确的轨道上拥有自我管理的自由。

二、巧用"留白",做好"主帅"

班集体是学校根据教育和管理的需要而组织起来的基层集体,是学生置身其中学习和生活的环境。一个功能健全的班集体,不仅能够促进学生的身心健康发展,而且能够直接对学生的学习兴趣、学习态度和学习结果产生正面影响。很多学生在离开学校生活多年之后,仍然念念不忘当年那个班级。可见班集体与学生个体关系之密切,对学生个体影响之深远。

班主任是平衡班级人际关系的艺术家,在处理学生问题时多留给自己时间,冷静理智地对待各种突发事件,三思而后行,切不可对学生的事情断章取义,没有调查清楚状况就凭借自身经验,擅自评价学生,或给事情下定论。否则就会出现案例中的学生"抱团"行为,既无益于解决问题,又让自己对学生更失望,从而恶化师生关系。

学生评价巧"留白",是指多给学生空间,尊重他人隐私,相信学生处理事件、自我管理的能力,切勿将学生自己的那片天空用教师的画笔描绘,而是应该多留一些空白,让学生多一份善良和童真,寻找五彩斑斓的梦想,同时这份"留白"也帮助教师自己保持从事教师岗位时的那份初心。老师要相信学生,也要相信自己,相信学生是明辨是非的,相信学生具有自我管理的能力,同时也要相信自己平日里的教育是有用的。学生事后道歉的行为也证明了这一点。

当然,为了预防此类事件再次发生,作为班主任,平日里一定要做好常规要求,在整个班级里形成积极向上的具有正能量的班风,利用学生去影响学生、管理学生。在这一前提之下,要做的是相信学生,不情绪化处理问题,不随便给学生下定论,做好"留白"。

25. 涓涓细流汇成中法友谊之河

潘 栋

案例背景

我校的发展目标是打造国际化、智能化、高品位、特色鲜明、和谐度高的一流育人场所。因此，我校一直致力于走国际化发展之路。截至2021年，我校已经与8个国家的10所大学和中学结成友好学校，每年开展定期师生互访活动，学生可以升入合作的对口国外大学。通过这些活动，既丰富了学生的校园生活，又开阔了师生的国际化视野，提升了办学内涵和品位。

2019年2月24日至28日，我校迎来了法国北方省圣玛丽学校的师生访问团。该校校长亲自带队，师生一行共47人在南京和我校访问五天。为了帮助法国学生更好地了解中国文化、了解南京，法国学生们全都住在我们学校的学生家庭中（家庭寄宿形式）。因此，需要在全校范围内公开招募接待家庭。

案例描述

一、起因描述

对于在校学生来说，其家庭承担接待外国学生的任务，确实是一个能够近距离参与国际交流的好机会。但是，学校在进行了几次发动宣传以后，效果并不理想：提出报名的学生家庭数量不足，不能满足接待需要。

为此，校长在全校教职工大会上再次发出了号召，动员全体教职员工尤其是各个班级的班主任再想想办法，积极动员更多的家长和学生主动报名，承担接待家庭任务。

我作为班主任，起初也在自己班级做了一些宣传和发动工作，但是与其他不少班级一样，收效甚微。我下定决心，要为学校分忧解难，为学生创造机会。

二、分析原因

我找了班上一些学生进行座谈，发现他们没有提出报名的原因主要有：

(1) 家里居住空间较小，有的甚至是三代同堂，住宿条件有限，无法承担家庭接待任务。

(2) 觉得"多一事不如少一事"。承担家庭接待任务，必然会牵制自己以及家人的时间和精力，以及产生一定的资金支出，还要承担重大责任。

(3) 由于我们班级以前从未承担过如此重大的外国交流学生的接待任务，缺乏可以借鉴的经验。这是一项陌生事务，学生们都不清楚此举将会给自己以及自己的家庭带来什么样的影响。对于不确定性的事情，他们不敢轻易作出尝试。

(4) 还有的学生处于观望状态。在其他同学不提出报名的情况下，自己先提出报名，总觉得有点不自在，即使产生了一定的意愿和想法，也不愿表达出来。

三、了解情况

下一步我就开始梳理班上每个学生的家庭情况。因为我深知，像法国来访学生家庭接待这样的大事情，仅仅根据学生本人是否愿意是远远不够的，更重要的是要看家长能否理解和支持这项工作。我们班级总共有31名学生，处于中专二年级学习阶段。基于与家长的多方面接触，以及对各个家庭情况的了解，我初步确定了几个具备接待法国学生的基本条件的目标家庭。接下来，我采取了电话联系、微信沟通、上门家访"三管齐下"的方式，摸清了家长的意向、学生的意愿、家庭条件，做工作更加具有针对性和目的性。经过深入细致的了解，我发现本班学生家长群体当中，其实有一部分家长是支持这项工作的，只是不好意思主动提出报名。现在既然班主任主动来访了解情况，这部分家长就顺理成章地应允下来了。其中王玥琦的家长非常客气，邀请我到他们家里去现场考察一下，看是否符合接待条件。当天晚上我应邀前去，发现她家是精心准备过的，完全符合要求。于是我拍了一些现场图片，通过微信朋友圈发布，以传播正能量。果然，有更多的家长和学生看到以后，也想参与此次法国学生的家庭接待工作。

四、打开局面

使学生及其家长切实了解承担法国学生家庭接待工作的意义和益处，是一块敲门砖。我主要从以下几个方面去开展接待家庭动员工作的：

(1) 接待法国学生，能够锻炼学生的语言表达能力，特别是外语口语能力。

(2) 与法国学生交往，能够了解法国青年人的思想，了解法国学校与法国文化，开阔自己的国际视野。

(3) 与法国学生交流，能扩大朋友圈，结交更多的外国朋友，为巩固中法友谊作出贡献。中等职业学校学生只要肯努力，一样能够成就精彩人生。

(4) 依照国际惯例和两校之间的友好协议，接待家庭给予同等接待。将来我校师生代表回访法国时，此次担负法国学生家庭接待任务的同学，将作为首先考虑的人选，法国学生家庭也将以同等条件接待。

2011年5月我跟随学校教育交流访问团赴法国斯特拉斯堡的弗德吉朗日学校进行教育交流。我把那次交流活动的照片、视频和文件展示给学生和家长观看。这种生动、直观的形式，更加激发了学生主动参与家庭接待的积极性。身教重于言传，我作为班主任，也带头报名承担一名法国学生的家庭接待任务，对班级整体起到了很好的示范作用。最终，我们班报名承担法国来访学生接待任务的家庭总数达到了7个，占到全校接待家庭总数的六分之一，可谓独占鳌头，为学校解决了接待家庭数量不足的燃眉之急。实践证明，我的动员工作是行之有效的。

五、扩大成果

2019年寒假开始以前，学校国际合作部召集所有承担接待任务的家庭，举行了好几次会议，落实有关接待细节，并根据每个法国学生的资料，与中国接待家庭进行了配对。我班参与接待的学生，在获取所接待的法国学生资料以后，及时与对方通过电子邮件建立了初步联系，有的甚至还互加了微信。在假期当中，学生刻苦训练英语口语以及常用的法语问候语，并通过网络、书籍资料等渠道，了解法国的历史文化、风土人情、饮食爱好等，做好了充分准备。

2019年2月24日，法国来访师生一行47人（其中学生42人）到达我校，受到了热烈欢迎。随后，这些法国学生陆续进入中国接待家庭，充分感受到了中国人的善良、热情、好客。白天，法国师生在学校的统一安排下，参加一系列活动：参观校园，进入学校课堂，参加学习，观摩讲座，学习中国武术，体验中国书法，学习包饺子，学习中国手工，感受中国茶艺，等等。我们班级选派了8名学生和体育老师一起教法国学生练习中国武术，吸引了多家媒体前来报道。作为承担接待任务最多的班级，我们班开设了一节中法联谊主题班会，中法学生通过活动开展互动，加深了友谊，增进了互信。其他班级的学生纷纷在教室窗外围观，对我们班级投以羡慕的目光。我们全班分成了7个接待小组，尽管不是所有人都承担家庭接待任务，但却人人都以不同的形式参与到接待中来，包括陪同就餐、陪同游览、陪同交流等。南京的中山陵、夫子庙、总统府、明城墙等名胜，都留下了中法学生的脚印。几天下来，中法学生彼此已经难舍难分，以至于到了告别的那一天，双方都依依不舍，忍不住流下了泪水。

分析反思

事后，我问班上参与了家庭接待的学生："此次你们参与了法国学生接待，后悔吗？"回答都是一致的："不后悔，很有意义，谢谢老师把我们引导到了积极参与国际教育交流的道路上来。"2019年下半年，我校组织部分师生回访对方友好学校，我们班级有一些学生表示愿意参与将来的回访，家长也表示支持。这也为将来国际教育交流工作的进一步开展，埋下了成功的伏笔。

由《现代快报》微信公众号发布的题为《47位法国人"空降"南京，在明城墙上来了场快闪》的文章，上线2天，全网阅读量超过3600万人次。该文随后又被南京市教育局微信公众号发布转载，而后在海外社交媒体上热传，并由外交部欧洲司官方微博转发。之后又由新华社主管的《瞭望东方周刊》微信公众号和新华社客户端平台相继转发，短短40分钟，新华社客户端阅读量超过10万人次。

由于我们班级深度参与了这次接待活动，我们对这些新闻格外关注。每当看到上述消息时，大家都会感到特别激动。就在法国学生离开我校的一个月以后，习近平主席对法国进行了国事访问。此时，我心中充满了成就感。作为班主任，我积极组织学生参与此次活动，把我的学生引向了一条积极参与国际交流之路，绝对是非常明智的。同样，学生们也切身感受到，当初报名参与了法国来访学生家庭接待的任务，确实是非常值得的，这不仅是一次难忘的经历，更加激发出了无与伦比的自豪感，因为他们也曾为中法交流作出了应有的贡献。

而且，我们班级英语课程的学习氛围比以前更加浓郁了。同学们在课堂上踊跃发言，学习热情高涨，大家都深切感受到了学习和掌握一门外语的重要性，自觉主动地投身语言的学习中。这比起任何形式的说教效果都要好得多。

综上所述，这是一个成功引导的案例。对此，我的反思是：

(1) 积极引导学生。作为一名教育工作者，只要是对学生成长有利的事情，就要引导学生去正确认识，创造机会鼓励学生去尝试。尽管其中可能会有某些从未经历过的陌生事物，起初学生难免会产生一些不确定和戒备心理。这就需要老师引导学生通过实践，体味参与其中的乐趣。一旦学生有了兴趣，感受到参与过程所带来的喜悦，接下来的任务就会变得顺利了。

(2) 赢得家长信任。当然，仅仅从学生着手是不够的，老师也要积极争取家长的理解与配合，晓之以理、动之以情，让家长充分感受到活动的价值以及对孩子成长的意义。只有这样，家长才会不遗余力地提供帮助和支持，从而使得活动的开展拥有强大的后援力量。学生积极参与，家长尽力配合，双管齐下，从而使活动顺利开展。总之，要想获得，就要付出。所有光鲜的背后，都是辛勤的努力！

26. 春风化雨，以爱暖心

陈玲玲

案例背景

师生冲突是指教师与学生之间的一种紧张状态，表现为师生因认知、情感和思想等方面发生严重分歧和矛盾激化，采取直接的语言或行为上的对抗和攻击等。

师生间发生冲突，会在极大程度上影响师生关系的和谐，也会使教育效果大打折扣。因此，有效地管理冲突以实现教育目标是教师面临的一项重要任务。综观冲突的双方，矛盾的主要方面多半在教师一边，教师把握着矛盾的走向，只要教师做到未雨绸缪，领先一步，很多冲突完全是可以避免的。而如果冲突已经发生，想要缓解最重要的就是做好师生沟通，老师要理解学生的情绪变化，进行积极的教育，多去发现学生的闪光点，才能更好地培养学生，促进师生关系和谐发展，实现教育意义。我们需要构建的是一种民主平等、互相尊重、互相学习、互相帮助、互相理解、互相促进、亲密无间、共同发展的师生关系。这种全新的师生关系的生成关键在于我们老师。

案例描述

记得有一首歌这样唱道："借我借我一双慧眼吧，让我把这纷扰看个清清楚楚明明白白……"从中不难看出辨清真相的眼睛的重要性。接手这个班级一年多的时间里，看着他们慢慢从稚嫩走向成熟，从调皮捣蛋变得勇于担当,我很庆幸,当初去除了"有色"眼光,陪伴他们一起成长。

在我接手这个班级以前,班里几名学生已经是声名远播,我对他们的"英勇事迹"耳熟能详。与他们相处了一段时间之后,我深刻体会到了什么叫"三天一大吵,两天一小闹",这不,又来了……

"你们班那小文啊,上课又捣乱了,未经我同意在课堂上随意走动,还跟同学大声讲话扰乱课堂纪律,我屡次提醒,他安静了不到五分钟又在底下偷偷讲话……"这已经不知道是第几位任课老师来找我反映情况了,我的心一下子更沉了。小文是班级里有名的捣蛋鬼,上课不认真听讲,爱讲话爱闹事,我担任班主任后已经和他单独谈了很多次,但都收效甚微,反而使我和他的关系越来越紧张。

第二天早操后,学校宣布了接下来要举行的运动会的相关事宜,要求体育委员在放学前确定各班报名名单(小文是体育委员)。午休时间,我来到班级里,找小文拿运动会报名名单。

我问小文:"小文,运动会报名表填完了吗?"

小文:"呐,都报好了,我可是费尽千辛万苦才拉到他们报名的,班级同学都是卖我面子,不然哪儿有人去啊,老班你可得好好感谢感谢我啊!"

看着他一副得意洋洋的样子,再想起昨天老师反映的情况,我就气不打一处来,立刻出言反击他。

"学校的活动各个班级本来就该积极参加,难道说没有你还就没有人报名了吗?"

小文被我一句话堵住了,刚才还得意洋洋的脸立马无精打采地耷拉了下来,愣了几秒后,他又换上了一副唯我独尊的模样,拽拽地说:"好,我的报名表你别要,没有我拉人,看看还有谁愿意参加。"说完就头也不回地走了。

听他这么说完,我的脸色也变得很不好看,旁边学生看我要生气了,赶紧都凑了过来安慰我:"老班老班,你别生气,小文就这急性子,您别跟他计较。"这时候另一个女生也走过来劝说道:"老师,您别看他平时挺不靠谱的,其实小文做事还是挺尽责的,他早上拿到报名表后就在全班挨个问同学要不要参加，有些同学原本不想参加的，他也是鼓动了一早上才说动他们的。"

听完后，我的内心一阵波动，小文平时都是一副玩世不恭的样子，也没见他做事上心过，他居然还会这样一个一个地鼓动同学们去参加比赛？我想象着小文拿着报名表鼓励带动班级同学参赛的样子，心里不禁后悔刚才给他泼了冷水，但是碍于老师的颜面，我也不好意思去跟他道歉。就这样，小文跟我冷战了几天，没有再讲过一句话。

很快，运动会就要到了，我在前一天就发了信息提醒大家一定要按时到场，担心会有突发情况。第二天，我早早地出发去运动场等待学生们的到来。刚到不久，就看到小文也来了，他看了我一眼后没说话，默默地坐到角落里去了。很快，同学们都陆陆续续地进场了。等参赛人员来得差不多后，小文突然站起来，拿起名册开始点名，然后对着运动员出场排序，开始通知我们班每个运动员出场时间，提醒他们要提前检录，更令我诧异的是，他担心号码牌提前发给运动员后会弄丢，便将号码牌整理好后自己放好，提醒运动员在检录前半小时再去他那边领，安排好这一切工作后，他静静地坐了回去。

这时候，旁边有个同学笑起来了："小文今天很有架势嘛，不错不错。"

小文一脸严肃地回应："我是体委，这些工作我不干谁干。"说完，还偷偷往我这边瞄了一下，然后又转过头去继续端坐了。

运动会开始了，可是我的心思早已经不在运动会上了，细细地回想过去的一个多月，我其实一直是带着抵触情绪在接任这个班主任的工作。用其他老师的话说，这就是传说中全年级最会捣乱的班级，每月霸占批评榜第一名从不让位，所以从一开始，我给出的定位就是班级纪律差，学生爱调皮、爱捣乱，我从来没有好好地去观察过他们，没有想过他们也会有很多优点。我不禁深深地反思，作为一名老师，一名班主任，我还缺失了哪些东西。

整个运动会过程中，我们班有条不紊，运动会结束后，看着小文收齐号码牌，安排好卫生工作后准备要走了，我叫住了他。他显然有些诧异，一副又要跟我杠上、坚决不服输的气势。我忍不住笑了起来："小文，辛苦了，干得不错哦，工作很负责，作为班干，以后班级里还有很多工作要靠你啊！"他明显一怔，而后瞬间眼神明亮了起来，脸上是掩饰不住的笑意，一脸被表扬后开心的神情。"哎哟，还好还好，毕竟我是体委嘛。"说完蹦蹦跶跶地跑走了。我也开心地大笑了起来，其实，再怎么调皮胡闹，也还是个孩子啊……

在接下来的时间里，我开始注意观察班上的每个同学，在他们身上寻找各自的闪光点，慢慢地，我发现这群曾经令我头疼的孩子也有很多可爱的地方，有些人很仗义，有些人很热心，有些人很体贴……此外，我还发现了我们班有很多的小能手，有学生擅长写小说，曾经在杂志上发表过文章，有学生是歌唱小能手，参加过专业培训……慢慢地，我们的相处也越来越融洽，平时加以一定的引导，他们也渐渐地克服了自己的一些坏毛病，一点点在进步。

分析反思

一、知情、定情、共情

教师平时多和学生接触交流，多关心爱护学生，时间长了，就有了深厚的情感共识。这样，学生就容易接受教师的教诲。

教师碰到学生冒犯自己的尊严，首要的就是保持冷静，既不纵容违纪行为，也要利用情感对学生进行教育。当冲突已发生时，教师作为当事人的一方，心情一定很不好受，此时，最好的办法是先控制自己的情绪，以静制动，以不变应万变，千万不能乱了方寸，语无伦次，甚至以怒制怒。要做到理性思考，有时也可适度退让。俗话说，退一步海阔天空，这句话也适用于师生间矛盾冲突的解决。特定情况下，教师理智地让一步，不但不会损失教师的尊严，反而会拉近师生间的距离。这不是"认输"，更不是"放任不管"，而是作为教师对学生的"共情"。师生发生冲突后，应该说没有赢家，损失最大的是教师，所以教师果断地结束冲突是明智之举。也就是说，在冲突进入初始阶段，教师就该果断地结束，不要与学生争一时之高下。冲突时间越长，教师损失越大，即使是胜了，也是惨胜。

因此，作为教师，我们要做到知情、定情、共情，让班内的学生都能感受到我们的关爱，从而得到鼓励，增强自信，信任老师，毕竟"亲其师"才能"信其道"。

二、正确引导，捕捉闪光点

作为一名班主任，除了要全面关心每一个学生外，还要能够发现他们的长处，正面引导，让他们改正缺点，不断进步。对于顽皮学生，可以尽量采取冷处理法，尽量少去拨动他们那根调皮的神经，我们可以从正面把他们从顽皮引到可爱的轨迹上来。有些顽皮的学生由于父母对他们娇生惯养，到了学校还是恶习不改，上课不听讲，下课就打闹。可是他们身上总会有闪光点，我们要做的就是发现这些闪光点，鼓励他改正缺点，努力做个可爱的好学生。通过一段时间的耐心帮助和扶持，他们总会获得一定的进步。作为班主任，我们在捕捉到他们身上的闪光点时，一定要及时给予表扬、鼓励，让他们的闪光点在放大镜下得以放大，放大，再放大，以这些闪光点作为消除他们消极心理的支撑点。艺术地使用表扬，能使教育教学工作开展得更加顺利，更有成效，能更好地沟通师生之间的情感，引起学生的共鸣，使教育真正成为一门艺术。

苏霍姆林斯基曾说："只有能激发学生去进行自我教育的教育才是真正的教育。"教师在发现学生的闪光点之后，更重要的是千方百计地让学生的闪光点有用武之地，使学生的自尊心、上进心得到强化，从而激发学生学习的斗志，使他们鼓足前进的勇气。这就需要班主任在班级管理上多花心思、多下功夫，让每一个学生都能找到自己在班级中的存在感和归属感，让每位学生明确自己在班级中的位置和责任，使学生体会到自身的价值和尊严，从而激发他们向上向善的勇气和决心。为调动每一位学生的积极性，就要使每一位学生都可以在班级中找到一个合适的位置，担负一项具体的工作，人人都为集体作贡献，人人都意识到自己是班集体中不可缺少的一员。在这种广泛的参与过程中，学生才能在集体中找到自己的"位置"，觉察到自己的价值所在，从而形成责任意识。

27. 掩护者，还是小助手？

胡 节

案例背景

与普通中学的班主任相比，中职学校班主任的工作更加繁杂、琐碎，更具有挑战性，诚然少了升学压力，但需面对更多各种各样桀骜不驯、个性张扬的学生。这也要求中职班主任在批评学生的问题上更讲究方式方法，一味地用大家长式的权威压制学生，往往只能适得其反，甚至会激起学生产生逆反心理，永远关闭可以与之沟通的心灵之门。真正的教育绝不是耳提面命，不是役使，不是教训，甚至也不是塑造，更不是任意地改造，必须是立足于人与人之间人格平等之上的交流、合作、共同参与、共同创造、共同分享，只有如此，教育才可能成为灵魂的教育，教育中的启发诱导才有内在的基础与可能。沟通是门艺术，与学生沟通，尤其是与中职生沟通更需要教育的艺术。恰当地运用表扬与批评，仔细聆听学生的心声，尊重学生的独立人格，是中职学校班主任专业成长的必备素质。

案例描述

我 2015 年 10 月份接手了黄主任的 2013 级中美班，这个班既是国际班，又是毕业班，我心中很是茫然。第一个认识的学生叫王琛（化名），他个儿高、体壮、嘴甜、性格开朗，是班上的化学课代表，也是生活委员，主管班费，熟悉这个班是从熟悉他开始的。这个孩子很热心，经常帮我跑腿，不厌其烦。

临近期末,作业难收,已经不止一门任课老师向我反映作业无法当天交齐。于是我利用午休前的集中时间对全班学生进行思想教育,特别叮嘱课代表如果有同学催交无果,立马上报,交作业的情况才有所好转。

这天早自习,我无意间问起:"这个礼拜的化学作业交齐了吗?"担任化学课代表的王琛同学立刻说:"早就交齐了。"我不放心,又问了一遍:"你可别骗我哦!"王琛郑重其事地点点头:"老师您放心。"结果我下班在车棚偶遇化学老师环老师,随口提及:"环老师,中美班的课堂表现可有进步?"结果环老师气急败坏地说道:"课堂纪律还行,就是作业交不上来,这周的作业到现在都没有交齐,课代表王琛还来诉苦,说有同学就是不交,他都不想当课代表了。"我一听,哎呀,这小子给我搞"两面派"呢!心中非常恼火,我是信任他,才没有追问,没想到他竟给同学打起掩护来了。我一边骑车一边想,明天到校后一定要好好批评他,这种自欺欺人、面对老师谎话连篇是什么行为?

回家后,我冷静下来——不应该因为一件事就把学生犯的错误上升到道德问题的高度。洛克在《教育漫话》中写道:"你的举止应温和,即使惩罚他们,态度还是要镇定,要使他们觉得你的作为是合理的,对于他们是有益的,而且是有必要的。"我国大教育家孔子也强调循循善诱,所以我应该在心中重新组织语言,并且单纯批评课代表也是治标不治本,万一批评重了把他惹急了,他真的撂挑子不干了,也是一件麻烦事儿。

第二天,我先把王琛叫到办公室,拉着他坐下,我说:"你知道学期末我在忙着写评语,前两天正好写到你,你知道我是怎么写你的吗?其中有一句为:老师的小助手,班级的小管家。我看现在要改改了,我得写成:同学的掩护者,班级的小管家。你知道这是为什么吗?"王琛若有所思,也猜到了事情的原委,苦着脸说:"老师我错了,我不应该骗您,作业收不上来是我不对。"我说:"只要你督促了同学们,即使收不齐作业也不是你的错,作为课代表你已经尽责了,你错在没有及时向我汇报真实情况,结果我被化学老师逮个正着,很被动。你帮班上同学打掩护,只是少了早自习受批评而已,化学老师找到我,得知真相后我怎可坐视不理,批评只会更严厉。瞒得了一时瞒不了一世,小洞不补大洞吃苦,到时班上形成不交作业的风气,也不是你想看到的结果吧。"王琛赞同了我的说法,可又叹了口气:"那有些同学就是不交怎么办呢?""没事,包在我身上,我自有办法。"

下午放学前,我把全班学生留在教室,说:"现在咱们班不交作业的现象有所回潮,每个课代表都很负责,无奈班上同学不配合,作业总是收不齐。那要不我现在既做班主任又做课代表,以后我负责收本子,可是我这么忙,哪有这么多时间盯呢?我就想了个好法子。以后每天放学大家都别走,把当天任课老师布置的作业做完再走,写完放讲台上,交一本走一个,最后一个写完的锁门。第二天早上我来数本子,没交来就走的我可就要找你谈心了。你们说要不要我当课代表吧。"底下学生一片求情:"不要啊!老师,再给我们一次机会吧,我们一定交作业,不要留啊!"我看目的已经达到,也松了口气:"看来大家还是喜欢原来的课代表,那我就再给你们最后一次机会,如果再有人不交,我们就按这个办法做。"

如此过了一段时间,作业果然好收多了,各位任课老师的反馈也不错。王琛依然帮我忙前忙后,似乎比以前更勤快了。有一天他突然拉住我,悄悄问我:"老师,您上次的评语改了吗?我还是您的小助手吗?"我笑着说:"绝对的小助手,有了你省了我好多事儿呢!老师在这儿也谢谢你哦!"一个近1.9米高的大男孩,满脸通红,眼里闪着亮光,不好意思地摸摸头:"不客气老师,有事儿您叫我啊!"顿时一股暖流滑过我的心头,老师的成就感是不是源于此呢?

分析反思

美国心理学家波斯纳提出了教师成长的公式:成长 = 经验 + 反思。没有经过反思的经验是狭隘的经验,至多只能形成肤浅的认识,反思也是提升班主任专业水平的重要途径。所以在探讨与学生的沟通艺术时,我得出如下经验。

一、沟通前始终保持平和的心态

与学生沟通的前提是尊重，与学生沟通的第一要素是平和。在听到或看到本班学生违纪后，大多数班主任的第一反应都是不舒服、恼火，如果带着怒气教育学生，结果只有两种：要么以绝对的强势震住学生，学生吓得赶紧认错，老师"赢"了；要么针尖对麦芒，师生矛盾扩大升级，家长出动，两败俱伤。

但优秀的班主任不是这样的。他们在教育违纪学生前，会在内心波澜起伏中先熄灭自己的怒火，等冷静理性地分析了情况后再去与学生谈话，平和的心态更有助于老师思考自己的教育方法。教师站在学生的角度思考问题，这是对学生独立个体的尊重，这样才能让学生放下戒备心理，更愿意听从教师的教育，与教师合作。

教师对学生宽容的态度，往往包含在对学生深深的理解与谅解之中。学生难免会犯错，这时他们需要教师的宽容，以免感到自己是一个毫无用处的人，对什么都失去信心。在遇到问题时，老师面对学生的无理行为，采取一种"泰然处之"的态度去宽容学生，既能巧妙地解决问题，也能维护教师的威严，同时还教育了学生。教师采取宽容的态度，反而有助于学生认识自己的问题，促使他们对自己的问题做深入的反省，激起自我谴责和自我教育。而学生的这种自我谴责、自我反省的效果，也比他人教育的效果更加明显。

二、沟通时讲究四两拨千斤的方法

教育是需要智慧的，优秀的班主任做思想教育时，话不在多，说到点子上即可，动作不在夸张，打动人心就行。看似最需要批评甚至发火的时候，偏不按理出牌，直接绕过学生的防线，以幽默的方式婉转表达批评之意。看似信手拈来，全不费工夫，实则暗藏着班主任的大爱和大智慧。对于任何事物的看法，教师和学生都不可能完全一致。如果教师只一味强调自己的观点，忽视学生的感受，就易让学生产生逆反心理，学生就会疏远教师、拒绝教师，甚至讨厌教师。学生平时最感苦恼的就是不被人理解，尤其是不被自己的师长理解。所以教师要设身处地地从学生的角度去观察和分析，了解学生的心情，找出与学生产生不同看法的原因，让学生感到教师是理解自己的。学生接受了教师，沟通才能有效地继续。

所以，班主任在与学生沟通时，一定要讲究四两拨千斤的方法，不能只是一成不变地说教。班主任必须在长期的教育实践中积淀灵活机智处理问题的能力、随机应变的教育机智，在不断变化的教育情境中成长起来，或表现为及时抓住一闪而过的教育时机，或表现为不动声色中的润物无声，或表现为对无法预见的情境进行出乎意料的创设，或表现为巧妙的临场游击战术等。

三、沟通后捕捉再教育的最佳时机

所谓有效的沟通，不仅仅是在与学生的沟通中使学生真心地悔过，更是指在事件平息后预防学生反复。所以对班主任而言，必须对教育时刻保持特有的敏感，善于捕捉教育的时机。一旦"抓机遇"成为一种工作习惯，给班主任带来的帮助是巨大的，对学生产生的影响同样是巨大的。

学生是还没有长大的孩子，哪有不犯错的呢？没有批评、没有惩罚的教育是不完整的教育。班主任捕捉沟通后再教育的最佳时机，不仅能加深学生对之前所犯错误的认识，更能触动他坚持改正的决心，至此，一次完整的与学生的心灵沟通交流的旅程方才结束。

教育学家夸美纽斯曾说过："孩子们求学的欲望完全是由教师激发出来的，假如他们是温和的，是循循善诱的，不用粗鲁的方法去使学生疏远他们，而用仁慈的感情与语言去吸引学生，假如他们和善地去对待学生，他们就容易得到学生的好感。"一个好的教育工作者，应能站在学生的角度，以学生的情感去理解周围事物，把学生的欢乐、悲伤、忧虑装在自己的心里，与学生产生共鸣，这样才能架起师生间感情的桥梁，最终达到师生沟通的最佳效果。

吴辰校长说过："这些孩子长大后也许只是一个普通劳动者，但我相信，有了爱与关怀，也许会犯错，但绝不会顽固，也许始终平凡，但绝不会冷酷。"我想这也是教育的最终目的吧。

28. 巧妙表扬，化"腐朽"为神奇

王广宇

案例背景

教育的艺术不仅仅在于传授本领，还在于激励、唤醒和鼓舞；教育的最终目的是把每个人的创造力诱导出来，将被教育者的生命感、价值感唤醒。

马斯洛的需求层次理论将人类的需求分为五个层面，即生理需求、安全需求、社交需求、尊重需求和自我实现的需求。其中，自我实现的需求是人的精神生活中最本质的需求，这对成长中的学生尤为重要。老师给予学生适当的表扬，不仅能激发学生的积极性，而且能充分调动学生的主观能动性，让学生充分而自由地去发展自己的天性。

老师对待学生的方式，也会影响学生之后的行为，我们期待什么样的学生，就应该以什么样的方式对待学生，在良好互动中形成良性循环，如此才能遇见最好的学生。

案例描述

一、我落选了

记得那是一个新学年开学第一天的下午，我们烹饪专业的老师在一起讨论关于选拔优秀学生参加3月份江苏省职业院校技能大赛集训的问题，同时一起商量该为本次省职业院校技能大赛做哪些准备。

说起来是开会讨论，实际上就是通个气，因为大家都已经选好了自己心仪的学生。可遗憾的是，我指导的是雕刻项目的比赛，但是我一直指导的学生已经被其他老师选去参加热菜项目。所以，我这个指导老师"落选"了。

二、思想动员

我别无选择，只能从跟我一样已经落选的学生中选一个去参加比赛。一番观察比较下，我最终选择了杨天意同学。他当年参加南京市比赛的项目是面点，本次选拔已经被淘汰，不过我知道，他前一年参加过南京市雕刻比赛，有一点雕刻基础。

我把杨天意单独叫到我办公室。一上来我就单刀直入地问他："天意，你想参加3月份的省技能大赛吗？"他回答："老师，您就别嘲笑我了，谁都知道，我已出局，这根本是不可能的事！"我说："假如，我是说假如，我给你一次机会，你想参加吗？""老师呀，哪里来的假如？就是真有假如，我也不想参加。"杨天意不假思索地回答道。我不能理解："为什么呀？多好的机会呀。"他说："第一，没有假如；第二，就算是有假如，离比赛时间只有不到三个月的时间，怎么来得及。而且我今年练习的面点项目，已经有杜洁去参加了，她的专业技能比我强多了，我根本没有什么希望。"看着杨天意满脸失望的神情，我心里挺不是滋味，只好迅速调整自己的情绪并接着劝他："杨天意同学，跟我'混'，我来指导你、帮助你，争取帮你拿到奖项，怎么样？"杨天意惊讶地抬起头说："开玩笑吧，老师，我已经有一年的时间没有练习雕刻了，雕刻刀都不知道放哪里去了。"话是这么说，但是我从他的眼神中看到了一点期待，便继续追问："真的不想跟我'混'？不想给自己一个机会，跟杜林同学一样拿个一等奖去扬大读书？说真的，我一直认为你是你们班上最棒的家伙，难道是我看错了？"他犹豫了："让我考虑考虑，老师。"我趁热打铁："还要考虑吗？机会稍纵即逝，你不想参加，那就算了。去把你们班的陈焕超叫来，他一直跟我说要参加，就让他参加吧。走走走，快去。"一看我准备换人了，他赶紧说:"好吧,老师,听你的,那我就豁出去了,跟你'混'一次。"我拍了拍他的肩膀,满意地笑了。

三、巧妙表扬

参赛的人选确定了,接下来的事情就好办了,我们共同商讨了训练计划与方案。第一天训练时,杨天意同学很认真,也很刻苦。一天下来萝卜雕刻了一箩筐,大大小小的作品摆放了一堆。但是由于很长时间没有练习过,他的手法很不熟练,手上不仅磨了两个水泡,还被割伤了几处。傍晚时分,我到大赛训练场地去看他。看到他一天的战果,我惊叹道:"厉害呀,短短一天时间居然雕出这么多作品,而且一个比一个好,你小子真了不起。"他不好意思地用手抓了抓脑袋,羞涩地笑了。我说:"别动,把手伸过来我看看。"他赶紧说:"老师,手有什么好看的?""伸过来!"我几乎用命令的口吻。他不好意思地把手伸了过来,我抓住他的手,翻来覆去地仔细看了半天,并且嘴里嘟哝着数着数。他说:"老师,你数什么呢?"我说:"你厉害呀,当年老师学雕刻的时候,一天下来,手上不仅有五六个水泡,而且整只手都被创可贴包了起来,连手指都看不到;你看看你,才两个水泡,这可比老师厉害多了!"他不好意思地把手收了回去,习惯性地挠挠头。我接着问:"一天下来,感觉怎么样?"他重重地点了点头说:"还行。"我继续鼓励说:"要是这样练下去,大奖非你莫属了。"话音落下,我俩会心一笑。

在日常的训练过程中,我每天都会不定时地去指导他。固定的几个流程周而复始,不厌其烦。首先,他会把雕好的作品拿出来请我指导,我会仔细地端详一会儿,然后发出一句赞美:"哎呀,不错,竟然比我想象中雕得还好,你太棒了,难道你是雕刻天才。"然后我会针对他的雕刻作品的不足之处一一进行指导。在这个过程中,我从来不会直接说"你这儿雕刻得不好,那儿雕得不对,应该这样雕……"而是拿起雕刻刀边示范边问他:"如果我们这样雕刻,你感觉怎么样?"一般情况下他都会惊讶地说:"没想到这样雕更好看。""那好,你试试。"我边说就边把雕刻刀交到他手里，让他按照我刚刚说的方法尝试一下，然后就把时间和空间完全留给他自己，留下一句"我一会再来看你"，就暂时离开训练场地。

四、静待花开

在我的不断鼓励下，杨天意同学反复训练，刻苦钻研，食品雕刻技艺进步得非常快，无论是花鸟鱼虫，还是飞禽走兽，他都掌握得很好。一个普通的萝卜经过他的雕刻，短短3分钟时间，一朵招蜂引蝶的鲜花从手中绽放；短短5分钟时间，一只展翅欲飞的小鸟又从他手中幻化成形。

这些亮眼的成果，离不开他的日夜苦练。从训练第一天起，他每天都抱着萝卜反复训练，从早晨到傍晚，再从傍晚到深夜。他的手被雕刻刀划破了一次又一次，老伤疤还没来得及"下岗"，新伤又接踵而至，他的手部皮肤被萝卜汁浸泡得"白里透红，与众不同"，还伴随着脱皮；他的眼睛因为使用过度，不仅又红又肿，而且布满了血丝……杨天意同学代表学校参加了江苏省职业院校技能大赛，功夫不负有心人，他一路过关斩将，最终获得了中职组雕刻项目一等奖的荣誉。

分析反思

一、夸出来的好学生

鼓励式教育法，也称赏识教育法，是一种在宽松、和谐、愉快的气氛中使学生以自信、自强、进取的态度去完成学习任务的教育方法。鼓励式教育是符合学生心理特点、容易被学生接受的一种方式。鼓励的一大特点就是：能激发孩子自我教育、自我评价、自我提升、自我负责、自我独立。我们每位老师都要有一双善于发现的眼睛，要努力发现学生的优点并及时地加以肯定，如此才能大大激发学生的学习热情，提升学生的信心，挖掘学生的潜能，从而取得意想不到的惊喜——收获一名好学生。

二、表扬需要抓住时机

鼓励教育的重要方式之一是表扬。一位西方作家说，一个人的智慧不是一个器具，等待老师去填满，而是一块可以燃烧的煤，有待老师去点燃。马克·吐温说过：只凭一句赞美的话，我就可以充实地活上两个月。作为老师，更不要吝啬对学生的表扬。放大学生的长处，及时地发现他们身上的闪光点，让他们快乐地学习，可以取得事半功倍的效果。

如果我们老师把学生当作天才来对待，那么，我们内心充盈的是理解、尊重、信任、欣赏、惊喜，在这种心理暗示的驱动下，我们的行为也会充满正能量。在积极行为的影响下，学生自然会积极主动，发挥潜能，取得不错的成果，我们做老师的也心想事成。

表扬最重要的是要把握住时机。不是等到学生的学习已经达到完美状态时再表扬，而应该在学生有进步时就表扬。学生在学习过程中只要取得了一丝一毫、一点一滴的进步，哪怕跟老师的要求还有差距，老师也应尽可能给予表扬。老师表扬之后，学生受到鼓舞，取得的进步也会越来越大。我们老师也应尽可能深入地了解学生的行为，表扬时才会有针对性，从而让学生感受到老师态度的真诚与观察的仔细。有针对性的表扬价值更高，更能起到激励的作用。

结语：老师及时而恰当的表扬是学生成长的阳光雨露，是学生成长不可缺少的养料；点滴的赞美，可以强化学生获得成功的情绪体验，满足其成就感，进而激发学习动力，培养自信心，促进良好心理品质的形成和发展。愿我们每一位老师都不要吝惜对学生的表扬，从而让学生在鼓励教育中拥有自信与勇气，更加坚定地迈稳步伐走好自己的人生之路。

29. 一堂午自休引发的思考

唐景玲

案例背景

我带的班级是旅游酒店管理专业中专二年级，任课老师普遍反映学生不太肯学，上课有时活跃到"无法无天"，但唯独"导游基础知识"这门课的武老师例外，他从来没有这么说过。短短一个学期，武老师用他长者的亲切慈祥，老教师的勤勤恳恳，如春风化雨般感化了这些顽劣的孩子，慢慢地学生爱上了他，也爱上了他的这门课。在他即将结束38年执教生涯之时，他正为自己的最后一节课精心准备着，而孩子们也在秘密策划着什么……

案例描述

一、吵闹的午自休

一如往常，午自休的铃声响起，我例行赶往班级检查，走到后门口停下脚步，往教室里张望。这时，班长小薇已经管起纪律："哎哎，赶紧坐下来，午自休时间到了！""你俩别讲话了，检查的老师要来了！"教室里似乎没有安静下来的迹象，他们一个个交头接耳，兴奋异常……门外的我按捺不住怒火，想冲进去教训他们一顿。后排几个眼尖的同学，用余光瞄见了我，赶紧告诉前面的人。等我从前门进去，他们的身子像多米诺骨牌一样，接连倒下，几个活跃分子瞬间也变成了"木偶人"，但他们的脸上仍掩饰不住激动。看着他们的反应，我突然觉得好笑，火气竟消了大半，但还是板起面孔，严肃地训斥道："这是干什么呢？"再看他们，吓得像蜷缩的小猫，我心里暗自偷笑："小薇，你来说，到底有什么事？"她壮了壮胆子，凑近我，小声说道："老班，你知道我们武老师快退休了吗？"我迟疑了一会儿，反问："你从哪儿打听到的？""是我，我去办公室送本子，无意间听到的！"武老师的课代表小婷轻声插了一句。"老班，我们班同学都非常喜欢武老师，特别舍不得他，大家都想在他退休前为他做些什么。这不，大家都在商量着呢！"小薇表达了全体同学的心声，而我竟有些不敢置信："你们能有这份心？"班上的活跃分子小媛突然站起身，似乎有些不服气："老班，你就这么小瞧我们啊？既然你知道我们的计划了，也不能袖手旁观啊！总得给我们出出主意吧！"一语激起千层浪，其他人纷纷附和："是啊！是啊！"没想到这丫头片子竟然将我一军，打起我的主意，"想听我的想法是吗？可以！那你们得保证，以后午自休必须保持安静。""没问题！"同学们立刻正襟危坐，目不转睛地等着我发言。"我觉得，咱们一定得为武老师做一件事，而且是大家都能感同身受的，这样才显得有意义，也更弥足珍贵！"他们听完若有所思了一会儿，很快有人来了灵感，三五成群聚在了一起，你一言我一语地小声嘀咕起来……

二、最后一课

这是一个不平凡的下午，第二节课是武老师的导游基础知识课，快结束的时候，我已如约站在教室门外。下课铃声响起，武老师不急不忙地叮嘱着学生："刚才讲的少数民族风俗，你们回去一定要好好复习，加深印象啊！"话音落定，武老师像完成历史使命一般，长声叹息道："今天的这堂课就上到这里，孩子们，下课！"班长小薇起身，格外响亮地喊道："起立！"随着这声音，教室里同学们整齐划一地站起来，只听小薇声情并茂地说："亲爱的武老师，我们知道今天是您任教的最后一节课，作为您带的最后一批学生，此刻，请接受1414酒店班全体同学向您致敬！"在班长的带领下，全体同学齐声道："武老师，您辛苦了！一日为师，终身为父，谢谢您对我们的教诲!"另一边,武老师好像还没缓过神,颤抖着说:"我,我也谢谢你们,你们让我有点儿受宠若惊啊!"接着,传来课代表小婷的声音:"武老师,我们为您精心准备了一本纪念册,每个同学都在上面给您写了一段话,您回去一定要好好看哦!"说完,同学们七嘴八舌起来:"武老师,您一定要看看我写的!""看我的!""还有我的!"在孩子们此起彼伏的声浪中,静立在讲台上的武老师捧起纪念册感慨万千:"我会把这个当作你们给我布置的作业,回去一定好好看,再次谢谢你们!"窗外的我目睹着这一切,不觉已心潮翻涌,而武老师呢,只见他双手合十,微微颤动,深深地弯下腰来,向孩子们表示感谢。

三、武老师的作业

走廊,永远是学生通风报信的哨岗。几个眼尖的学生早早发现,武老师和我一块儿走向教室,他们远远地叫道:"快看!武老师又回来了!"当我们走进教室,同学们犹如见到明星一般,大声喊道:"武老师——"一阵雷鸣般的掌声随即响了起来。

武老师走上他熟悉的讲台,示意大家安静:"同学们,静一下!我今天是借唐老师的班会课,回来给你们交作业的!你们送我的纪念册,我回去认认真真地看了,很感动啊!这是我执教以来收到的最好的礼物,它意义很深,情谊很重,可以说,我是怀着忐忑的心完成了这次作业。""小媛,你把我退休后的生活写得真是太生动了!你写退休的第一天,我还是习惯性地早起,准备上班,这时候我的夫人提醒:'上什么班,你都退休了!'然后,我还显得很失落呢!"

武老师的一番话,惹得底下的同学一片嬉笑,一个好事者插嘴:"小媛,你是武老师肚子里的蛔虫吗?""什么呀,有一回武老师课间无意中说过这回事!大明哥,是吧!"小媛语调上扬,极力为自己辩解。"嗯,我们小媛确实是个细心的姑娘,我是说过,上班那会儿,有好几个周末的早晨,我都会稀里糊涂地收拾包准备去上课!"

"咦,我们班男生怎么不讲话?是不是大小伙子了,连纪念册里都是惜字如金啊！"武老师转而关注起班上的男生。这时，小飞冒出一句："武老师，让您少抽烟，能不能做得到啊？"武老师显得有些无措，结结巴巴地答道："我，争取，争取！那你们也要答应我少玩一些电脑游戏！"小飞也不好意思地笑着说："互勉，互勉！"

"最后啊！我还想跟大家说句话。孩子们，一个人的成就，很多时候啊，是看他能不能充分利用好业余时间，我希望你们能抓紧平时的时间，把自己的专业学好，多培养一些有益的兴趣爱好……"

听着武老师和孩子们的对话，我思绪涌动，感触良久。

"唐老师，你来说两句啊！"武老师的声音把我拉回了课堂。

"同学们，今天是个特殊的日子，首先，我要祝贺武老师光荣退休了！我很羡慕您啊，武老师，希望我退休的时候，也能有这么多的感动！"

"小唐，你还用担心吗？别忘了，他们可是你班上的学生。"

"是啊，老班，我们也爱你！"

"好了，信你们了！我接着发表感言啊，说说我眼里的武老师。说起来我们在同一个办公室，共事也好多年了，武老师给我的印象不是普通的同事，而是和蔼可亲、兢兢业业的长辈，是我最最敬重的老教师！我敬佩他，是因为他永远把学生放在第一位。原以为，他收到同学们的致敬和纪念册，感动一下就完了，可是，武老师竟然把纪念册当作你们布置给他的作业，今天特意问我要了班会课，来给你们'交'作业！他为人师，如此谦卑，正如鲁迅先生说的'俯首甘为孺子牛'，同样也给我上了一课。"

分析反思

一、以爱为出发点

教育的契机其实是师生情感交流的契机，本文中的契机教育其实就是教师实施的情感教育，应该以爱为出发点。"没有爱就没有教育"，一切的教育都应该在爱护学生、尊重学生的基础上进行，脱离了爱，无论怎样的契机，都发挥不了它的教育功效。武老师的最后一课，让我切身感受到了师生间自然流露的爱。在武老师身上我看到了，爱是付出，爱是责任；在学生们身上我感受到了，爱是回报，爱是感恩。爱是相互间真情的传递，爱使得师生变成亲人。

二、找准心灵的入口

在我的引导下，学生们有了同理心，爱是伟大的也是具体的，我们既要爱身边的家人、朋友、同学、老师，也要爱整个班级、学校和社会，明白了构建和谐的社会需要每个公民的参与及合作。他们也充分意识到了自身存在的不足，纷纷向我保证，以后班集体的纪律请我放心，我深感欣慰。

身为班主任，要有一双善于发现教育契机的慧眼，要成为智慧型教师；要有睿智的"脑"、敏锐的"眼"和严谨的"嘴"；要善于积累和反思，善于学习和实践，不断形成具有自己特色的教育智慧。契机教育要求教师充分尊重学生，把学生当作"完整的人"，找准学生的心灵入口，让学生产生极大的被尊重感、被认同感和主体感，引导学生实现充分的心理参与。此外，当学生在老师的引导下懂得了爱，表达爱时，老师要及时地给予正面的反馈，可以是一个肯定的眼神，一句温暖的话语，一个大大的拥抱……

结语：善于捕捉教育契机，是做好班主任工作的关键所在。在日常班级管理中，我们一定要时时关注学生的发展，善于挖掘，为我所用，及时抓住教育契机，只有这样，我们的教育才会是成功的教育。

30. 我们在记录

苏 端

案例背景

中等职业学校是担负中等职业技术人才培养任务的学校，是贯彻落实《江苏省职业院校管理水平提升行动计划实施方案（2016—2018年）》的主体单位之一。为贯彻落实国务院关于加快发展现代职业教育的决定，实施学校文化育人创新行动计划，在校领导的号召下，我校成立了100个学生社团。诞生于这一背景下的"长镜头"微电影社团，是通过创作职业学校校园微视频来提升学生综合能力的一个平台，同学们在老师的策划与指导下，采用数字影像技术和现代综合艺术手段，创作和展示职业学校的特色、学习生活、精神风貌及感人故事的动态视听作品。同学们参与到每部影像作品的诞生过程中，都"有所知""有所得""有所悟"。

案例描述

暑假，近两个月的时间，也正是"长镜头"微电影社团创作微纪录片的最佳时间。纪录片，影视论著中很少对其作出明确的定义，往往用"非虚构"作笼统的界定。根据这一原则，我必须策划一次符合学生年龄特征、有教育意义的实践活动，并用摄像机跟拍活动全程，然后再进行后期剪辑。

有了这一想法的我立刻兴奋起来了："爬山活动？""游园活动？"不，都不满意。想起去年创作《下关记忆》时拍摄明城墙的情景，我便来到了位于狮子山脚下的仪凤门登城口，登上了古老的城墙。仪凤门周边景色非常优美，南边是绣球公园，北侧是狮子山，山顶上有阅江楼，山脚下有天妃宫和静海寺。此时已是傍晚时分，晚霞染红了西边的天际，一切都沉浸在瑰丽的景色里。风静悄悄，树静悄悄，在安静而炎热的夏日黄昏中有几只小鸟掠过，那是归巢的倦鸟带着疲惫奔向爱巢。居住在狮子山附近的人们已经开始散步纳凉，却很少有人登上这古老的城墙。我快步前去采访他们有关明城墙的问题，能回答出来的只有个别年纪较大的人，年轻人几乎都不知道。

我想，明城墙是古城南京的一张名片，而刻着铭文的字砖是一种"责任书"，那是我们的祖先在向我们述说南京明城墙600多年屹立不倒的"奥秘"，就在于筑起城墙的每一块砖背后的责任制。任何责任制都是由有责任心的人实现的，所以，责任制的灵魂是责任心！

有了创作思路，我就开始策划活动方案。由于酷暑，故而只能定于下午4点开拍。以下是活动方案和部分解说词：

《寻访明城墙》

一、制作"寻访南京城墙 传递责任文化"活动的微纪录片

1. 活动成员：

（1）微电影社团部分成员

（2）诵读社团部分成员

（3）指导老师：苏老师、刘老师

（4）特邀：校党委书记张书记

2. 活动时间：2015年8月6日下午4点

3. 活动拍摄场地：仪凤门—挹江门城墙段

二、活动学习内容：责任制与责任心

三、"寻访南京城墙 传递责任文化"活动分工

1. 出镜讲述：张旺旺（女生）

2. 摄像：缪高俊杰、唐玥、王鑫宇

3. 后期制作：缪高俊杰、黄显鑫、王鑫宇

4. 采访：张旺旺、黄成、杨景晨、包颖、黄雨婷、孟凡等

5. 旁白：缪高俊杰（男生）

四、解说词：

1. 旁白：缪高俊杰

这是一部关于学生社团"寻访南京城墙，传递责任文化"活动的微纪录片。

在社团指导老师的精心策划下，经过前期的学习、请教、查找资料和实地考察，活动于2015年8月6日下午正式开始。

我们怀着对南京明城墙600多年屹立不倒的崇敬之心，带着摄影摄像器材，来到了位于狮子山脚下的仪凤门登城口，登上了古老的南京城墙。

2. 出镜：张旺旺

夏日黄昏，晚霞染红了西边的天际，一切都沉浸在瑰丽的景色里。登上仪凤门极目四顾，青山绿水，城墙巷陌，山、水、城融为一体。城楼下来往的车辆川流不息，居住在狮子山附近的人们已经开始散步纳凉，登上古老的城墙。

3. 不同学生采访城墙上的人们并告诉他们问题的答案（声画同步）

您知道南京明城墙有多少年的历史吗？答案：600多年……

您知道明城墙的城砖上刻有文字吗？答案：刻着制砖的责任人……

您知道城砖上刻的文字代表着什么？答案：责任制……

您知道古人怎么检验城砖的质量吗？答案：由两名士兵抱砖相击……

2015年8月6日下午，天气非常闷热，负责采访的同学拿着学习资料读了很多遍直至熟记后才去采访居民，被采访者不了解时则告之答案。负责摄像的同学紧跟采访的同学捕捉最佳镜头，拍了不少素材，个个都是汗流浃背。不知不觉已华灯初上，因为没有辅助照明设备，我只好宣布第一天的拍摄工作结束。

第二天，我们的团队壮大了，校党委张书记和诵读社团刘老师都加入活动中来。但转眼乌云密布，雷声大作，怎么办？是拍还是撤？所有人的目光都不约而同地转向我……

"继续拍!"

我们团队并没有因为这场即将到来的大雨而停工,而是高高兴兴地登上了狮子山、阅江楼,赶在大雨倾盆而下之前来到仪凤门城楼的屋檐下。

张书记出镜讲述:"南京明城墙600多年屹立不倒,说明每一块古城砖都是质量过硬的,每一块质量过硬的古城砖又是由工匠们精心烧制的。这说明我们每一个人在做每一项具体的工作时,都要有高度的责任心,正是因为这份责任心,明城墙才能600多年屹立不倒。"

责任心是什么?这时,我们的教师团队就用今天的活动向同学们诠释责任心一词所包含的内容。

刘老师出镜讲述:"责任心,是一种使命感。对我们职校教师而言,责任心不是在轰轰烈烈中展示,而是在平凡、普通、细微甚至琐碎中体现。具有责任心的人,不需要强制,不需要责难,甚至不需要监督。"此时此刻是多么应景啊。

我出镜讲述:"责任心就是人们对自己负责的工作,倾注一腔热情并为之不断努力付出的动力源泉。有责任心的人把职业的责任升华为博大的爱心,于细微中发现丰富,于琐碎中寻找欢乐,于平凡中创造奇迹。"此时此刻是多么应情啊。

滴答滴答,雨越下越大,躲在屋檐下的我们,看着珍珠般的雨点在青色的方砖上溅起朵朵水花,一边感受着历史的沉着与厚重,一边在仪凤门城楼的长廊里继续拍摄……这一天我们拍摄到的素材很有意义,因为那是用心聆听到的历史回音。

外景拍摄基本结束,接下来进行配音、剪辑、配字幕、音效、配乐等。缪高俊杰、王鑫宇和黄显鑫几乎天天到学校按我的要求进行后期剪辑,不合要求就返工,我们常常在不知不觉中工作到晚上9点多。我用玩笑的口吻鼓励他们:"'在实践中学习,在学习中实践'不是一句空话,而是永恒的真理,你们正在做一件遵循真理的事情。"就这样我们连续制作了一周左右,完成了一部时长10分钟左右的微纪录片《寻访明城墙》。我知道,支持他们如此努力学习、勤奋工作的正是责任心和使命感。

我也经常对社团的学生们说："你的时间投入在哪里，你的收获就会在那里。"社团的学生们得知这部微纪录片获得了江苏省第二届职业院校微电影大赛一等奖的好成绩时都非常的兴奋，担任摄像的唐玥感动地说："我突然很想用'风雨过后总会迎来彩虹'来形容我们《寻访明城墙》的拍摄和制作过程……"

一年后，王鑫宇通过对口单招考试进入江苏食品药品职业技术学院（本科）就读数字媒体应用技术专业，在学院新媒体发展中心负责拍摄和后期制作。黄显鑫在班主任撰写了文案后，又带着同班同学一起拍摄一部微电影《情之所至，金石为开》，制作了电子相册《青春志愿行，共祝中国梦》……

分析反思

通过创作"寻访南京城墙 传递责任文化"微纪录片这一活动，我进一步理解了校园微视频的创作实践活动对职业学校学生的素质培养所具有的深远意义。如果单纯从技术制作层面探讨职业学校学生制作微纪录片其实并不具有十分重要的创新价值，关键是探讨这一行为对于多门学科的融合性应用，在职业学校这个特定的文化场所中所能表现出来的新现象及其创新意义。

（1）提升了学生的影像采集与处理能力。职业学校的学生学会了运用"视听语言"制作微视频，学会讲述职业学校师生群体的感人故事。通过创建适应学生身心特点、兴趣爱好和技能学习的微电影社团，让学生进行拍摄和后期制作的学习，提升学生影像采集与处理的能力。

（2）培养学生独立思考、独立工作的习惯。通过制作校园微视频，培养学生的学习能力、执行力和创新思维能力，使他们逐渐养成独立思考、独立工作的习惯。

（3）提高学生对职业理想和社会责任的关注程度。通过视频分享网站发布作品，宣传职业学校校园文化，宣传"劳动光荣、技能宝贵、创造伟大"的理念，向社会发出声音为职业教育争夺话语权。另外，学生在展示作品的同时也获得自强自信的情感体验。

（4）是实施学校文化育人创新行动的重要载体之一。通过创作蕴含深厚传统文化和现代工业文明的作品，职业学校的学生在学习制作微视频的同时文化素养也得到提升。同学们表示，在"寻访南京城墙 传递责任文化"这个活动中明白了一个道理："我们只有通过认真做好每一件事来不断提高自己的责任心和使命感，才会拥有不断努力付出的动力，才会拥有勤奋工作的热情，才会有务实创新的工作态度。今后也一定能创造出像南京明城墙600多年屹立不倒一样的奇迹。"

31. 小硬币　大用途

杨小勇

案例背景

"勤俭节约",倡导一种适度、节用、合理的生活和发展方式,蕴含珍惜资源、保护环境的价值取向,包含以艰苦奋斗为荣、以骄奢淫逸为耻的道德品质,体现出对可持续发展的重视、对子孙后代的负责,是社会文明的显著标识。从《尚书》提出"克勤于邦,克俭于家",到诸葛亮崇尚"静以修身,俭以养德",再到《朱子治家格言》中叮嘱"一粥一饭,当思来处不易",诸多古训格言都彰显了崇俭抑奢的中华传统美德。

党的十九大对"勤俭节约、艰苦创业"这个古老而又年轻的命题重新赋予新的历史使命和战略意义。"俭,德之共也;侈,恶之大也。"古往今来,"勤俭节约"体现了中华民族的价值取向和道德风尚,留下了"历览前贤国与家,成由勤俭破由奢"的历史警思。习近平总书记一直提倡"厉行节约、反对浪费"的社会风尚,多次强调要保持艰苦奋斗、勤俭节约的作风,并率先垂范、以身作则。

随着社会的进步,人们的生活质量得到改善,孩子的吃穿用度的水平也越来越高:现在的学生穿的鞋子都是名牌,手机基本是最新款,每天的零花钱不低于20元,可见学生的生活条件多么优越。我所带班级的学生都是在2004年左右出生的,在他们眼里,粮食是餐桌上"长"的,苹果是果盘里"生"的,平时都是吃不完的倒掉、用不完的扔掉。这样不珍惜粮食的浪费之风在"00后"中不足为奇。教师必须加大教育引导力度,大力弘扬中华民族勤俭节约的优良传统，大力宣传节约光荣、浪费可耻的思想观念。这就需要教师引导每一位学生从身边做起，从一点一滴做起，节约一滴水、节约一张纸、节约一分钱。

案例描述

春去秋来，我又接了一个新生班。新学期开学之后，有一次课间，我随意去班上转转看看，无意中看到两名学生在教室后排空处，一前一后，开心地把脚下的东西踢过来、踢过去，看到我走过来，他们迅速地把脚下的东西往垃圾桶方向踢去。我刚准备说话，又看到另外一名学生偷偷地把手上的东西扔进垃圾桶。我走近一看，垃圾桶里面和旁边躺着几枚一角钱硬币，我很震惊，问道："这是钱，你们为什么把它扔到垃圾桶里？"其中一名学生一脸无所谓地回答道："要它也没用，什么也买不起来，放在身上也是累赘，还不如扔掉轻松。"

我当时就想批评他们的错误行为，可转念一想，这可能是他们临时起意，而且校纪校规中也没有明确这是违纪行为，我现场批评他们可能会使他们在心理上产生抵触，进而和我狡辩，反而不会有效果。于是，我打算先了解具体情况，再寻求合适方法去纠正他们这种浪费的行为。放学后我把劳动委员喊到办公室，问道："平时课间他们经常把硬币放在地上当足球来踢吗？"他的回答是："也不是天天这样，有时会有，不过已经出现多次。"我又问道："这些硬币在教室地上，难道没人捡吗？"劳动委员回答道："谁会捡，又买不了任何东西，还会引起其他同学的嘲笑，而且每天放学后值日生打扫卫生，我都会看到地面上有没人要的硬币，然后值日生就把这些硬币扫入垃圾桶里。"

了解具体情况后，我觉得这种浪费行为实在不应该。纠正班上学生对待浪费的这种漠然态度势在必行。可是该怎么做呢？简单的理论教育学生只会左耳朵进、右耳朵出，肯定不会有效果，还会让青春期的孩子产生更严重的抵触心理，甚至在行为上也变本加厉。想到学校明确规定不允许收取学生班费，我灵机一动，为什么不能够把不用的零钱收集起来做班费呢？

思前想后，我觉得很可行，就立马付诸行动，自己掏钱买了个储蓄罐，在班会课的时候带进班级并放在讲台上。班级一个女孩说道："好漂亮的储蓄罐！"我微微一笑，捡起教室地面上一枚被放弃的一角钱硬币放入储蓄罐中，然后提出倡议："既然这些零钱大家都不需要，请不要乱扔乱放，请你们放在储蓄罐里，把你们不用的小硬币收集起来做班费。"在学期的最后一次班会课上，我把储蓄罐里所有硬币倒出来，邀请将硬币作游戏工具的两位学生上讲台，当着班级所有学生的面进行清点，清点后统计出总共收获32.9元。这让同学们感到很惊讶：平时不用的零钱汇聚起来，会有这么大的收获。甚至有个同学开玩笑道："可以免费吃一顿肯德基了。"之后的学期里，教室地面上再也没有被丢弃的硬币，而且有的学生看到校园地面上被丢弃的硬币，也会主动捡起并放到储蓄罐中。

为什么学生们会随意浪费这些硬币呢？他们都是在2004年左右出生的，基本上都是独生子女，在家里也是"惯宝贝"。在他们从小到大的生活中，基本是需要什么，就能够买到什么，想吃什么，就能够吃到什么。他们平时都是衣来伸手，饭来张口，"吃现成，喝现成"，从来不知柴米油盐贵，也不知美好生活的来之不易，认为这一切都是理所当然的。因为在他们眼里，粮食是餐桌上"长"的，苹果是果盘里"生"的，平时都是吃不完的倒掉、用不完扔掉。和这样的孩子讨论勤俭节约问题无疑是对牛弹琴。

平时家长们只重视孩子学习上的教育，而忽略了其他方面的教育。我经常听到家长把这样一句话挂在嘴边：只要你认真学习，什么都可以满足你！殊不知，正是这样的一种观念渗透，让孩子养尊处优，养成了优越感，他们对待很多东西都不珍惜。长此以往，孩子们就慢慢形成这种"浪费就浪费，丢了就丢了，旧的不去新的不来"的浪费态度。

分析反思

从目前的情况看，我们对于勤俭节约的教育有所弱化，宣传不到位。

现在关于勤俭节约的宣传教育要么是国家提出口号，但没有强制措施，在实施过程中就不了了之；要么是学校采用口头宣传，比如在学校的学生守则中，就有生活简朴、爱惜粮食、养成良好作风等教育内容，但老师就带着学生看一遍，走个形式。这种教育方式脱离实际，流于形式，无法让学生产生深刻感受，很难达到预期效果。此外，学生们法治观念不强，并不知道爱护人民币其实也是法律的要求。据此，我从这件事中得到以下几点启示。

一、注重生活教育，从生活中寻找契机

我国著名教育家陶行知先生早就提出了"教育即生活"的"生活教育"理论，其真谛是教育从生活中来，教育服务于生活，教育不能拒绝生活。教育的根本意义是生活之变化。生活无时不变，生活中有最多的契机，为我们提供了许多教育的机会，也就是说生活无时不含有教育的意义。例如，有些国家和地区很注重节约习惯的养成，全家人一起在饭店用餐，如果实在吃不下，就要请服务员打包，假如剩下的饭菜不带走，就表示饭店菜肴不可口，会让经营者感到难堪。这种家庭生活教育、情景教育有时胜过千言万语。

关于"浪费钱币"这个问题，矛盾出现了，教育契机也随之显现出来，用收集班费的形式处理这些被学生视若敝屣的硬币，抓住了重要契机，不仅杜绝了班级学生随意丢弃人民币的现象，也让学生明白了"一粥一饭当思来处不易，半丝半缕恒念物力维艰"，帮助他们树立勤俭节约的观念。同时，也可借此机会使学生明白爱护人民币不仅是节俭这一美德的体现，同时也是法律的要求，对学生进行法制教育，一举多得。

生活中的点点滴滴，都是良好的教育素材和契机。老师要善于抓住契机，用合适的方法对学生进行教育，让学生明白生活的意义、学习的目的。我想锲而不舍的努力，终将给我带来想要的结果。

二、注重活动教育，为德育教育创造契机

实践活动是实施素质教育的有效手段，是取得良好教育效果最直接最

有效的方式之一，它能够符合学生的心理特点和兴趣爱好，激发学生的学习动力。学生在实践活动中，通过参与、动手、思考、解决问题等过程，站在自身角度去探究问题。为此我们可以针对性地开展一些主题活动，让每位学生参与进来，让他们在生活中进行调查、采访、分析、统计。对信息的搜集和处理，可以让学生切身感受，真实体会，最终达到预期目标，获得更好的反馈效果，这样的结果也是教师和学生都喜闻乐见的。本次活动有助于学生思考问题，从而帮助学生明白浪费行为不可取，从根本上自发地、主动地改变浪费的观念，树立正确的观念，养成勤俭节约的好习惯。还可以据此在班级通过辩论赛等形式对学生进行科普，增强学生学法、知法、守法、用法的意识和能力，践行社会主义核心价值观。

总而言之，实践活动避免了语言上的流于形式，摆脱了说教的枯燥无味，为德育工作创造了绝佳的教育契机，给教育工作者提供了非常好的教育机会，使教育效果真真正正落到实处。

三、唤醒教育，需要等待契机

斯普朗格认为：教育是一种唤醒，教育的最终目的不是传授已有的东西，而是将生命感、价值感唤醒。教育的本质意味着"一棵树摇动另一棵树，一朵云推动另一朵云，一个灵魂唤醒另一个灵魂"。一切教育的出发点与原点都源于唤醒。没有灵魂深处的唤醒，便没有真正的教育。教师所从事的工作，不是雕刻，而是唤醒。在教育过程中，教师如果只采用简单的口号宣传、照本宣科或说大道理，最终结果是学生左耳朵进、右耳朵出，没有人会听进去、会重视。反之，教师等待恰当的契机，"化被动接受为主动接受"，通过合理引导，让学生自己做、自己提意见、自己管理自己，适时、适地、适当地处理矛盾解决过程中出现的问题，那么学生的体会和接受效果就会不一样。

综上所述，教育是让学生成为德育的主体，真正的教育是自我教育，包括自育、自理与自治。教师要引导学生体验活动历程，能够让学生自己做的，教师绝不包办。身为教师，对待教育问题要审时度势，方法得当，合理引导，这样才有可能达到预期效果。因此，成功的教育方式不是一成不变的，作为一名教育者，对于学生出现的问题，不能够采用简单的理论去教育，要方法得当，适当地去引导学生，做到言传身教、潜移默化，让学生由被动接受转换成主动理解并接受，才能促进学生发生改变，这样才能收获真正意义上的教育效果。

32. 当班长犯错后

姚　静

案例背景

在班集体中，必须由一部分热爱集体工作又有较强工作能力、自身素质较好、在集体中有一定威信和影响力的学生组成班干部队伍，形成集体的核心，通过他们团结、带动其他集体成员，沟通信息，协调动作，开展集体工作。这些"小领袖"式的学生干部，作为班级其他学生的同龄人，在班级中的作用往往是班主任不可替代的。一般地说，一批好干部可以带出一个好的班集体；反之亦然。因此，选拔和培养好班干部，使之成为坚强的集体核心，是班集体建设的一件大事。

班长是班级工作的第一执行人，作为一班之长，在日常的学习、工作和生活中需要时刻起示范作用，尤其是在班主任偶尔缺席的情况下，更要大胆管理，率先垂范。然而在班级创建初期，班长只是个新手，并无多少班级管理的经验。而且职业学校的学生在初中阶段的学习中，由于成绩一般，在原来的班级中并不受老师的器重，很少有参与班级管理的机会。从性格来看，他们普遍缺乏自信，在班级里也缺少号召力。因此职业学校班级里的班长虽然明白其职责所在，但在实际参与管理班级的过程中，表现却常常不尽如人意，面对一些棘手的问题，往往不知所措，甚至还会犯各种各样的错误。作为班主任，如果能帮助班长正确对待错误，改进不到位的方面，重树威信，对班长和整个班集体，都能产生巨大的积极影响，起到事半功倍的效果。

案例描述

新生入学后，学生的手机管理一直是令班主任十分头疼的问题，尤其是在课间，很多任课老师向我反映，班上的同学一下课就围在一起玩游戏、看视频，上课铃响了也不愿意回自己座位上去。长此以往，有些学生的心态变得十分浮躁，没有定性，注意力都被手机吸引，甚至上课时也很难集中注意力，容易走神，学习效率低下，同时也影响周围的学生，导致整个班级的学习氛围变差，情况十分不妙。于是乎我召开了班委会，在征求了大家意见的前提下，发出了一条禁令：班长每天早上把手机收起来统一保管，下午放学再还给学生，以方便学生与家人联系。

一次大课间，我到班级去找一名学生。我走进教室，只见在教室的一个角落里，班长和几名男同学围在一起，班长正拿着手机玩着游戏，双眼紧盯着屏幕，神情十分专注，几个男生围着他"观战"，同样沉浸在游戏中，那投入的状态我只能用"痴迷"来形容。直到班上其他同学提醒他们老班来了，他们才赶紧散开回到各自的座位上去。班长一见是我，神情非常慌张，一通手忙脚乱，赶紧把手机收起来。我强压着怒火，冷冷地说："把手机给我。"班长乖乖地把手机递给了我。

我回到办公室后，先让自己冷静下来，同时也在想这件事情该如何处理。班长是这学期由大家民主选举产生的，平日里各方面表现还不错，为什么会公然违反班规呢？我正在想这个问题时，班长主动来办公室找我，第一句话竟是："老师你会怎么惩罚我？会不会撤了我的职务？"我顿时明白，原来他十分在意班长这个职务，生怕我把他撤掉，他来找我是为了探我的口风，而不是认错！于是我用极其平淡的语气对他说："你先回去吧，我下面还有课，下午放学我会找你的。"班长从我的回答和表情中读不出任何情绪，也不敢多说什么，只好悻悻地离开了。

可以想象班长回到班上是怎样的一种煎熬，我猜想他整个下午都心神不宁，可能课也没有上好，如同一个犯人在等待最终的宣判一样。据我了解，班长原来是在一所顶尖名校上的初中，由于成绩一般，他在班级里并不受当时老师关注,更别说做什么班干部了,但是他的内心非常渴望参与班集体管理,只是不敢想、不敢提,因为提出来也没有结果。进入职业学校后,他内心的这些激情被重新点燃,积极参加学校的各种活动,在参与集体活动的过程中找到了自信,获得了成就感。特别是他当了班长后,人越来越自信了,说话做事还是挺得体的,可见这个学生的本质是好的,课间玩手机是因为他自觉性较差,没有很好地约束自己,同时他没有意识到该如何更好地去做一名班长,也没有意识到身为班长在班级里应该发挥的作用。

于是在下午放学后,我和他进行了一次沟通。我首先向他表明了我的立场:"工作这么多年,我还没有撤过一个班长,你不会做,我可以慢慢教你。"他听后顿时放松了许多,我心想,到底还是个没长大的孩子。接下来的谈话主要围绕着班长的职责是什么,应该怎么做,以及当不良事件已经发生了如何去消除影响,如何重塑班长威信等方面展开。这次的谈话非常顺利,我认真诉说,他仔细倾听,师生之间的氛围和谐融洽。看着他清澈明亮的眼睛,我能感觉到他的内心也逐渐敞亮,不再迷茫,找到了自己应该坚守的方向。最后我们达成共识,下周一的班会课上,他就手机问题向全班同学作情况说明,并且郑重承诺,这学期不再带手机到学校,以此作为对自己本次不当行为的惩罚。经历这件事情后,班长对我越发地信任,班级管理工作也做得越来越出色。在他的协助下,我们班的班级氛围也越来越好。

分析反思

一、"冷处理"——寻找最佳时机

所谓冷处理,就是面对一些突发事件,班主任不急于表态、急于下结论,而是保持冷静的头脑、镇定的情绪,冷静地观察、沉着地分析当时的情况,了解问题的来龙去脉,寻找黄金时机,采取最佳的手段去处理。

当班长犯错后,作为班主任,平静地对待他的错误,可以让我有时间去观察、去分析,从而找到更好的解决办法。如果我一开始就在班级大肆批评班长,甚者换掉班长,这样的处理方式无疑会伤害学生的自尊心,引起他对班主任的抵触心理和不满情绪,也会让他在同学面前失去身为班长的威信,不利于事情的解决,也不利于日后的班级管理,更不利于学生的心理健康。事实上,班长是非常在乎这个职务的,这与他过往的求学经历有关,但是,此时的他尚无法认识到这个职务背后所包含的责任与担当。所以,这个时候,武断地批评甚至撤职不仅无法解决学生课间玩手机这一问题,而且班长也不会得到教育,实现成长。这个时候"冷处理"不失为一种很好的解决问题的方法。有时适当的沉默比大堆的道理更有说服力,更能起到教育的作用。在"冷处理"的过程中,班主任调整好心态,然后再心平气和地去教育学生,就不会用过激的言语和行为伤害学生,同时也给学生一点儿时间和空间,让学生自己分析自身的错误,促使他们自己寻求处理问题的办法。

身为班主任,在这段"冷静期"里,要准确把握住学生的内心活动,观察学生的反应,想一想他的心理弱点是什么,寻找最佳时机,及时出招。教师所采取的方法就是为了让学生自觉地认识到自己的言行是错误的,真正从内心受到教育,在心理上受到谴责、感到内疚,这样不仅可以让他们对错误有更深的认识,从根源上意识到自己行为的不可取之处,真心实意地改正自己的行为,还能够提高他们的自我管理能力。尤其对于态度积极、一心向好的学生,"冷处理"的教育力量,往往比呵斥、痛骂等方式来得更有效。

二、因势利导,充分利用时机

苏霍姆林斯基说:"只有能够激发学生进行自我教育的教育才是真正的教育。"管理班级,是一项艰巨的工作,它不仅仅需要爱心、耐心与细心,也需要创造性。不少教师喜欢第一时间解决问题。及时解决学生的问题是好的习惯,但凡事不能一概而论,面对棘手的问题,需要综合分析、缜密计划,充分用足时机,多角度处理,再分阶段获得成果。当班长犯错后,虽然班长对自己所犯的错误也进行了深刻的自我批评，但终究在班级中产生了不良影响，同时也降低了他在班级中的威信。因此我充分利用最佳的教育时机，与他真诚地沟通交流，在他有所省悟时加以引导，动之以情，晓之以理，让他心悦诚服，充分认识到自己的错误，并且非常配合地帮助他寻求解决办法。事情发生后，我没有在班上说过一句批评他的话，极大地维护了他作为班长的威信。在事情的善后方面，我引导他去消除这件事在班级产生的不利影响，他心存感激。最后我们达成共识：严格遵守班级公约——这学期不带手机到学校。这既是他对自己的一个小惩罚，也是对全班同学的一个警示，制度面前人人平等，制度既然制定了，就要严格遵守！

马云说："以前讲用人不疑，疑人不用，现在要讲究'用人要疑，疑人要用'，信任是结合了用人不疑、疑人不用、用人要疑、疑人要用这四个方面。"要想使班主任工作获得成效，班主任对学生的爱与信任显得尤为重要，只有这样，才能与学生达到感情相通、心理相容，构成友好、愉快、简单、和谐的人际心理氛围，在不知不觉中完成班主任工作。遇到问题的时候，我对班长充分信任，班长也在错误中磨炼了自己，师生合力，共同反思，共同进步，何惧管理不好班级呢？

33. 一米阳光

赵志杰

案例背景

或许是应试教育的缘故，很多老师喜欢那些学习成绩好的学霸，而对于"学渣"往往感到比较烦恼。我却不这么认为，因为学生作为独立的个体，本身有自己的特点，这才是世界丰富多彩的有力证明。因此，作为合格的老师，我们应时时、处处去发现每位学生的闪光点，有时候这个点的闪现就在刹那间，需要我们时刻准备着去捕捉它。就像"一米阳光"那个故事诠释的那样，这"一米阳光"转瞬即逝！"一辈子无法成就的永恒，或许在某一点便凝成；一辈子无法拥有的灿烂，或许只在那一米之内。"学生成功的机会有时就在某一刻，而那一刻需要我们用心去发现，阳光或许等到明年再去寻找，可学生一生或许就那么一次机会，错过了可能是一生的遗憾。

案例描述

一、口红风波

事情发生在开学后第一周的周五，中午我正在办公室休息，一个熟悉的身影出现在门口。她神秘地告诉我："老师，我丢了一个东西，我怀疑是某某同学拿走的。"我问："什么东西，让你如此着急？"她很神秘地告诉我："老师，没什么，一个小物品。"我很严肃地告诉她："同学之间要和睦相处，拿东西这个事情没有证据可不能乱讲呀！有可能是你放在哪个地方忘记了，你回家再找找看。"当时她也同意了，并回到了班上。我想这也不是什么大事，应该结束了。

结果，事情搞大了。快下班的时候，学生处的主任说警察有事情找我，此时我发觉糟糕了。到了学生处，我在门口看到了四名学生，其中一名是丢物品的学生。我推门进去，警察就问我："老师，你们班的三个孩子报警说，她们被诬陷了，要求警察为她们主持公道，还她清白，必须让那位同学向她们赔礼道歉。"我首先向警察表示了歉意："我们的孩子给您添麻烦了，请警察同志放心，我们一定把这个事情处理好，这是我们工作的不及时和不到位造成的。"

警察走后，我将四个孩子带回了我的办公室，询问后发现，原来不是什么不起眼的小物品，而是一支口红，是从国外带回来的。丢口红的学生怀疑是另外三位同学偷拿了那支口红，结果被怀疑的同学一气之下打了110，找警察帮忙。刚刚调查完事情，被诬陷偷口红的学生家长打来电话要老师主持公道，还孩子清白。不一会儿，丢口红学生的家长也打来电话说，要找出真凶。我意识到了事态的严重性，这个事情如果处理不好，会影响同学之间的关系，甚至班级的稳定。

二、缓兵之计

为了防止事态进一步扩大，稳定孩子们的情绪，我首先安抚学生。我对丢口红的学生说："你带口红是不对的，这是学校的规定，这点我要批评你。如果你真丢了，老师一定会帮你寻找。但是有一点，不能无故猜测，这是不负责任的举动。今天已经很晚了，肯定是处理不好了，但你相信老师，我一定会帮你处理好。"她点头答应了。然后我再去安抚那三位被怀疑的学生，她们也同意先回家，等待我的处理，等待我还她们一个清白。我知道激烈的冲突此时只是暂时的停歇，如果处理不好，更剧烈的冲突即将爆发，我该怎么办才好呢？学生、家长和学校都在等我的消息呢！

三、阳光初显

第二天，正好是我的职业道德与法律课，教授关于礼仪的内容，我特别讲到了礼仪的核心在于相互尊重。根据课前的安排，为了让学生理解礼仪的内涵，我特意安排学生分小组展示鞠躬的礼仪，小组比赛，大组展示。突然我发现了契机，她们四个人分在不同的组，如何让她们四个人一起展示一下呢？我就悄悄地告诉各组组长，分别推荐这四名学生，在组长的推荐和组员的鼓励下，她们四个人站在了教室的中间，一开始很尴尬，我真担心会出现问题。我开始带头鼓掌，接着全班都为她们加油。她们四个人很好地展示了中华民族传统文化中的鞠躬礼仪。我接着就来了个现场的激情采访。我问道："这次鞠躬有什么特别的感受吗？"那位丢口红的同学脸红红地告诉我："礼仪是相互的，是以相互尊重为前提的，就像做人一样，你怎么对别人，别人就怎么对待你。所以，我发现我鞠躬角度变大时，对方也会一样，甚至要超过我，我想这是中华民族成为礼仪之邦的重要因素之一。"还没有等这位同学把话说完，另外三位同学也抢着回答。突然，我发现阳光透过窗帘的缝隙照在一位同学的桌角上，我当时感觉激动得说不出话来，不知道如何形容。

四、问题解决

就在当天，放学的时间到了，我刚刚到办公室，就看见她们四个人齐刷刷地站在门口，好像卫兵在等待命令一样。丢口红的同学首先表示："老师，是您教育和开导了我，我向您认错，口红就不应该带到学校，找不到是自己的责任，不应怀疑同学，结果弄出这么大的乱子，同时我也向她们真诚地道歉，对不起！"她深深地鞠了一躬。另外三位同学也还礼，并说："不要太内疚，我们也做得太过分了，本来我们可以心平气和地说一说这件事情，而我们却直接找警察，给你带来了麻烦，还有老班，还有学校……"我就抓住机会说："既然大家把事情说开了，事情也就解决了，大家还是好同学，好朋友！从这件事情你们就会发现，尊重是相互的，就像我们课堂中的中华文明礼仪一样!"大家都会心一笑。"谢谢老师!老师再见!"她们异口同声地说着,欢快地走出了我的办公室。当我走出办公室准备回家的时候,虽然太阳已经西垂,我却感觉温暖无比。

分析反思

教师不是上帝,不能创造万物,但教师作为领路人,可以在学生迷路和迷茫的时候,给他们一盏灯去照亮他们回家的路。就像一首歌唱的那样,借我一双慧眼吧,让我把这世界看得清清楚楚明明白白。通过这个成功的教育案例,我感觉到了教育的成就感,但更多的是对教育的反思。

第一,著名的哲学家雅斯贝尔斯认为,"教育过程首先是一个精神成长的过程"。班主任主要从事以心育心、以德育德、以人格育人格的精神劳动。因此班主任的教育,不应是简单粗暴的命令和安排,更多的应该是基于学生的认知和内心,去触动学生那根善良的琴弦,让学生弹奏出美丽的曲子,成就多彩人生的华美乐章。

第二,教育是一棵树摇动另一棵树,一朵云推动另一朵云,一个灵魂唤醒另一个灵魂的过程。这件事的顺利解决,使我深深地认识到,教师是一种爱的传递,爱学生要像爱自己的孩子一样,要抓住一切机会,推动孩子的思想和行为向好的方面转化,从而实现润物细无声般的教育效果。这样的教育是化有形为无形的潜移默化的过程,不留棱角。

第三,"一米阳光"的故事告诉我们事情的解决往往在一个点,阳光在一刹那出现、消失。学生问题的解决也要抓住时机,如果不去抓机会,等问题恶化后,可能花再多的时间和精力都无法彻底解决,所以教育学生不仅是分秒必争,更重要的是千方百计,没有条件也要创造条件,抓住问题解决的"窗口期"。

34. 与生"斗",其乐无穷

周丽华

案例背景

2016—2017年学年的第一学期,我校班主任德育工作的主题是"班主任专业化修炼从班主任教育情怀开始"。怎样管理自己的学生,让自己的班级形成什么样的风格,怎样才能体现以人为本的教育理念,这些应该是每一位班主任都会面临和需要思考的问题。我的体会是,管理班级,管理学生,其实是一个与学生"斗智斗勇"的过程。

我所负责的班级人数较多,全班共有57名学生,其中女生50名,男生7名。在陪伴学生成长的道路上,我也在不断成长,处理班级大小事务也是从起初简单粗暴的"遇到问题直接批评"而慢慢转化为"智慧处理"。

案例描述

至2016年9月,我担任班主任工作已经有两年时间了,这两年的班主任工作经历,促使着作为年轻教师的我多了一份耐心与包容心。在陪伴着学生成长的两年时间里,我们一起经历了太多的故事。

2016—2017学年的第一个学期,也就是本班级学生入校的第二年,第一年的新奇与热情逐渐消耗完毕,学生也开始慢慢地发生一些细微的变化,病假情况增多,学习热情有所减弱,班级整体氛围也失去了往日的活力,变得松散起来……

某一天,班上有一名女生没有去参加早操,而是悄悄地从班级入场队伍中走出，躲进本班级所在楼层的女生厕所里。作为班主任，我在第一时间思考了这样一个问题：为什么学生宁愿躲在厕所里也不愿意去参加早操？于是我找到当事学生，但并没有上来就批评她，而是耐心地询问："今天的早操你为什么没有参加？"该生答道："我对紫外线过敏，今天阳光比较强烈，所以我不能参加早操。"我心里深知这情况的真实性有待验证，因为在本班级学生入学的第一年，我就统计过学生的疾病史，以后遇到气温变化时，流感、感染性腹泻等常见传染病高发的情况，我都坚持定期统计。我在担任该班班主任期间并没有统计到该生汇报的信息，之前她也未出现过这样的情况，她所反映情况的真实性有待考证。但是这名学生的自尊心比较强，我也不能当众抹了她的"面子"，于是我决定采用"迂回"战术。

"但是厕所的环境跟外面的新鲜空气肯定没法比啊，那样的话是不是更加不利于你的过敏呢？"我说道，"这样，你先回去上课，我待会儿跟你家人了解下你的身体情况，再处理好吧？"说完我便示意她可以回教室了。

我第一时间去咨询了校医务室的医务人员，医务室的医生对我进行了相关知识的科普，同时我也在网站上查询了关于晒太阳的利弊，对合理晒太阳的时间点的相关资料进行了整理。于是在事发的当天晚上我便在班级群里发了这样一段话：近期天气比较热，同学们一定要做好防晒工作，避免天气炎热引起身体不适，另外班级里有部分同学认为早上参加早操会被阳光照射到以致皮肤过敏，在这里，老班要跟大家普及一下，这种说法有一个严重误区。专家建议：一天之中，有两个时间段最适合晒太阳——一个是上午6时到10时，此时红外线占上风，紫外线指数偏低，晒太阳能使人感到温暖柔和，可以起到活血化瘀的功效；第二个时段是下午4时到5时，此时正值紫外线中的A光束占上风，晒太阳可以促进肠道内钙、磷的吸收，有利于增强体质，促进骨骼正常钙化。此外，从时间概念上讲，健康人每天应坚持晒太阳30到60分钟。我校的早操时间是在上午8点，正是晒太阳的"最佳时间点"，希望同学们一定把握住这个既可通过早操锻炼身体，又可在"黄金时间"晒太阳的健康习惯。

同时我把专家建议的文字截图发至班级群里,并且分享了链接。

第二天早上该生默不作声地进入班级队伍参加早操,并且持续至今,这一年的时间里再也没有出现过早操缺席的情况。

说实话,她用这个理由完全是在我意料之外的,如果当时她说出这个理由的时候,我就立马提出另一种可能性去反驳她的话,不但不能真正地解决这个问题,反而会引发她的抵触心理,挑起师生之间的矛盾冲突。老师们在教育学生时,大多数情况下都是给他们苦口婆心地讲道理,让他们明白什么是对的,什么是错的。有时学生听多了老师的"老生常谈",也就厌烦了,起的作用也不会太大,所以我才"急中生智"想出这么一个"万全之策"来彻底解决问题!

我思来想去,怎么样解决这类"公说公有理,婆说婆有理"的"扯皮问题"才最为妥当呢。我在德育工作中一直秉持"情感勉励"的赏识教育观点,认为跟学生的沟通以及问题的解决在"特殊时机"需要采取一些特殊的"小手段"。遇到突发事件时,教师首先要冷静,不能盲目、冲动,否则不仅不能取得预期的效果,反而会让事情越来越复杂,使师生间的关系恶化。教师如果能够冷静下来,假设自己是那犯错误的学生,站在学生的角度去研究、去解决,可能会收到意想不到的效果。教师直接劈头盖脸地大骂一顿,或是再给讲一大堆道理,可能还是会像以前一样,暂时收到一些效果,但不会太长久。

我一直认为,作为一名班主任,对待不同的学生应该采取不同的教育方法,不能千篇一律,不能武断,更不能诉诸武力,而应该因人而异、因事而异、因势利导,以这样的方式来教育学生才能起到事半功倍的效果。选择一种学生能接受的方法要比直接批评来得更为深刻,才能达到真正地解决问题的目的。班级发生的一些鸡毛蒜皮的小事件,往往最能体现班主任的大智慧,这也成为教育的一道亮丽的风景线。

可见,管理班级、管理学生是一门艺术,是一个老师与学生"斗智斗勇"的过程。在这个过程中,班主任不但要有足够的勇气,更要有丰富的智慧。只要每一位班主任都能用心学习,用心钻研,努力做好知识的传播者、学生人生的领路人,争取做每一名学生的知心人,我想,我们的教育管理就真正做到了以生为本。

分析反思

一、允许学生犯错

车尔尼雪夫斯基说过:"既然太阳上也有黑点,人世间的事情就更不可能没有缺陷。"列宁也说过:"孩子犯错,连上帝都会原谅。"我们的学生身心发育还未成熟,德育工作就是以学生为中心的教育改革,为的是实现学生更全面的发展。在这一背景下,班主任的任务,就是更好地为这个大目标服务,为学生的发展保驾护航。每个学生都是活生生的有感情有思想的人,只要付出爱心,枯草也会发芽;只要一缕阳光,他们就会灿烂;只要真诚地与他们相处,就能够收获理解与信任。总之,心灵间的桥梁要用情感去架设,用尊重、信任、体贴、关怀去充实。爱,是一种力量,是一种品质,是教育成功的秘诀,是班主任必备的修养。以爱为根基的情感激励,才是做好班主任工作的关键。

一个班,关起门来就是一个大家庭。如果这个大家庭中的每一位学生都如兄弟姐妹般互相关心、互相帮助、互相照顾、互相鼓舞,那么这个大家庭便是温馨的、温暖的。班主任是班集体的教育者、组织者和指导者,是班级工作的主要执行者。班主任在班集体建设中起着主导、决定性作用。一个优秀的班集体,是班主任长期辛勤劳动和智慧的结晶。班主任工作充满了辛苦和不易,这个过程中有欢笑,有泪水,但最大的感受是充实,这一点可能是没当过班主任的教师无法体会到的。

班主任工作是一门艺术,其工作的对象是学生,一群有思想、有情感、有个性且处于青春期的学生,是正在成长的一代新人。常言道:人吃五谷杂粮,难免得病。正在成长的青少年也难免犯错误,所以教师应善待学生的缺点和错误,要允许学生犯错误,承认学生在成长的过程中,犯错误是客观存在的,有的错误是难以避免的,但这样不等于说教师可以等闲视之，任其发展，相反，应及时纠正，及时规范，这也是教育者的良知和责任要求。

二、教育需要智慧

班级管理实在是一项艰巨的工作，它不仅需要爱心、耐心与细心，还需要班主任随时随地发挥自己的创造力。班主任虽然不可能将自己的精力在同一时期平均分给每一位学生，但只要我们心中装着全体学生，用心去关爱每一位学生，就一定能够发现学生身上潜藏的智慧和创造力，挖掘出每一位学生的闪光点。班主任应该真心关爱每一位学生，在工作中无论对人对事都要公正、公平，特别是对待后进生要真心实意，不要给学生一种"老师做个样子"的感觉。公平可以营造融洽，爱心可使枯木复苏，耐心可以修好破罐。

作为和学生每天接触最多的老师，我觉得班主任要在本班同学面前树立一定的威严，让学生信服你、依赖你、崇拜你，你说的话才会有力度，但这种威严绝不是靠粗暴的批评、严厉的态度换来的，这种威严是在爱的前提下建立起来的。只有你发自内心地去关心、疼爱、欣赏你的学生，学生才会从内心接受你这位管理者，不至于和你唱反调，只有老师、学生一条心，才能创建一个和谐、奋进的班集体。这就需要教师在处理学生问题时多一点耐心细致，少一些直接武断，找到合适的教育契机，创造性地去解决学生出现的问题，而不是简单地一刀切式地批评和指责。

最后我想借用一位老班主任的优秀语录来总结这两年的班主任工作感受：没有什么比引领一名学生更让我珍惜，做班主任我承担着责任，也享受着幸福！

35. 手机管理："堵"还是"疏"

姚　静

案例背景

手机的管理一直是令职业学校班级管理者头疼的难题，大多数学校对于学生手机的使用并没有提出统一的要求，班主任各自为政。虽然很多班级采取制定班级公约的方法，但在执行和监管的过程中特别容易出问题，从而让一些学生有机会钻空子。老师与学生"斗智斗勇"，老师们心力交瘁，学生们乐此不疲，师生矛盾有很多都是手机激起的。特别是一些比较强势的老师，为了让学生长记性、守规则，斩断学生对手机的过分依赖，时常采取一些比较极端的手段，可谓"爱之深，责之切"。面对这样的情形，我们可以从大禹治水的典故中得到一些启示。面对洪水泛滥，大禹的父亲鲧采用"堵"的方法，他只知道筑坝挡水，九年过去了，洪水仍然没有消退。他的儿子禹继续治水，禹吸取了鲧治水失败的教训，采取疏导的办法，疏通了很多河道，让洪水通过河道，最后流到大海里去。大禹治水蕴含的"疏导"的智慧，同样适用于班级学生的手机管理问题。抓住恰当的契机进行疏导，手机管理这个棘手的难题也有办法解决。

案例描述

一、新官上任三把火

我是一个强势的班主任，班级创建初始，我就颁布了很多班级公约，其中就有手机使用的相关条例：原则上不允许学生带手机到学校，如果确实需要带到学校来，则需要家长写申请，班主任同意后才可以，且每天早上手机须交到班主任处统一保管，下午放学后再拿回。刚入学的新生，初来乍到，对陌生的环境以及我这个看起来严厉的班主任有几分敬畏，第二天申请和手机都交到了我这里，手机的管理比较顺利。可惜好景不长，渐渐地，上交手机的人越来越少，我去询问缘由，他们就说没把手机带到学校来。经过我的一番仔细了解，学生表示，每天一早他们就把手机交到我这里，放学时手机才能回到他们手上，但是他们中午吃饭的时候需要用手机支付，很不方便。学生反映的情况也是合情合理的，但是手机放在学生身上是一个大问题：一些自觉性较差的学生就会在上课期间拿出手机来玩，这不仅影响了自身的学习效率，而且对其他学生也会产生不良导向，不利于形成良好的学习氛围。经过考虑，我宣布中午吃饭的时间手机由学生自己保管，但是要在中午午休之前上交到班主任处。我本以为这是一个大快人心的决定，殊不知，更大的暴风雨即将到来。

二、集体的反抗

由于放宽了使用时间，午饭时间允许学生使用手机，所以每天中午放学前班长会到我办公室来取走手机。可有一天中午，老师们集体去参加培训，办公室的门锁了，那天学生们没有如愿拿到手机。第二天早上，我像往常一样去收手机，他们都说没带，或者说忘在家里没有拿。此时此刻，我的内心有一团火在燃烧，除了愤怒还是愤怒！我努力平复下自己的心情，问他们："你们是今天都不带，还是以后都不带了？"可是竟然无人理会我，看来他们都商量好了，选择集体反抗我。我带着怒气回到办公室，在家长群里描述了今天发生的事情，并告知家长今后手机由学生自己保管，课堂、午休期间禁止使用。后来我从班干部处侧面了解到，学生对我的"专制"管理很有意见，因为有的班级从不收手机，而且那天他们都没带手机只是"巧合"。我宁愿相信那真是一个"巧合"，而不是整个班级一次有预谋的反抗！难道说一次手机没有正常归还给学生，就会让他们有这么大的反应以至于集体反抗我吗？之后的时间我一直在反思，这样合情合理又尽心尽力的管理，而且我是为了他们好，为什么他们却不领情呢？这件事情对我产生了不小的打击，我陷入了自我怀疑和否定之中，那段时间心情也很低落。不过手机的管理问题还是没有得到解决，这个问题始终在我的脑海中盘旋，到底应该如何管理学生使用手机的问题呢？

三、疏导唤真情

经过深思熟虑，我决定召开一次班会，班会的主题就是讨论手机使用的管理问题。这样做一是尊重民意，这个问题也是学生目前最关心的。二是明确规则，所有的自由都是在自律的基础上建立的，我必须在班级建立具体可信的规则，让全班同学遵守。我请每一位同学积极发表意见，共同商量，如何在不耽误学习又不影响大家正常生活的前提下管理手机的使用。班会的气氛很热烈，大家讨论得热火朝天，最后达成以下共识：统一使用手机墙袋，每天早上每人按学号自觉放入手机袋中；上课、午休、自习课期间是禁止使用手机的；如果有人违反了手机使用管理规定，那么就应该接受相应的惩罚；班干部尤其要起到监督的作用；等等。这些规则是大家经过商讨后提出的，不是我的个人意志。经全班同学同意后，执行起来阻力会小很多。当学生违反规定私自使用手机需要真正处理时，被处理的人也心服口服。在班上进行手机自我管理后，学生也并未像我想象的那样不自觉。相反，在同学之间的相互督促下大家越来越自律，上课前大家自觉把手机放入手机袋中，到了允许使用手机的时间再拿回来。一段时间后，便很少有任课老师来反映学生使用手机的问题了，我也感觉自己班主任的工作轻松了很多。规则与自由的关系，有的时候就是这么奇妙，莱蒙特说过，"世界上的一切都必须按照一定的规矩秩序各就各位"，学生们终于慢慢体会到，遵守规则的同时也就获得了自由。

分析反思

一、正视现实，创造契机，实行民主管理

魏书生老师对于班级管理提出"民主管理"的观点，他指出只有树立

了平等的观念，才能在师生交往和班级管理中尊重学生。教师只有尊重学生的人格尊严，懂得宽容和包容，才不会去体罚学生，做出过于专制的言行。职业学校的学生大多活泼外向，班级管理难度大，班主任不仅要树立自己的权威，也要尊重学生，分寸拿捏必须得当，否则一不留神就会成为"专制型"的班主任，抑或是成为不受学生尊敬的"软弱型"的班主任。

  本案例中，在手机管理的问题上，我起初不让学生带手机，不允许学生使用手机，这种"堵"的做法既没有考虑到学生的实际情况，也不利于对学生自觉性的培养。一开始事情陷入了僵局，我努力思索解决这个问题的转机，并叫来了几名学生询问他们对于手机使用的看法。我一下想明白了，手机管理的核心问题是如何让学生自觉地使用手机，而不是不让他们带手机，或者是不让他们使用手机！这种"堵"的做法只会让学生在这件事情上逐渐对班主任产生反感、抵触的心理，以致后面爆发集体的反抗行为，导致师生关系跌至冰点，事情走向难以控制、无法收场的局面。

  这次集体性的反抗对我而言是一次经验教训，虽让我难受且难堪，但是我必须调整心态，正视现实，认识到这可能和我不够了解学生，不能够与他们"共情"有关，所以，这可能也是一个重要的转机，是解决手机管理问题的绝佳机会。教育契机总是在不经意间出现，身为教育者要有一双善于发现的慧眼，随时去捕捉和利用教育契机，要做智慧型教师。

二、利用契机，以疏代堵

  大禹治水采用疏导的方法给了我们很大的启示。面对职业学校的学生，教师在学生管理中常用的权威、高压、命令式的"堵"的方法已不能适应现代学生的现状，学校不是监狱，教师也不是警察，高压的政策和手段只会激起学生的逆反心理。我们应多采用疏导的方法来处理问题，比如正确地引导，讲明道理、疏通思想，并适当地鼓励等。

  青少年正处在世界观、人生观、价值观的形成时期，思想尚不健全，容易受一些错误思想的侵蚀，若不进行正面教育和积极疏导，他们很可能会误入歧途。对青少年进行教育，要注重摆事实、讲道理，做深入细致的思想工作，积极利用契机，启发他们自觉认识问题，自觉遵守道德规范。

面对不断出现的教育事件，教师要学会藏事，学会举重若轻，在学生意料之中静如处子，在学生意料之外动如脱兔，屡出妙招奇招，才可收得良好的教育效果。

即使有些学生品德上有了缺点，行为上出现了过失或错误，教师也要注重疏导其思想，提高其认识，启发其自觉。对于学生的思想认识问题，也只能疏导，不宜一味指责和压制。压制往往带来反抗，不利于学生的进步，而疏导才能使学生心悦诚服，从根源上改进。经过手机事件后，我继续用疏导的方法治理班级，及时发现契机，抓住黄金时间，从疏和导两方面展开，培养学生养成良好的习惯，这才是教育的内涵所在。

三、利用契机，研讨"自律与自由"

伟大的哲学家康德曾经说过："自由即自律，一个人只有绝对自律才会相对自由。"虽然我们不得不承认人的天性是懒惰的，建立起严格的生活秩序和自我要求确实很痛苦。这次手机问题折射出的是学生自我管理能力低下的问题，我就利用这一契机，深入挖掘，扩大影响，通过解决这个问题进而帮助学生在自我教育活动中形成和发展自我管理能力。那些对自己要求不严格的学生大多缺乏自我管理的能力。因此，我努力激发学生自我管理的愿望，培养学生的自我管理意识。在这方面，我先了解学生的思想、兴趣爱好、生活环境等多方面的信息，根据每个学生的不同情况，有的放矢地让学生树立自我管理的目标，这个目标要同学生个人的兴趣爱好结合起来。在日常学习生活中，我带领他们把开展丰富多彩的活动与实现远大的理想紧密联系起来，加强个性品质的锻炼和形成，在全班形成了一种自我管理、自律自觉的氛围。学生在自律的基础上，可以自由而又合理地使用手机，教师也因为学生的自律获得工作上的自由，这就是教育的双赢，何乐而不为呢！

36. 一呼一吸

赵志杰

案例背景

呼吸是天地万物生灵生存之本能。且不论形色各异的物种呼吸方式不同，就是单纯论人类的一呼一吸，时间与地点不一样，呼吸的节奏和方式就千差万别。大家都熟悉陆地上人的呼吸节奏，一般情况下，呼吸主要靠鼻子来完成，嘴巴是用来辅助呼吸的。不过，熟悉游泳的泳者，他们游泳时的呼吸方式就和在陆地上不一样，为了保证游泳时呼吸顺畅，往往是用嘴巴快速吸气，用鼻子缓慢吐气，这就涉及游泳专业名词——反呼吸，这样的呼吸模式可以保障人在游泳时呼吸平稳。班级的管理模式也和人的呼吸一样，随着时间与地点的转变而改变，因为这关系到班主任的"一呼"，进而引起同学们的"一吸"。这次新冠疫情，停课不停学，线上教学引起了网络管理模式的出现，给班级管理带来了非常严峻的考验，特别是班干部的管理工作，从前线下教学时吃苦耐劳、任劳任怨的班干部，线上的工作效率却不尽如人意。

案例描述

一、网络失控陷苦思

"赵老师，你班某某同学的健康打卡还没有打……""赵老师，某某同学作业没有交，催也没有用……""老班，让某某同学填的表格，他还没有交……""赵老师,你们班某某同学根本就没有上课……""赵老师,你们班最近的课堂气氛很不好……"每天铺天盖地的消息如同潮水般奔涌而来,这些让人焦头烂额的事情接连不断,同学与同学之间、班干部与同学之间、任课老师与同学之间的日常交流和摩擦,时常一片混乱,就像一锅沸腾的八宝粥。

起初我还以为是大家不太适应网络管理模式,只要给时间,大家很快就会适应,但是一周后,情况更糟了。我就开始反思,网络管理模式虽然便捷,但是大家的思想不统一,再加上职校学生的主动性不太高,班级的一些通知学生没有及时阅读,班级管理产生脱节,班级的"呼吸"就不顺畅了,我陷入了苦思冥想之中……

二、千方百计想对策

开展线上教学的第二周,我就着手成立新的网络班委的工作,选人的两个原则:威信高,责任心和沟通能力强。根据我平时的观察、线下班委的推荐,还有学生的自荐,新的网络班委渐渐初具雏形。但是网络班委还要经过大家的选举和确认,这是因为,班委的权威必须来自大家的认可。经过几天的宣传,第三周的星期一下午第三课,大家通过学校直播平台,召开了有史以来第一次线上班会,很令人欣喜,学生全部到齐。具体内容有两个:一个是有关疫情的防护知识与要求;另一个是网络班委的选举。通过网络投票,第一届网络班委正式成立。根据班级定的分工,新成立的网络班委的工作有条不紊地展开了。开始,我心里还是有点忐忑不安,心里嘀咕:新的网络班委到底行不行?

三、豁然开朗收惊喜

惊喜一:每天早上的第一项任务是健康打卡,我们班上负责联系打卡的同学,早上7:40就在群里提醒大家打卡,到了8:00的时候,她就主动联系我,告诉我还有哪些同学没有打卡。我把没有打卡同学的名单截图发给她,她就立刻打电话联系这些同学。8:30前,班级打卡顺利完成。

每一天我都会向负责打卡的学生反馈：谢谢你的帮助，今天的打卡顺利完成！线上教学期间，班级健康打卡任务总是系部第一个完成的。

惊喜二：根据学校要求，每天8：30上网课，这对新的学习委员也提出了要求，每一堂课，每一个同学必须提前10分钟在群里接龙打卡报到，监督跟进的任务由他来完成。开始会有个别同学不按时打卡，他就一一电话联系，慢慢地这些同学也就不好意思不打卡了，由此，良好的上课氛围也慢慢形成了。当然，对于一些不遵守规定、不太好管教的学生，还是由我私下帮助他去沟通解决。渐渐地，他的工作完成得越来越出色。我也是在每一天晚上睡觉之前，一定发一条这样的信息给他：辛苦啦，谢谢你的坚持，谢谢你对班级的付出，晚安！从第四周开始，到线上教学结束，除了有一位同学家里临时有急事未打卡，其余同学都没缺席任何一节课，这样的结果对于职业学校的学生来说实在是不容易。

惊喜三：作业是职业学校的重头戏，新任的各科课代表全力以赴催促大家写作业，QQ、微信和电话"火力全开"，有的课代表甚至到游戏平台去找同学写作业，有的课代表悄悄"贿赂"他的好朋友，有的课代表编织"善意的谎言"感化他的小伙伴，大家齐心协力，确保作业全部按时提交。对个别学习不太上心的同学，我就悄悄联系其本人或者其家长，督促他们交作业。记得有一次，凌晨0：10，我还在联系一个孩子，因为他的作业始终没有动静，这是我必须解决的难题。每个晚上，我都会通过QQ单独与各位课代表联系：感谢某某同学，你的耐心，你的爱心，融化了大家的心，大家一定发自内心地感谢你的付出，晚安！从第四周开始，班级的各科作业、各项任务，在网络新班委的带领下，每一次都会出色完成。

分析反思

学校教育，以人为本，承担这一重任的主要力量——班主任，是班级工作的组织者、班团体建设的指导者、学生健康成长的引领者，是沟通家长和学校的桥梁。班主任工作，既是一门科学，又是一门艺术。新时代要成为一名思维敏锐的班主任，爱心、耐心是前提。新时代的班主任处在教育时空迅速转化的环境中，在时空转换中，班主任一呼一吸的节奏必须走在时代前列，这要求我们：爱学生，有预判，敢尝试，有担当。通过这个成功的教育案例，我体验到了班级管理的成就感，但更多的是对过程的反思。

一、班级管理须紧跟时代潮流

班主任要紧跟时代潮流，必须研究时代的特点，研究新环境下的教育规律，特别是身处网络时代，我们在选拔和培养班干部的时候，必须统筹线上和线下双重因素，战略上藐视，战术上重视，这是做好班级管理工作的起点。班集体建设的一个重要任务，就是努力培养健康向上的班风，使之成为学生进行道德培养和实现自我教育的有效手段，加速良好班集体的形成和发展。如同集体主义思想教育需要借助集体活动得以实现一样，良好的班风也是在开展一系列有益的集体活动中逐步培养和形成的。集体本身就是一种强大的教育力量。一个健全的班集体，在其活动过程中，可以陶冶人的情操，完善人的品性，提高人的社会认知水平和自我教育的自觉性。为此，要善于组织学生开展各类健康有益的集体活动，并有意识地在活动中培育正确、积极的班风。

二、班级管理要用人不疑

班主任在培养班级干部的时候，要学会默默地支持，静静地等待。班主任要更多地站在后台，要信任班干部，支持他们的工作，维护他们的威信，并给予具体指导；帮助他们分析工作中存在的问题，教给工作方法，使他们通过实际工作的锻炼增长才干，提高工作能力；要让集体的每个成员都有参与管理、为集体服务的机会。在一个班集体中，要注意避免出现总是让一部分人去管理、去支配另一部分人的情况；要通过干部的核心作用，吸引和带动所有成员积极愉快地参加集体活动，让每个成员都感受到集体的荣辱和个人息息相关，从而自觉地产生对集体的责任感和荣誉感。特别要善于发现和培养群体中新的积极分子和骨干力量。在一个班集体里，可以成为班干部的积极分子越多，集体的自我教育作用就越大，集体的发展水平就越高。

班主任在评价学生的时候，要从多方面去考察，静待花开，你会收获更多意外惊喜。最长情的教育是陪伴，最走心的教育是挖掘学生的内驱力，使其进行自我教育。新东方教育创始人俞敏洪曾说，一个人的命运，有一部分是固定的，一部分是靠后天的勤奋和努力改变的，在这方面，教师的鼓励会起到很大的作用。所以，我作为班主任，不应该吝啬对学生的夸赞，而要慢下来、静下来，与学生一起成长，共同形成教育的合力。

三、班级管理也需要 "呼吸"

班级的管理工作，就是班级的生命线，就是班级的呼吸节奏。在"一呼一吸"的转换中，班级的各项管理工作，必须根据时间与地点适时地调整相应的呼吸节奏与模式。教育学生的关键是理解。亲其师才能信其道，教师热爱学生、对学生寄予期望，学生在心理上就会得到满足，从而乐于理解班主任的教育和管理。

每个学生都是活生生的有感情有思想的人，只要付出爱心，枯草也会发芽；只要一缕阳光，他们就会灿烂。总之，心灵之间的桥梁要用情感去架设，用尊重、信任、体贴去加固。作为班主任，必须进行关键性的引导，帮助孩子们调整"呼吸"的频率，如此一来，他们的"一吸一呼"就会变得顺畅，班级的管理也就会焕发生机。

结语：教育是科学，需要智慧和奉献；教育是艺术，需要灵感和创新。教育是思想与思想的碰撞，是心灵与心灵的交流，是生命与生命的对话。教育需要我们用热情和生命去拥抱。让我们在自己亲手创造的和谐、美满的师生关系中追求幸福和有价值的人生！

教育的合力：可依傍的集体

37. 借公众号巧设小名片，助班集体发生大改变

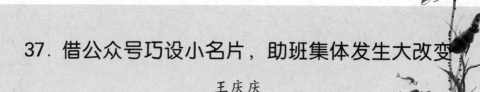

王庆庆

案例背景

班级名片是一个班级的形象牌，更是班级核心文化和内在精神气质的集中体现。所以每个新班成立之初，我都会布置全班同学共同制定班级名片，将班训、班歌、班徽、奋斗口号等内容集中在上面，然后挂在班级墙上和门口，来督促和提醒同学们。此次亦然，然而第二天，班长就苦着脸找我，说班级同学对这件事情都很敷衍，不仅没人愿意创作班训，就连投票选班歌，大家都说随便选选吧。毕竟是新班，班级凝聚力不强，出现这样的情况我倒也不感到意外，但学生这样散漫随意的状态、毫无积极进取心的精神面貌，却是万万不能放任下去的。

案例描述

以往接新班，我都会布置全班同学共同制定班级名片的任务，总有一小部分积极的同学自愿参与进来，从手绘班徽到投票选歌，从创作班训到制作班级名片，然后带动整个班级的同学都参与进来。然而到了这届"00后"学生，却迟迟没有反应，等来的是班长的愁眉苦脸。他们似乎只关注自己手机里的朋友圈，对这种传统形式的班级名片毫不在乎。

该怎么办才既能鼓动班里的同学热心班级事务，团结在一起真正拧成一股绳，又能让同学们拥有奋斗目标，在班级中形成一股你追我赶的积极学习氛围呢？我想既然他们都那么喜欢使用手机，又的确更擅长多媒体操

作，我为什么不能呼吁大家建一个班级的公众号，然后将它作为我们班的名片呢？

说干就干，我找来班长，又将我平时观察到的在班级里比较热心的几名学生请来，请他们筹划和落实这件事情。几名学生对此感到很新奇，跃跃欲试地问我："那我们做什么内容呢？"

既然是班级公众号，内容必然与班级相关，我们又是美容美体专业，何不将我们的专业特色、班级特色彰显出来呢？我想了想说道："这段时间你们一直在学美甲，下节班会课就进行全班投票，选出十份你们认为最好的作业，配上文字说明，制作成第一期的公众号内容。"

学生们一听说自己的作品有可能进入公众号，顿时都很积极。这一次的投票火热无比，每一个人都聚精会神地看着PPT上的作品展示，努力选出自己觉得最好的作品进入公众号。

当我把公众号第一篇文章推送到学生和家长的微信群里时，家长们一致叫好，纷纷要求推出更多更好的作品，大家可以一饱眼福。

作品被选中的学生自然欢欣鼓舞，而那些作品落选的学生也不甘落后，他们在后来的专业课学习上更加努力。

然而机会不能永远只给那么几个专业出色的学生，其他一时半会儿专业还不够好的学生也应该得到鼓励。为了让每个人都得到展示作品的机会，同时拉近学生之间的距离，新一期的公众号内容我决定换一个方式，让班级同学以小组合作的方式自行设计美甲图案，并让全班学生的家长进行投票。

不再是简单地模仿老师的作品，学生发挥的空间更大了。几位家长和我交流，说自己的孩子如今废寝忘食，到处找手指练习，就想设计出自己最满意的图案。

小组合作的方式让一直以来专业不够出彩的孩子也获得了崭露头角的机会，他们激动极了，甚至在看到新一期公众号内容时还有些许羞涩，家长们纷纷自豪地将它们转发到了自己的朋友圈。渐渐地，越来越多的同学主动加入编辑和维护公众号的工作中，而我们的公众号也开始慢慢有了陌生人的关注。

积极心理学的研究表明：人的积极情绪体验是人积极行为的动力，也是进步和学习的动力。在公众号的"督促"下，班级的孩子对专业学习愈加充满热情，我也开始思考将公众号的内容从专业学习扩大到覆盖班级的方方面面。有时是学生做志愿者服务的照片，有时是学生们认真听课的视频，有时是对学生一月常规表现的表扬，有时是班里好人好事的记录。我还做了一期专题专门介绍班委们和负责公众号运作的同学们，置顶在了公众号文章的列表顶端。

在公众号越来越完善的同时，学生们的行为也越来越积极向上，班风有了显著改变。他们希望自己作为志愿者的身影能够更多地出现在照片里，希望自己认真学习的精神状态能够更多地记录在文章里。他们为此也的确付出了许多努力，而我也愿意满足他们这些小小的"虚荣心"。公众号成立一年时，我将公众号名片推送到了学校的教师百人大群里，老师们也一致点赞，纷纷转发，这个公众号俨然已经成为我们班的一张无形的名片。

班集体需要有为实现共同目标而进行的有意义的共同活动。公众号的创建将学生们最好最美的一面激发了出来，让他们更加热爱自己、热爱学习、热爱生活、热爱班集体。而学生们在运作公众号的同时，心也联系得越来越紧密，班级凝聚力大为增强。

我见时机成熟，便将自己心中盘桓已久的想法和盘托出：我们的公众号还缺一个头像，现在希望大家齐心协力，一起设计出只属于我们班级的班徽图像，并作为公众号的LOGO。学生们这一次积极性大增，撸起袖子埋头苦干，希望自己的作品最后能够脱颖而出，有的小组甚至还设计出不止一个作品。我将它们全都放入公众号，并请全校师生帮忙投票。当我们的公众号换上新的头像时，所有人都有了一种奇妙的归属感。

这是我们共同努力运作的公众号，是记录我们自己生活的公众号，是承载着我们班级精神的公众号，它是属于我们的公众号，独一无二，无可替代。

接下来，我又鼓励学生创作了班训，有书法特长的学生主动请缨，将它们制作成模板，并呈现在每一篇公众号文章的下方。美术课代表带领了几名会画画的同学定好了班花图案，设计成图片作为公众号背景。没有人抱怨，没有人偷懒，没有人漠视，每个人都积极地建言献策。我看到同学们每当打开微信时，都习惯性地先看看咱们班的公众号，我深感欣慰——这才是一个真正的班集体！

现在，由同学们齐心协力设计制作的班级名片已经挂在了我们班级的墙上和门口，而另一张名片——班级公众号的内容越来越丰富，影响力也越来越大。但我觉得改变最大的，却是班里的学生。他们精神饱满、积极向上、关心集体，发自内心地热爱自己的专业和校园生活。即使公众号没有发照片宣传他们，他们也同样乐意奉献自己，坚持志愿者服务活动；即使公众号没有写文章点名表扬他们，他们也同样认真学习，乐于奋斗。到了今天，他们甚至在公众号里开启了预约服务，免费为全校老师做美容项目，不仅希望借此锻炼自己的专业技能，更是想要推出属于我们班的班级文化特色品牌。

分析反思

从一个小小的班级名片设计开始，到一个班级公众号的创建与维护，我们从纸上跨越到多媒体平台，又借助公众号找到了独属于我们班的特色文化。回顾这一过程，虽然一开始并不顺利，途中也有些磕磕绊绊，但对于孩子们来说，却是一场极好的磨炼。青少年们所特有的好强、不服输精神，在为班级建设特色文化的点滴行动中，渐渐转变成了另一种令人欣慰的个性——有梦想、敢拼搏、愿奉献。这既是公众号创建的初衷，也是我们班主任在德育实践中获得的职业成就。

一、学会信任，成就优秀学生

罗森塔尔效应是一种社会心理效应，指的是教师对学生的殷切希望能戏剧性地收到预期效果的现象。一般而言，这种效应主要是因为教师对高成就者和低成就者分别期望着不同的行为，并以不同的方式对待他们，从而使他们得以维持原有的行为模式。作为班主任，要对学生充满信任，相信学生有能力做好，相信学生可以朝着好的方向发展，相信学生能够超越自我，总之相信相信的力量，以表扬、赏识教育代替惯常的批评和说教。让学生感受到自己的优秀，感受到老师对自己的期望，感受到不一样的成就感，并将此转变为学习的内驱力，不断进步，最终达到既定的目标。学会放手，让学生去做，在做的过程中感受、探索、学习，相比于直接告诉学生，这更有利于学生有所体悟、印象深刻。

二、学会引导，成就优秀班级

班主任根据学生的特点进行引导施教，让学生们有班级归属感和集体荣誉感。他们每个人都有班级主人翁的意识，以个人的发展推动集体的发展，又由集体感染、带动个人，互相促进，相辅相成，最终形成良好的班风，成为一个真正意义上的班集体。这样的班集体一旦形成，将形成巨大的教育力量，它将具有班主任无法代替的作用。马卡连柯曾经说过："活动教育了集体，团结了集体，加强了集体，以后，集体自身就能成为很大的教育力量了。"这是因为，班集体是由学生自己组成的组织，学生是集体的主人，可以在集体中学会管理自己，提高自我管理水平。一个好的班集体为学生的健康成长提供了良好的自我教育环境，犹如一个巨大的熔炉，不仅能激发出学生的各种才能，更能使学生的精神面貌更加积极向上，凝聚着一往无前的气势和力量。

三、学会学习，成就卓越未来

学习新知识，接触新科技，努力跟上时代的步伐，了解学生的思想动态，融入班集体，与学生建立亦师亦友的关系。这样可以更敏锐地发现问题、巧妙地解决问题。此次的公众号创建便是如此。借公众号之便，不仅促使学生出色地完成了班徽班训的设计任务，还真正使班级学生融为一体，增强了班级凝聚力和学生的集体荣誉感，让每位学生都发挥了主观能动性，为班级建设贡献出自己的力量，在这过程中不断进步、不断成长，促使每位学生走向更卓越的未来。

38. "网络达人"的一"网"情深

张慕汉

案例背景

全面落实"立德树人"的根本任务,坚持"以生为本"的教育理念,这是所有教育工作者要坚守一生的教育理念。《中华人民共和国职业教育法》规定:"实施职业教育应当弘扬社会主义核心价值观,对受教育者进行思想政治教育和职业道德教育,培育劳模精神、劳动精神、工匠精神,传授科学文化与专业知识,培养技术技能,进行职业指导,全面提高受教育者的素质。"因此,作为职业教育工作者,我们立足学校"明智、尚美"的优良校风和"何须浅碧深红色,自是花中第一流"的文化传统,结合班级学生的专业特点,通过一系列的班级活动和任务来实现"实践育人"的教育目的。这种"活动育人""实践育人"的教育理念和教育行为比起一般的简单说教和责罚更有效果,能让职业学校的学生更容易获得幸福感,这也是职业学校班主任建班育人的重要抓手,通过多种教育活动和教育任务,最终实现全面育人的目的,彰显职教特色。

案例描述

"张老师,你们班到现在还有很多学生没进我的腾讯会议课程群。另外,我上次布置的作业还有好多学生没有做,交上来的作业也是马马虎虎,应付了事!"网络课教师边说边发了几个学生的网络搭建模型图的照片给我。作为班主任,我边安慰任课教师,边暗下决心,一定要转变学生懒散、不认真的状态。

看着眼前粗糙的网络课作业，我十分无奈，因为这已经不是任课老师第一次找我抱怨了。我在班级群和家长群里公布了不认真学生的名单，希望孩子们能端正学习态度、按时完成作业，同时希望家长能督促孩子认真学习并保质保量完成作业，但效果并不明显。

等到5月返校复课后，我做的第一件事就是找网课期间表现不认真的学生"算账"。我不仅在班上狠狠地责罚了不认真完成作业的孩子，同时还留了全班所有学生进行批评教育并让全班学生去机房重新做网络课的技能作业。尽管从学生的眼神里我读到了不屑、敌意和抱怨，但我仍然为自己的做法和期待的效果而"洋洋得意"。

果然，学生们对网络课教师所布置的作业的态度改变了很多，就在我窃喜的时候，我的电话又响了。

"张老师，你们班的学生现在在我的综合布线课上偷偷补其他课老师的作业，很多孩子都不练习网线操作了，我现在把这个情况反馈给你，你看看怎么处理，需要我配合的我一定配合好你。"

尽管我在班级群和家长群里三令五申，一直在强调网络、综合布线等专业课程对学生专业学习的重要性，可效果仍不尽如人意。

看来，简单的说教是行不通了，只能换个方法。我一个人静静地坐在办公室里看向窗外，脑海中不断地浮现出我们班这帮"让我欢喜让我忧"的孩子：这群孩子是中考的失利者，是应试教育的"弃儿"，他们在自己的人生路上受到了太多的"冷眼旁观"。因为中考分数不高，我们班的很多孩子不得已选择了计算机网络技术专业。这群孩子对该专业不仅缺少自信，也缺少认识，自然对很多课程的学习也缺乏动力，感受不到学习的成就感和成功后的幸福和喜悦。而作为职业教育工作者，我如果还是一味地说教和责罚，对学生来说一定是更加痛苦。

我的脑海中猛然浮现最近一直在看的一本书——《幸福的方法》，作者泰勒·本-沙哈尔认为"幸福"等于快乐加意义感。"幸福"就是做那些既让你快乐，又对你有意义的事。如果网络专业课的学习能让孩子们觉得是快乐、有意义的，他们自然会发自内心积极主动、认真自觉地完成。

通过调查摸底，我发现很多学生其实并不太了解所学专业和课程，于是我先联系了学校实习指导处的老师，准备先带学生参观一家校企合作的企业，来一次网络公司的实地大走访。这天班会课上，我将全班学生进行分组，布置完任务后，我看到了学生们的茫然与不知所措，当然他们的眼神里更多的是期待。

果然，在这次参观中，网络公司的环境和产品一下子让学生们震撼住了，从服务器运维到网络搭建、网络维护、网页设计和开发都需要反复打磨后才能出成品，与学生的网络布线的杂乱粗糙相比，公司的网络布线是那么规整精致。大家不禁发出感慨："哎呀，要求这么高！这些网络建模产品的设计和开发需要这么久的时间？"我从学生的表情中读到"专业课看来是很重要的"这一信息。

趁热打铁，在孩子们受到触动后，我立刻发起了一项活动：将全班51位学生分为8个小组，以小组为单位，根据多元智能软件筛选每位学生擅长的领域，小组成员以"优带中"的原则均衡分布。

就这样在全班范围内进行的一次以"防疫抗疫"为主题的技能作品竞赛就此拉开序幕。为鼓励全员参与，我还特意扩大了技能作品的比赛项目：从网络项目到摄影摄像，从电子小报到图形图像。学生们的参赛热情高涨。我还特别声明，将会把作品发在全校的教师群里，让所有老师参与投票，选出最好的作品；给予获奖小组奖励，同时在家长会上和家长们分享这次活动的成果。孩子们认真准备，团队合作，每组的作品都让我出乎意料。在全校老师的积极投票下，最终，"网络综合布线"小组获得优胜。整个投票的过程和结果，让孩子们受到了全校老师的关注，得到了网络系统课老师和网络综合布线课教师的表扬，所有学生都不同程度地收获了满足感。最让人意外的是，由于学校微信公众号的推送，学生们的作品还获得了两家校企合作单位的关注，他们诚邀我们的学生参与教学见习。当我把这个喜讯分享给孩子们的时候，我看见了他们眼中的那份热情、喜悦和主动。

之后，孩子们又自发以班级为单位成立了"网络知乎社团"，在校团委的牵头和帮助下，社团成员与几所中小学进行了交流合作，他们将计算机网络操作的各种方法和技巧教授给中小学生，大家也过瘾地当了一回"小老师"。此外，在校园开放日、职教活动周等的展示活动中，也都有我们班孩子绽放青春的身影。有些学生在展示中又遇到新的问题，他们在活动结束后直奔实训室和机房，重新打磨自己的专业技能，就在这不断反复磨炼专业技能的过程中，孩子们享受着快乐和满足，实现了自我价值。现在的网络专业课，可以说，No problem！

分析反思

随着人们的职业等级观念的转变，越来越多的人开始对职业教育给予关注，坚信职业教育大有可为。择一行，精一技，终一生！职业教育，大有可为！职业教育，来日方长！这种期待需要我们每一位职业教育工作者认真努力。

一、唤醒学生的积极情绪

这种努力可以是多方面的，其中，唤起孩子内心积极的一面尤为重要，因为每个人内心深处都存在着两股抗争的力量——"积极力量"（如好奇、乐观、满意等）和"消极力量"（如愤怒、怨恨、自卑等），这两股力量就像太极的阴阳两极，此消彼长。

职业学校的学生也不例外，但往往是消极的力量占据了他们内心的主导地位。所以，教师对他们进行积极的引导是不可或缺的。这种引导并不是所谓的说教，更多的是换位思考，是设身处地地想学生之所想，发现学生的个性特点，因材施教，以他们的兴趣、特长为切入点，从而唤起他们内心的积极力量。

二、激发学生的学习动力

正如《礼记·学记》中所提到的"故君子之教，喻也。道而弗牵，强而弗抑，开而弗达"，教师的诱导作用发挥得越好，学生学习的自觉性、主动性越高。教师不断激发学生内在的学习渴望，从而使学生实现从"要我学"到"我要学"的转变。

赞科夫也曾说过："为了在教学上取得预想的结果，单是指导学生的脑力活动是不够的，还必须在他身上树立起掌握知识的志向，即创造学习的诱因。"教师应激发学生的求知欲，调动学生的学习主动性和积极性，鼓励学生进行自我探索，培养学生解决问题的能力。

三、为学生提供展示平台

班主任应该学会利用积极心理学的知识，利用学生的积极特质促进学生的成长；同时运用我们的教育智慧，为学生搭建一个展示自我的平台，为学生提供发现自身潜能、努力实现自我价值的机会。

马克思曾说过："一个人的发展，取决于和他直接或间接进行交往的其他一切人的发展。"苏霍姆林斯基也认为集体是培养全面发展个性的重要手段。一个好的班集体能加强学生对集体的认同感和归属感，培养学生的团队合作意识，使学生之间相互帮助、共同进步，有利于学生的全面和谐发展。所以作为班主任，要重视班级建设，营造良好的学习氛围，打造良好的班集体，发挥群体在学生发展成长中的教育作用。

教育就是要给学生们提供一个平台，让每一位学生都能真正成长为快乐而积极的人，化被动学习为主动学习，让枯燥的学习也能充满幸福感、成就感，从而爱上学习，感受成长的快乐。

39. 成为手机的主人

麦 磊

案例背景

职校生在课堂上偷偷使用手机是屡禁不止的现象，为应对这种情况，各种管理方法应运而生：手机集中收起来放学归还，任课教师加强课堂内监督，教室外教务处派员巡查……凡此种种，皆视手机为大敌，但是效果却是微乎其微，"上有政策、下有对策"，学生们的"对策"让人防不胜防。

同时，职校会计专业课的教学亦面临很多切实的困难。会计实践课中大量的凭证、账页、表格如何清晰展示？会计制度不停地改革，教材需要不断地修正，如何让学生及时获得最新的信息？面对格式纷繁复杂的作业，如何实现高效率的讲评？投影屏幕不够清晰、实物投影效果不尽如人意，加之学生视力普遍不好，教师要如何做才能对抗吸引力超强的手机，解决教学中的实际问题呢？

案例描述

某学期我新接手了会计1班的财务会计课程，在开始的几次理论课上，他们已经熟悉了我对课堂纪律的要求，比如在我的课上，手机不允许出现在桌面上，手上必须时刻拿着笔，要么记笔记，要么圈点关键词。

这一天我们刚开始进行票据结算的学习，在我用PPT配合学生手上的学案，对支票的内容、填写要求等作出详细讲解之后，我便请学生练习填写学案上的支票，我则在教室里巡视大家的填写情况。我走到学生小黑身边，拿出手机把她正在填写的支票拍了下来，她非常惊讶地看着我，我说："你填的有点问题，你先自己看看能否发现问题所在。"然后我对全班同学说："我把小黑填写的支票发到班级群里了，你们看看她填得有没有问题啊？"这下全班都莫名惊诧，有同学禁不住问："上课把手机拿出来？现在就看？"同学们一个个都难以置信，一再询问。

"对，现在就可以把手机拿出来！但是只能看班级群的内容。"有了我的保证，同学们放心大胆地拿出手机，打开了QQ群。我能从他们的表情和动作中看出那种"久在樊笼里，复得返自由"的感觉，心里忍不住暗自好笑。

"老师你不怕被教务处巡课的主任发现啊？"有"胆子肥"的学生笑嘻嘻地试探我。

"为什么要怕呢？我们用手机来学习，这是好事情，不会有人反对的！"我回答道。

同学们都很激动，我一边继续巡视，一边又拍照上传了几位学生的答案。

大家立刻开始热烈地讨论起来。

"小黑这张支票没有画平行线！没画线的话就不是转账支票了！"

"娜娜这张忘记写符号'￥'！"

"小新这张没填存根联！"

几张转账支票填完了，我拍了一张企业用来提取备用金的现金支票。

"那大家再看看这张是不是很完美呢？"我又上传了一张。

同学们仔细看了好一会儿，我扫视了一下全班，看见所有手机屏的内容都一样，内心甚是舒畅，再一次提示："大家看他这张填的没问题吧？"

有同学小声说："还要看反面。"其他同学受到了启发，越来越多的声音响起："还要看她背面有没有签章！"

"哦！还要看反面啊！"我表现得像是也受到了大家的启发，恍然大悟，赶紧拍了反面上传。

"他没有在支票背面盖财务专用章和法人代表章！"同学们纷纷回答，

有的同学发现自己也有同样问题，赶紧埋头修改。

　　就这样，全班同学练习了填写转账支票、现金支票、支票背书等业务，大家一边指正同学的答案，一边检视自己的练习，学得不亦乐乎。突然，我发现有几个同学惊恐地看着窗外，原来是教务处巡视的主任站在那里，他看见全班同学不是桌上放着手机，就是手上拿着手机，非常震惊，同时也十分不解，于是探头细看窗户边同学的手机页面，又和我对视了一下，会心地一笑，继续巡视下一个班去了。

　　同学们也都松了口气。我笑道："你们是不是第一次在上课的时候大摇大摆地拿着手机？这种感觉很畅快吧？"大家都开心地笑了，有同学大声叫道："我们是合法哒！"

　　"对哒，不过我看有的同学还是把手机放在桌肚里看，是不是一下子适应不了啊？"大家哄然大笑，那几个同学也不好意思地把手机拿到了桌面上来。

　　快乐学习的时间总是很快，下课铃响了，大家意犹未尽，互相讨论着刚刚课堂上的学习内容。我在一旁一边收拾东西一边继续说："今天我们借助手机来讲练习我感觉效率提高了很多，看样子你们也很喜欢。不过要想继续这样大摇大摆地上课用手机，你们必须严格约束自己，只要有同学被发现用手机在干'犯法'的事，那我就很难说服教务处老师再相信我们了。"

　　同学们懂事地点点头，眼睛里亮晶晶的，顿时让我对这样的上课方式充满了希望。于是我继续说道："这节课我希望大家不仅学会了填写支票，更是有这样的切身体会：手机完全可以成为我们学习的好朋友，手机好不好完全取决于我们怎么使用它，是让它把我们拖进游戏、追剧、闲聊的深坑，还是利用它交流有价值的信息。今天的课就到这里，提醒大家，回家复习的时候还可以再利用群里的资料进行回顾哦。"

分析反思

一、积极引导，发挥手机的正向作用

　　教师劳动最重要的特点是复杂性和创造性，作为学生学习的引导者，

教师需要不断地更新知识、更新方法，创造性地调用一切可以为教学服务的资源。

对于手机，既可以从消极的角度将其判定为学习的巨大障碍，也可以从积极的角度将它及其所连接的网络视为潜在的学习资源，教师的引导则是将潜在资源转变为现实资源的重要一环。

从实践角度来讲，手机可以轻松地替代幻灯片、实物投影、板书等几乎所有的传统教学工具，甚至在无法实现机房教学的情况下，手机可以作为有限的替代。手机的拍照功能、摄像功能、互联网搜索引擎，加之借由手机社交软件创建的 QQ 群、微信群等，可以实现教学资源的快速搜索、传递和共享。

从教学设计和教学技术来讲，手机的运用可以极大地降低资源成本、时间成本，并且极大地减少教学对象的人数限制、教学时间的限制以及教学空间的限制。

对于学习者而言，相比于课堂所学知识，搜集和处理信息的能力、获取新知识的能力、分析问题解决问题的能力以及交流与合作的能力的培养更加重要，可以毫不夸张地说，这是学习者参与学校学习的最根本目标。

手机在教学中的应用，其意义绝非止于知识的传递，更是一种对学生学习方法的引导。

当然，这节课的目的在于引导学生，让手机成为他们学习的朋友和助手，让他们在无人监督的情况下，适当合理地使用手机，从而更好地完成学习任务。

二、适当放手，加强学生自控能力

事实已经证明，一味地监视和禁止学生使用手机是无效的，同时，任何人也不应该期待以科技应用的退步来养成良好的学习习惯。堵不如疏，引导学生正确使用手机进行学习，不仅可以提高学生的学习效率，有利于对现有课堂知识的掌握，更是给学生作出示范和指引——如何对待新技术、新产品，如何将其化为己用，为自己的学习成长助力。以后的新技术、新产品更是层出不穷，如何正确对待和使用是值得我们思考的问题。

当学生在会计专业学习中使用手机搜索新制度、下载 app 做每日训练、通过手机随时听网课、在线提问探讨时，他就会将这种能力迁移到其他已知或是将来出现的各种先进设备上。

这样，当学生从职业学校毕业，我们就有信心认为他具有了自主学习的能力、可持续的专业提升能力以及自控能力。与上述这些能力相比，现在课堂上传授的知识本身倒显得相对次要了。教师适当放手的同时，要加强学生的自控能力训练，增强他们的自我意识，让他们做手机的主人。

三、审时度势，科学对待学校硬性规定

教育和教学不分家，教学的过程也是教育的过程。引导学生正确使用手机学习的过程更是学生诚信、自制力等素养的养成过程，这些素养是有利于学生终生可持续发展的。班主任审时度势，以科学的态度对待学校的硬性规定，以及班主任的自我担当，是班集体建设的重要条件。

在职校课堂上带领学生使用手机是被很多同事质疑的。对此我有两点思考：第一，这种做法确实需要一定的条件，即教师对班级学生有把控能力，有把握引导大部分学生的行为；第二，需要教师具有允许学生犯错和静待花开的耐心，良好学习习惯的养成不在一朝一夕，但又在每一个朝夕之间。允许犯错、允许反复、允许学生个体之间存在差异性，不因噎废食，竭力地培育学生的素质，这是值得教师群体共同努力的方向。当然如果教育部门不允许学生带手机进入校园，学生们依然能受此案例影响，懂得正确使用手机，成为手机真正的主人。

40. 面　子

华艳锋

案例背景

在学校里，同学之间难免会发生一些摩擦，并因此恶语相向，甚至大打出手。只要有争斗，就会有所谓的输赢，就会有落败的一方。于是，落败的同学自认为面子受损，在同学们面前抬不起头来，就要想方设法挣回面子，从而伺机报复。很少有同学会选择宽恕和原谅，尽管同学们都知道"冤冤相报何时了"的道理，但是当局者迷。因此，作为班主任，在处理此类事件的时候，要善于引导学生认清事件的本质，让学生明白为了所谓的面子恰恰是丢了面子，丢了尊严，从而建立良好的生生关系。

案例描述

"老班，不好了，丁丁带着一群人在校门口大喊大叫，要跟隔壁班的学生打架了！"我一听，头皮一阵发麻。丁丁是我们班"青春期叛逆"的代表，经常因小事与同学争吵，跟老师辩论，因为能言善辩，他经常在言语上占上风，因此也颇不把"对手"放在眼里。对待他，我也经常不知所措。这个孩子要想扭转好，很不容易——过于强硬，他与你顶撞；稍加婉转，他便无视你。容不得我多想，我急忙撂下手中的事情，往校门口跑去。刚赶到楼下，就看到校门口一大群人，丁丁正声嘶力竭地大喊："帅帅，有本事你给老子出来……"

因为已经放学半个多小时，校门口的学生并不多，倒是有一些闻讯赶来的老师，包括学生处的李主任。我急忙走到丁丁的面前，很严肃地对他说："丁丁，发生什么事了？你这样的举动在校门口很不合适，有什么事情我们到办公室谈。"可是，丁丁的气势并没有因为我这个班主任的到来有半分减退，他依然怒气冲天，红着眼吼道："今天老子就是学不上了，也要把面子挣回来！"

面对他的叫嚣，我努力保持平静，脑子里却千回百转，理智告诉我，目前对错不是首要的，应先尽力安抚他的情绪。可是还没容我多说，一位自称丁丁妈妈的人走到我面前，也是一副得理不饶人的架势："你是班主任华老师，是吧？你说，我们家丁丁被你们学校的学生打了，怎么办？我们今天刚去医院做了检查，现在孩子说浑身都疼，你说怎么办？赶紧叫打人的那个孩子出来，今天我们不打回去肯定不会罢休的！"原来连家长都来了，难怪丁丁这么有"底气"，看来要想解决这件事，必须先做好家长的思想工作。

我把家长请到一边，让她详细讲讲她和孩子的委屈。我想，给家长倾诉的机会也许可以平复她愤怒的情绪。可是刚说几句，另外一个当事人丁丁就出来了，丁丁趁大家还没有反应过来，对着帅帅的后脑勺冲上去就是一拳，接着两个人就扭打在了一起。正巧，这时警车开了过来，所有的人都停了下来。

在警察的带领下，两个孩子，两位家长，我们几位老师以及闻讯赶来的德育校长来到学生处，终于弄清了事情的来龙去脉。

帅帅是隔壁班的学生。每次出操的时候，帅帅都要经过我们班级的门口，也总要往丁丁的方向看几眼，这几眼在丁丁看来既不友好，也不舒服。终于有一天，当帅帅再次看他的时候，他就在班级门口与帅帅发生了肢体冲突，由于当时拉架的人多，两人很快就被制止了。临走时，帅帅趾高气扬地撂下了一句话："放学别走！"

当天下午放学后，丁丁走出校门，发现对面的街道上出现了一群貌似社会"混混"的人，帅帅正在其中并向丁丁招手。丁丁心想，如果不过去，岂不是显得自己怕了他们，碍于面子，他便逞强走了过去。可是，这伙人把他带到一个隐蔽的角落后就开始对他拳打脚踢，还打了他几个耳光，事后还扬言要丁丁跪在帅帅的班级门口为白天的行为向他道歉。

挨了揍、吃了哑巴亏的丁丁回家后把事情告诉了家人，家人查看了孩子的身体发现有些许伤痕，十分气愤，更重要的是他们认为被人扇耳光是一件特别掉面子的事情。于是出现了第二天下午校门口的风波。

由于双方都没有严重的身体伤害，警方经过与双方家长沟通，决定让学校出面调解。在德育校长、系部主任的教育下，双方家长和孩子都对因一时冲动而带来的恶劣影响深感愧疚，双方最终握手言和，尽释前嫌。

这件事后，我认真地总结了教训，之所以后来事态发展到如此严重的地步，究其原因就是面子引发的。再仔细回忆丁丁日常的一些举动：他与同学争吵，与老师顶撞，似乎都与面子有关。这个孩子自尊心极强，也许我可以好好发挥一下他争强好胜的特点，挖掘他能言善辩的优势，多给他一些展示的机会，引导好这朵"带刺的玫瑰"。

隔周，我跟孩子的爸爸长谈了一次。原来，孩子父母工作都很体面，他的妈妈长期不在国内，那天自称"妈妈"的人实则是他的姨妈。这个孩子小时候很聪明，父母尤其是做编辑的妈妈对他寄予了厚望，期望孩子将来能像他们一样优秀，当然要求也相当严格，不放过孩子一丁点儿的过错。可是由于工作繁忙，父母后来无暇顾及他，交由姨妈来照顾，姨妈的教育方式宽容了许多，对他可谓宠爱有加，他就像压着的弹簧突然被放手，孩子反弹了，而且反弹得相当高。

再说丁丁，虽然他的常规表现确实有许多不尽如人意的地方，但不可否认，他的确很聪明，还是一个特别爱读书的孩子。事后的一天，我们坐在一起谈心，我问他："如果再有人伤害了你的面子，你还会跟他'拼命'吗？"他不假思索地说："会！男子汉头可掉，面子不能丢。"我想，以他目前的心理成长阶段，他也许根本无法理解面子与尊严的区别，无法理解真正的男子汉该有的责任与担当，而且，即使能够理解也无法很好地控制自己的情绪。我决定还是先谈谈他可为班级做哪些力所能及而又有意义的事情吧。

经过沟通，他提出试一试组织班级的班会课，这正合我意。给他一个施展自己才华的平台，希望老师和同学们对他才华的欣赏能激发他绽放自己。有教育学家说过：生活在鼓励中，就学会自信；生活在认可中，就学会自爱。事实证明，经过一段时间的摸索与锻炼，他成熟了很多，班会课也开展得风生水起，不仅充满青春的气息，而且内容丰富，趣味十足。

本次事件中的丁丁是当下很多青少年的典型代表，他冲动，爱面子，甚至为了挽回面子不惜把事情闹得满城风雨，虽然最终承认自己的行为过于激进，也有悔意，但当再次问他面子问题的时候，他依然坚持面子对自己很重要。对于这类孩子，作为班主任不能操之过急。爱面子往往源于内心的弱小，若想让他们抛开面子，要强大他们的内心，充分挖掘他们的优势，坚持正面引导，相信经过青春的洗礼与磨炼，他们会懂得有意义的人生需要拿出勇气来承担责任。

分析反思

一、帮助孩子树立正确的"面子观"

爱面子是一种普遍的现象。正确地对待面子，能使人讲自尊，奋发向上；错误地对待面子，则会使人爱虚荣，掩盖问题。青春期的孩子，还没有积累足够的精神财富，往往内心比较浮躁和空虚，渴望得到人们的认可。而这个时候，由于缺乏内在修养和社会经验，他们往往对成功的标准有一些肤浅的认识，容易受到别人的影响，容易把面子上的"光鲜"当成被人认同的标准。

父母是孩子的第一任老师，父母对待面子的态度也会影响孩子的观念。案例中的丁丁一直生活在一个在外人看来很优越的家庭中，父母事业有成，同时把社会地位看得比较重要。当孩子在外面丢了面子，他们的第一反应不是分析事件本身存在的问题，反而同这个唯我独尊的孩子一样，要不惜代价挽回面子，这样的思想直接误导了孩子对是非曲直的判断，影响了孩子健康人格的形成。

二、帮助孩子完成由面子到尊严的转化

其实，孩子要面子从某种角度上来说代表他的自尊心很强，问题是他们并不明白面子和尊严之间的区别。面子只是锦上添花的东西，而尊严才是我们活下去的动力。坚持做人的尊严在任何时候都比面子重要！

那么，如何把外在的面子转化为内在的尊严呢？我认为，首先，要多表扬少批评。爱面子的孩子多数适合"糖衣"而不适合"炮弹"，挖掘孩子的闪光点，表扬孩子的长处，孩子才会更自信，相信自己才不会过多地在意别人的看法。其次，多激发孩子的内在动力。大多爱面子的孩子由于过于在意旁人的评论而缺乏坚定的理想，适时引导孩子树立明确的人生目标，鼓励他们在实现梦想的过程中不断努力，充实地过好自己的每一天。在努力的过程中他们会看到自己的长处，发现自己的不足，为了弥补这些不足，他们需要不断学习、独立思考、辛勤付出，在这个过程中，他们会逐渐明白，奋斗的青春才真正有"面子"！

三、帮助孩子找到挽回"面子"的途径

在职校中，校园欺凌仍然存在，治理这个问题需要多方面的努力并形成合力。作为班主任，要让欺凌者深刻意识到自己的错误，对受到欺凌的学生产生同理心，学会尊重同学，平等地对待同学，将力量用来保护同学，而不是用暴力去欺凌他人；要多和学生交流，了解其内心所想，找到问题根源，从源头上解决；要多和这类学生的家长进行沟通，了解学生的成长环境，因材施教，在家长的配合下，一起努力，助力学生成为更好的自己。

苏格拉底曾说："每个人身上都有太阳，关键是如何让它发光。"作为班主任，我们要成为使孩子心中的太阳绽放光芒的那个人，引导他们迈好青春的每一步，让他们从"面子"到"里子"都闪闪发光！如此，学生就可以找到挽回"面子"的正确途径。

41. 教师的担当不只在课堂

张 瑜

案例背景

近年来，校园欺凌事件频繁发生，职业学校也不例外。我作为一名职业学校的班主任，已将关注校园欺凌问题提上工作日程。校园欺凌事件往往因其具有隐蔽性、反复性以及被欺凌的学生不敢声张等特点，不易被学校、老师和家长发现，这就加剧了校园欺凌的严重程度。等到发现的时候，通常已经造成一定程度的伤害。被欺凌者愈忍气吞声，欺凌者就愈变本加厉，加上旁观者的置身事外，甚至是推波助澜，最终让校园欺凌者走向违法犯罪，对被欺凌者的身体和心理造成严重甚至是不可逆的伤害。

案例描述

那是清明节小长假后的一个清晨，我接到了小欣继续请病假的电话，我的心中不禁有了丝丝担忧。在追问之下，小欣父亲才道出实情："张老师，和您说实话吧，其实我也不清楚发生了什么，是我女儿让我打电话请病假的。张老师，从前我女儿很活泼很开朗，也很爱说话的。可是最近不知道怎么了，她越来越沉默，回家以后，就自己一个人躲在房间里不出来，也不和我们说话，而且晚上还经常做噩梦并惊醒。今天早上，我一再追问，女儿就说不想再去学校上学了，我真的没办法了！"在我的印象中，小欣一直是个优秀的学生。她是校广播站的负责人，工作积极主动、认真负责，而且很少会请假。清明节小长假前她还好好的，怎么放个假就不想来上学了呢？我心里也不禁疑惑起来。于是，我和小欣父亲约定好时间谈一谈。

带着困惑，我耐心等待小欣父女的到来。早上第二节课，我终于等到了小欣。我给孩子搬来一张椅子，微笑着喊她坐下。我关爱地看着小欣："你哪里不舒服啊，严不严重呀，算上小长假，你都六天没来学校了！"小欣的手一直紧紧揉搓着校服，头垂得低低的，轻声说道："我，我可以上课的。""那好吧，如果你有什么不舒服，一定要及时跟我讲，好不好？""嗯！"小欣欲言又止地点了点头。我期待地望着她："那你还有没有其他的事情想要和老班说一说的？"小欣望着我，吞吞吐吐地说："老班，我之前跟您说换座位的事，您考虑得怎么样了？""你看我们班开学时才刚换过座位，现在调座位也不合适，之前我们的座位换起来也特别麻烦对不对？要不目前就先这样坐，等期中考试后再微调，你看行吗？""好吧，那麻烦老班可以再考虑一下。""嗯，好的。那你还有没有别的事想和老班说的呢？"小欣纠结再三后，说："没有了。"看来小欣还没打算和我说说她不想来学校上课的原因，我只能从她周围的同学那里侧面了解原因了。

"张老师，你们班的彭某某和李某某在我的课堂上直接用酸奶瓶砸小欣，全班学生都看到了，情节太恶劣了，你要严肃处理呀！这两个丫头我给你带过来了。"幼儿卫生学老师生气地和我说。我和幼儿卫生学老师简单沟通完课堂上发生的事情后，就开始处理这件事。在与两个孩子交流后，我大致掌握了事情的来龙去脉。

原来，小彭和小李一直看小欣不顺眼。小欣除了上课，就是往校广播站跑，也不和班级同学交流，经常被老师表扬，两个孩子觉得她自以为是、高高在上、"显摆"，老师面前一个样儿，同学面前一个样儿，一点不合群。她俩开始经常针对小欣，联合班级其他同学孤立小欣，在言语上威胁、辱骂小欣，还经常放学后联合其他班级的多名学生找小欣"谈心"……每次事后都会警告小欣不许告诉老师。

今天早上，她俩看到我亲自把小欣送进课堂，再联想到小欣好几天没来学校上学，就以为小欣忍不住向我告状了。她俩利用座位毗邻之便一再逼问小欣是否告状了，小欣拒不承认，最后惹恼了小彭，气愤之下，小彭直接拿起桌上的酸奶瓶就向小欣砸了过去，刚好被幼儿卫生学老师看到了。原来小欣不想来学校上课，想要换座位的原因竟是这样的！我深深自责，校园欺凌就发生在我的身边，可我却毫无察觉。想着小欣长期以来遭受的身心煎熬，想着小彭和小李一次次变本加厉的欺凌，从言语伤害升级到肢体伤害，想着班级其他同学的漠视或是敢怒不敢言，作为班主任的我是多么的失败呀！还好今天幼儿卫生学老师当场抓住了小彭和小李，这才让我了解了事情的原委，也才给了我解决问题的机会。我急忙赶去班里，在同学们的帮助下，终于在琴房找到了独自一人趴在钢琴上放声大哭的小欣。

我默默地走过去，坐到小欣的身边，将一张面纸递给了小欣。"小欣，现在老师都知道了，你是因为害怕，所以才不断地请假，想调座位，就是因为她们一直欺负你，对吗？你是不是一直都很担心，生怕老班批评了她们，她们又来找你麻烦？"

小欣泪眼蒙眬地抬起头望着我："老班，我害怕，我现在每天都做噩梦，她们说如果我告诉你，她们就找更多的人来找我。"小欣情绪激动，泪流满面，极度不安。在我不断的安抚之下，小欣的情绪慢慢平复。"没事的，小欣，老班会一直陪着你。这件事情持续这么久了，一开始，你一再地忍让、退步，可是她们并没有收敛。以前她们只是在言语上威胁你，吓吓你，后来就慢慢联合班上的同学一起孤立你，最后，竟然敢在课堂上公然对你砸酸奶瓶，如果你再不跟老师说，后面还不知道会发生什么更严重的事情呢，对不对？"小欣伤心地问："老班，那你说我该怎么办？""老班知道你很害怕，但是以后如果遇到这样的事情，你可不可以鼓起勇气跟老班讲一讲呢。如果你提前跟我说的话，我肯定会跟你一起面对，一起想办法来解决这个问题。""初中时，我也曾经跟班主任说过，可是老师却说你怎么不想想自己的问题，怎么不欺负别人就欺负你？我以后就再也不敢跟老师说了。"小欣啜泣道。"傻孩子，老师和老师也是不一样的啊。你有什么事情都可以跟我讲，我们可以一起想办法解决。任何时候，老班都会和你站在一起。下一次，请给老班一个机会和你一起面对，好吗？"我认真地说道。"老班，我知道了，以后有事我一定会第一时间告诉您！"

"砸酸奶事件"造成的影响是比较恶劣的，在严厉教育过小彭和小李后，让她们向小欣真诚道歉，通知家长严肃处理，进行批评教育，告诫她们若有下次，直接给予纪律处分。以此为教育契机，我决定利用班会课时间就校园欺凌问题展开教育，防微杜渐。我列举校园欺凌带来的各种严重后果，引导学生们学会面对校园霸凌时，不要孤军奋战，而是寻求老师的帮助，同时也要寻找自身问题。

分析反思

校园欺凌时有发生、屡见不鲜，而又各有不同，但常常有一个共同的原因，就是被欺凌者害怕，既不敢跟父母说，也不敢向老师说，有时说了，反而会被父母、老师指责，"为什么不欺负别人，就欺负你"，所以大部分被欺凌者才会选择保持沉默，一味忍让。这就提醒我们班主任平时一定要多关注学生的心理状态，多与学生沟通交流，这样才能第一时间发现问题，防微杜渐，防止此类事件恶化。对于一些小问题，教师要严肃处理，切不可听之任之，助长不良风气。

一、要明白"欺凌"现象的危害

小欣的经历让我明白，教师的职责不仅仅在于讲授文化知识，或者说，很多文化知识、课堂上的学习问题的根源都在学习本身之外。此次固然有小欣同学性格上的原因，但是欺凌者的人生观、价值观存在问题是根本性的原因，且欺凌本身就是性质恶劣的行为，不可将此当成不痛不痒的小问题，就此放过。为此，教师有很多课堂之外的工作要做：既要严肃处理欺凌者，又要积极耐心地引导学生，培养其同理心，利用主题班会、运用多种教学手段，让学生学会尊重他人、包容差异，对于无法接受或者看不习惯的事情学会保留意见，转变看问题的角度，敞开心胸去接纳；学会共情、懂得感恩，处理事情时，尽量避免使用负面的暴力手段，应积极沟通交流，多多换位思考；联系欺凌者的家长，督促其配合教育，以防学生误入歧途，从源头上杜绝校园欺凌这一行为的出现。

二、要关注与照顾受欺凌者

班主任应当懂得心理学的相关知识，能以同理心去尊重和接纳学生的思想和感受，积极关注学生的情绪，赢得学生的信任，学生才会在有困难时，主动寻求老师的帮助，班主任才能在校园欺凌事件发生时及时介入并制止。班主任要教会受欺凌者正确对待欺凌一事，不可纵容欺凌者得寸进尺，被欺凌者要有勇气站出来寻求老师、同学和家长的帮助，学会维护自己的权益，同时也要学会反思自己之前的行为，看看是否有不妥之处，要学会融入集体，学会处理同学之间的人际交往。同样地，班主任需要联系该学生家长，进行后续的关注。

三、要教育与引导旁观者

往往旁观者漠视的态度会让欺凌者更加为所欲为，以后的欺凌范围只增不减，所以说"看客"行为万万不可有。班集体是大家的，班风的好与坏将会直接影响班上的每一位同学。当班上有欺凌事件出现时，学生应及时告知老师，并劝阻欺凌者，机智面对，对受欺凌的同学施以援手，切不可漠然处之，甚至推波助澜。每一位漠视的同学，其实都是间接的施暴者，助人即助己。否则，下一次当自己沦为被欺凌的对象时，其他人亦会无动于衷。

让我们每一位班主任都积极地行动起来，认真对待此类欺凌事件。让我们的爱成为学生面对校园欺凌时最强大的心理支撑，用我们的爱去为学生们撑起一片蔚蓝的天空，用我们的爱去为学生们的成长保驾护航，让他们获得长足的成长，成为越来越好的自己。

42. 由龙舟队队长所想到的……

薛 平

案例背景

学校龙舟社团在专业教练的指导下，经过半年多的严格训练和筛选，于2015年1月将高靖选为龙舟队队长兼鼓手。队长是一个队的核心，决定了一条船的战斗力。队长必须性格外向、机灵活泼，必须具备出色的领导能力和团队凝聚力，能充分调动每位队员的士气，能很好地处理突发事件。同时，鼓手的要求是身材矮小精瘦，节奏感好，能把握好桨频和专项训练的节奏。高靖各项条件都较好，能担此重任。

我作为班主任，支持学生们在不影响课业的情况下，利用业余时间积极参加社团。龙舟社团可以帮助学生丰富课余文化生活，拓宽对中华传统文化活动的认识，锻炼身体素质和增强意志品质，加强自我管理和团队合作的意识。

案例描述

寒假的一天中午，我收到高靖的消息："老班，我不想当队长了。"通过我和班级学生半年多的相处，我了解到这名学生对待任何一项任务都很认真，能坚持，但脾气有些倔强，一旦做出决定，旁人一般很难改变。

"什么原因？"

"我们队里女生打架了……"

"你也参与了？"

"她们先动手打我的，刚开始我没还手……"

我赶紧回电话过去："有没有受伤？"

"没有，就是头发被抓散了，掉了几撮……"高靖一边哭泣一边说。

"老班，您和学校说换队长吧。"还没等我开口了解情况，她接着激动地说，"她们不听我的，我管不了了，反正我不干了。"

"打架事件我会和教练反映，严肃处理。但是你，这样就要放弃了？你先冷静下来，不要急于做决定。"我劝说高靖。

龙舟社团成立半年多，龙舟队队员在学校训练房和南京市水上运动学校的训练还处于适应阶段，队员之间也处于磨合期。加上寒假期间天气寒冷，特别是水上训练条件艰苦，又临近春节，全队队员的训练都不在状态。这就给队长的管理增加了难度。更何况队长高靖刚任职不久，管理经验不足。

通过教练，我了解到：那段时间处于集训期，因为全队要备战3月份的"2015年中华龙舟大赛海南万宁站"，后面3个月也都有重要赛事。那天天气寒冷，教练要求必须下水训练。队长高靖在带领队员下水训练的过程中，发现两名女生有偷懒现象，高靖管理的时候没有注意方式方法，说话的语气有些重，几名女生的情绪一下爆发了出来，由口角矛盾升级为动手打架。旁边的队员看热闹的居多。

在大致了解了情况之后，我给高靖打电话，一起分析了事情的前因后果和问题的关键所在。

"近期你带领大家集训很辛苦，我知道你也很着急。但是你的队员们也很辛苦，你也要能体谅她们、宽容她们。"我先说。

"嗯。其实我也知道她们累，下水训练的时候大家的衣裤全都打湿了。但是我就是心里急，所以语气可能不大好。"高靖低声说。

"你就反过来想想，老班平时在教育同学的时候，你更喜欢哪种方式？在管理的时候，要注意每个队员的特点，要知道用什么方式方法她们更容易领会和接受。对吗？"

我先向她提出了化解矛盾的几个方法，然后鼓励她不要轻言放弃，并且让她继续正常参加第二天的训练,全队不能缺少队长这个核心。

第二天,我带着零食和水果到位于玄武湖畔的南京市水上运动学校。队员们正在进行长跑体能训练。我把高靖叫到休息室坐下谈了谈,谈了她的优缺点以及龙舟队的发展情况。

"高靖,你知道学校和教练为什么挑中你做队长和鼓手吗?"我问。

"大概因为我的身材比较小,性格活泼吧。"她有点疑惑地看着我。

"不光是这两点。我早就发现,你的责任心很强,老班把班级工作交给你的时候,你都能做得井井有条。教练也挑中了你,说明你各项素质都很突出。你也要相信自己!"

"嗯,我知道了。老班,放心吧。我们已经和好了,没事了。"高靖的目光里多了一分自信。

"老班建议你接下来尝试用不同的方法来增加团队的凝聚力。"我补充道。

"好的,我会尽力的。"她坚定地点点头。

最后,我肯定地告诉她:"你一定可以胜任队长兼鼓手这个职务的!"

看着她继续带领全队队员训练的和谐画面,我的脸上虽然吹过冰冷的寒风,但心里感到一阵欣慰。

事后我和教练沟通,教练已经处理好打架事件,参与事件的几名女生已经被批评教育过。打架风波算彻底平息了。

后来我逐渐了解到:高靖家里还有弟弟、妹妹。她父母忙,没什么时间照顾三个孩子。而高靖每天一大早负责送妹妹上学,然后到学校组织队员们进行早晨的体能训练。每天晚上训练完回家已经9点多钟了。周末也坚持训练。日常的生活和工作中,我对高靖增加了关注度,给予关心和指导,她都能虚心接受,成长了很多。

2015年3月至6月的全国各项龙舟比赛中,高靖带领全队队员取得了好成绩。在6月份的中国龙舟公开赛中,高靖获得了"最佳鼓手"的称号。

待高靖胜利归来,我在班级里又大大夸赞鼓励了一番。

在学校确定2015年暑假去加拿大参加第12届世界龙舟锦标赛人员名

单的时候，高靖向我求助。

高靖的妈妈一直不大赞成女儿参加龙舟队，主要原因是心疼女儿，高靖曾多次小腿肌肉抽筋，疼痛难忍。这次出国比赛，妈妈更是担心女儿的安全，所以不同意来学校开龙舟队的赛前家长会。我主动联系高靖的妈妈，向她肯定了高靖在龙舟队里能力突出、表现优异，也表明了高靖非常想出国比赛的意愿。最终，高靖的妈妈同意让女儿去加拿大参加比赛。

在2015年8月举行的第12届世界龙舟锦标赛中，高靖带领全队获得200米第三名、500米第三名和混合组第三名的优异成绩。这份世界级的成绩真是来之不易！这份荣誉凝聚了全体队员的汗水以及队长、教练的默默付出。

这次凯旋，我把高靖找过来。

"今天老班也要向你讨教讨教，你这个队长越做越出色了。你都用了什么方法？"

"老班，其实也没做什么特别的。"

"在学校训练的时候，我好几次看到你给队员带饼干、水果吃。还怎么做的？"

"还有语言上的鼓励。没事多表扬表扬她们，表扬比批评更管用。老班，这些我也是跟你学的。"

从那次打架事件以后，高靖再也没有提过放弃。两年半以来，高靖作为建队以来唯一的队长，一项比赛都没缺席过，已经获得了几十枚奖牌和奖章、几十张奖状和证书以及无数份荣誉。

高靖的龙舟队队长兼鼓手的职务一直持续到毕业。

分析反思

一、用赏识发现学生的闪光点

苏霍姆林斯基说："教育者的任务在于发现每个受教育者身上一切美好的东西。鼓励他们独立工作，进行创造，获取成功。"我多年班主任工作的经验是积极肯定学生的优点，对学生多给予表扬。我始终相信，即使学生犯错误，也是有原因的。班主任的职责就是要找出问题的症结，帮助学生克服困难，改正缺点，成为更好的自己。正如著名的教育家马卡连柯所说："用放大镜看学生优点，用缩小镜看学生缺点。"在平时的工作、学习和生活中，班主任时不时的赞赏和鼓励，可以加速学生的成长和进步。

在本案例中，我帮助高靖一起找出打架事件的关键所在，帮助她从根本上解决问题。在和她的交流中，我肯定了她的工作能力，增强了她的自信，努力让她展现自己的才能，发挥队长的作用，鼓励和引导她去团结队员，增强团队的凝聚力。在班级中，我也会经常表扬她、赞赏她。久而久之，高靖更加自信，她能自觉主动地调动自己的积极性，发挥自己的主观能动性，充分激发自己的潜能。

二、用师爱搭建信任的桥梁

"亲其师，信其道。"班主任以爱对待学生，学生和家长则会对班主任产生好感，从而形成"爱的回流"，师生之间互爱，就是爱的"对流"。班主任的真切关爱是最容易被学生所感知和认同的，它能推动学生的个性和潜能得到最大限度的发挥。一名成功的班主任，其教育技巧的全部奥秘就在于热爱自己的学生。因此，班主任要充分展现自己的人格魅力，就必须努力探索爱的真谛，用自己的爱心去温暖、感化学生，做到动之以情、晓之以理、寓情于理、情理结合，与学生和家长之间建立起充分的信任，从而收到更好的教育效果。

在本案例中，高靖是信任我的。她的妈妈不同意她出国参加比赛，她第一个就想到了我，打来电话向我求助。任何的教育方法只要是源于爱，以爱为中心，就可以收到一定的成效。只有给学生以真挚的爱，班主任与学生之间建立起相互信任，学生才会对班主任敞开心扉，班主任才能"对症下药"。最终，高靖的妈妈在和我通话之后改变了态度，这也是家长对我的一种信任。

三、用尊重建立和谐的人际关系

　　有人的地方,就有人际关系存在,在学生群体中亦是如此。卡耐基有一句经典名言:一个人的成功85%取决于人际关系,15%取决于专业技能。好的人际关系和社交环境对学生的学习、心态都是十分有利的,良好的人际关系是一个人社会适应能力强和人格健康的综合体现。所以,作为班主任,除了教书,还须培养学生的人际交往能力,让学生在处理事情时,学会换位思考,在意见相左时,学会互相尊重。

　　班主任工作是一项琐碎、繁杂、长期的教育工作。没有两个一模一样的学生,因此教无定法,需要因材施教。班主任工作也是常做常新,总会有意想不到的状况发生。让我们一起努力吧!

43. 育良才须善栽，教学子交友善

陈园园

背景介绍

我们都说教育以人为本，我往往都是从孩子的做人、生活、学习三方面去关心他们的成长。学生在学校吃早饭已经成为老生常谈的问题了。考虑到早饭带入班级除了影响孩子们的早自习外，也会影响班级的环境，老师多次强调不可在学校吃早饭，可仍屡禁不止。这次不同的是，小小的早饭却引起了学生之间的纠纷，这反映出我们孩子在学校人际交往中存在问题。孩子们不仅是在共同学习，更是在班级这个集体中共同生活。在我们学校，孩子们都已经步入青少年的阶段，他们有着独立的思维，有个性，追求公平的沟通，并且希望教师能够给予他们尊重与自由的空间。但这些诉求也往往会造成孩子间的沟通矛盾，而我身为他们的老师，不仅要关注他们学习方面的需求，更要在生活与做人方面对他们予以帮助。

案例描述

五月的阳光明媚温暖，和风拂过，每个人脸上都洋溢着笑容，真是暖风熏得师生乐呀。我带着愉快的心情，抱着准备好的教案，迈着轻快的步伐走向教室。

还没到教室的门口，我就听到了女生们一阵阵的争吵声："我吃早饭又没吃你家的，我看你管得挺宽啊？""可这是学校的规定，你得遵守，并且早饭的味道会影响其他同学呀。""不吃我饿哎，饿了你照顾我啊！有味儿你出去哎。我觉得没有味儿，我还觉得香呢。"紧接着一句尖锐的脏话刺进了我的耳朵。我加快速度走进教室，争吵的是平平同学和图图同学。只见平平同学满脸涨红，并张牙舞爪地指着图图愤怒地喊道："你骂我妈！你算老几！"而图图同学也"不甘示弱"地回击："别给我偷换概念，我骂的就是你，是你没素质，不是你妈！"我轻轻地"哼"了一声，打破了这针锋相对的局面。平平同学和图图同学瞬间尴尬地望向我，短暂的平静，转瞬又再次爆发！"老师，是她先惹我的。""老师，她骂我！"一声声辩解刺耳且无序。"你们俩先给我冷静下来！其他同学坐回自己的座位，自习今天要学习的内容！班长维持纪律，然后你们俩到教室外面来！"教室回归了平静。

我带着平平和图图来到了走廊上，我问道："都冷静了吗？"两个人抬起了头，眼睛里都写满了委屈，一起默默地点点头。"好，告诉我，谁骂的人？"我紧接着问，图图迟疑地嘟了嘟嘴，手紧张地搓来搓去，慢慢地开了口："是……是我，陈老师。""好，平平，麻烦你先站到教室的后门那里。"我微笑地望了望平平。然后我同样微笑地望着图图，并握着她紧张的手，笑着说："为什么要骂人呢？不管做什么都有个原因，更何况是骂人，我不相信你是一个'出口成脏'的学生，你把原因告诉我，我来帮你们把这事儿给解决了。"图图的紧张情绪渐渐得到缓解，并告诉了我事情的来龙去脉，也说出了她要骂人的原因。原来她不希望平平就这么随意地破坏大家一直遵守的校纪校规，更不习惯平平犯错后嚣张的态度，冲动之下就说出了这句不礼貌的粗俗之语。我微笑地点了点头，语重心长地说道："孩子，我知道你的出发点是好的，你想制止她不好的举止，想让她遵守学校的规章制度，可是你在不经意间也违反了学校不允许学生骂人的规定呀，而且还用不友善的语言攻击了平平同学，你原本只是想善意提醒，但冲动与愤怒蒙蔽了你，你的提醒变成了攻击。老师说得没错吧？社会上有很多无视纪律的人，可骂他们能改变他们吗？如果能的话，教育又有何意义呢？"图图听到了我的一番话后，低下了头，眼里的委屈也变成了歉意。我轻轻地拍了拍她的肩膀，让她喊平平同学过来。图图一路小跑过去低声地和平平说了几句，然后两人一起朝我走来。"陈老师，她一过来就跟我道了歉，怎么回事啊？"平平疑惑地摸着头问我。"你平常最讨厌他人什么样的举动呢？"我平静地问道。平平不假思索地立马回答："我最讨厌他人骂人了！"我微微笑了一下回答："那你知道吗，图图最讨厌违反规定的人了，而且更不喜欢违反规定后还摆出一副天大地大我最大的样子的人了。"听完我的话，平平愣了一下，脸上渐渐浮起了一层红晕。我趁机说："那么，你应该知道怎么做了吧？"话音刚落，平平就肯定地点了点头，一路小跑过去跟图图道歉，两个人相视而笑。我看着她们，心里满是欣慰。

有道是"育良才须善栽，教学子交友善"。

分析反思

一、平等地与学生沟通

在课堂的教学过程当中，教师要学会站在平等的角度与学生进行沟通，就事论事，每位学生都是一个独立的个体，我们要学会倾听每个孩子的想法。每个人都会犯错，我们正是急切地希望每个孩子都不要犯错误，都越来越优秀，才会在处理问题时过于武断或草率。因此我们需要静待花开的耐心，学会平等地跟孩子们沟通，做孩子们的朋友。就像这次的早饭问题，作为教师的我能平等地与每位孩子沟通，不一味下定论。教师的天平可以很公正地去衡量事件的是非轻重，才能及时高效地化解矛盾。我思故我在，我思故我新，学会透过问题看本质，做好教师自我的反思工作，才能与孩子们共同创建美好的未来。

二、提高学生的素质

素质教育是指不仅强调受教育者的学习成绩，而且以提高受教育者各方面的素质能力为目标，使其全面发展的一种教育模式。无论学生的成绩有多好，比成绩更加重要的是学生的思想道德素质，重视培养学生的思想道德素质是素质教育极其重要的内容。正所谓"活到老，学到老"，虽然学生的学习生涯结束了，但他们在社会中的思想道德素质的竞争才刚刚开始。随着学生年龄的增长，我们会发现，思想道德素质良好的学生格局要大很多。因此我们要重视对学生实行素质教育，培养他们的思想道德素质。我也更加明白了教育的本质：培养会学习、会做人、会生活的新时代青年，这三者互相联系，相辅相成。成绩的好坏并不能决定一个孩子做人的好坏，注重孩子们的道德素质培养才是教育的着重点。无论学生的成绩如何，学生步入社会后更加重要的竞争力是学生的思想道德素质。

三、重视学生的心理健康

素质教育的目的就是促进学生全方位地健康发展，包括心理健康发展。把学生心理健康教育纳入日常的教育工作中，无疑是实施素质教育的有效途径之一。作为教师，我们需要当孩子们成长过程中的引路人，引导孩子们朝着正确的方向前行，不是只重视孩子们在校的学习情况，在教室里与同学之间的关系、在宿舍与舍友之间的关系也很重要。我们要让孩子们树立正确的世界观、人生观、价值观。

四、善于引导学生情绪

每一个孩子都是祖国的花朵，他们在成为一个成熟的大人之前的青少年时期是其人生中一个重要而漫长的阶段，每一个孩子都是从幼稚叛逆渐渐走向成熟，而我们要做的便是让孩子们在这个过程当中，学会控制好自己的情绪，学会做情绪的主人。校园生活其实很美好，我们应培养孩子们拥有善良之心，不论对人还是对物都要心存善意，珍惜同学之间的友谊，与同学们之间多多合作，重视在集体中的交流。"你有一个苹果，我有一个苹果，相互交换还是各有一个苹果；你有一种思想，我有一种思想，相互交换，每个人就拥有了两种思想。"合作交往的基本属性是互动性和互惠性，学生之间的合作是一种动态的信息交流，通过信息交流实现合作的互惠性，生生之间相互沟通、相互补充、相互影响、同伴互助，可以分享经验、分享智慧，从而达到共识、共享、共进。如此，学生们在学习与成长的过程中便有了一个良好的环境，相处过程中更能换位思考，当然，这个过程与教师用真诚、耐心、尊重、信任去引导学生们的情绪是分不开的。

44. 先问"是不是"，再问"为什么"

赵建群

案例背景

情绪是指伴随着认知和意识过程产生的对外界事物的态度，是对客观事物和主体需求之间关系的反应，是以个体的愿望和需要为中介的一种心理活动。

处于青春期的职业学校的学生，由于受到自身、家庭、学校及社会等各种因素的影响，在思想、心理等方面素质的形成过程中，往往会产生各种情绪，其中不乏大量的消极情绪。不良的情绪会影响他们的个性发展，降低他们的学习和生活效能，而严重的消极情绪将深深地困扰学生甚至危害他们的身心健康。

案例描述

新学期伊始，我按照学生身高顺序排定座位表，此为临时座位表，约定一个月后再作调整。班长利用周末时间，协助我完成了班级新座位表的制作。本打算班会课上公布，再根据同学们的意见进行微调。结果班长不小心把座位表发到了班级群里，顿时在班上引发了不小的骚动。

晨会做操时，我发现小杜不断转身和后面的小付说话，他俩皱着眉，嘴唇高频次地开合，身体激动地扭转，透露出愤愤不平的情绪。早操结束，学生解散，我上前喊住小杜、小付二人，尽量平和地问："刚才做操时你们在讨论什么呢？"没想到小杜直接火冒三丈，大声向我吼道："我就想问你为什么还让我坐最后一排，我为什么还是之前的座位！"本身班长的失误已经扰乱了我先公布座位表再作微调的计划，如今的局面，若是不好好控制住，这座位表怕是很难排定了。

一旁的小付不讲话，眼神有些躲闪。她们二人是同一宿舍的，感情很好，一个动一个静。我灵机一动，或许可以先从小付入手。

"小杜，你先冷静一下。小付，你们刚才是在讨论座位吗？"

"是的，小杜看见座位表上她和上一次的座位一样，然后就有点不开心。"

"哦，你们看到座位表了啊，时间匆忙，你们确定看仔细了吗？这次座位表改动很大的，我记得你们俩的座位都作了调整。"听到这话，小杜脸上闪过一丝迟疑。

"这样吧，小杜，你先去上课，我和小付了解一下情况，回头让她转告你。"小杜满脸狐疑地走了，小付忐忑不安。

我问："小杜她为什么不满呢？"

小付说："老师，她之前坐在后面，看不清黑板，这次调座位，没想到还是原来的座位，她就觉得特别不能接受，就忍不住和我一路抱怨到了操场，可能说得太激动了，就忘了做操时的纪律。"

"原来是这样，老师来确认一下啊。"我边说边拿出手机翻出座位表查看，"可是你们两个都调整到前排了，不存在小杜所说的'和之前座位一样'啊。"我注意到班长将新、旧两张座位表放在同一个工作簿中，学生们匆忙查看时，很有可能看的是旧座位表。

小付忍不住凑过来看："啊！是吗？那是我们看错了。不好意思啊，老师，我们不应该在做操的时候说话的，导致我们班被扣分，要不这个星期的教室卫生打扫，我来负责吧。"

小付非常爽快地承认了错误，按照之前班级里的规定，凡是造成班级常规扣分的，除个人德育分被扣相应分数之外，还必须为班级做一周的好事来弥补过错。小付主动提出了解决方案，我很赞同。但是小杜的问题还没有解决，这个姑娘一直有些暴脾气，时常控制不住自己的情绪。

我又对小付说："你看看，因为你们的粗心，导致了一场误会，又因为小杜的冲动，差点产生冲突。老师看你情绪还算稳定，这才想着先和你沟通，原本一件很小的事，三言两语就能解释清楚了，可是到了小杜那里，事态好像就被扩大了，你觉得呢？"

"好像是的，她太激动了，没搞清楚就着急发脾气，太冲动了。"

"是啊，如果刚才老师的情绪也一样激动，上来就怒不可遏地指责你们，恐怕场面就更加不可收拾了。幸好老师及时稳住了自己的情绪，老师自认为充分照顾了你们的自尊心，没有当众指责你们，只是在小声提醒后，再单独找你们询问情况。可是老师的贴心，却换来小杜的一番怒吼。所以老师单独留你沟通，是想请你帮个忙，你课后去和小杜交流一下。老师希望她也能像你一样，对自己的行为有清晰的认知，你去开导她一下，等她想通之后，转告她在课后单独找我聊聊。"

下课后，办公室门口响起一声响亮的"报告"，小杜来了。"老师，小付和我说过了，是我弄错了，不好意思啊！我早晨不应该在做操的时候说话，后来在老师留我们谈话的时候，我态度也不好。"

"看来小付和你沟通得很好嘛，这会儿气消啦？那对座位还有什么不满吗？"

"呃，还好吧，至少和之前不一样，不是后排了，要不然我看不清楚黑板。"

"小杜啊，看来你认真总结过了，那你说今天早晨的不愉快怎么产生的呢？"

"因为我太激动、太冲动了，不理智。"

"你没有先确认好事情的真实情况，就开始心生不满。所以以后遇到事情，不要冲动，先问'是不是'，确认清楚之后，再问'为什么'也不迟。你说呢？"

"嗯，老师，我知道了，我以后会注意的。"

"那老师再问你，假如你没有看错座位，也确实对座位有意见，你会怎么做呢？还会愤愤不平，当场发作，甚至和老师发脾气吗？"

小杜不好意思地笑了："不不，如果我有意见的话，也应该尽量好好说话，不应该发火。我早晨那样挺没礼貌的。"

"你这会儿表现就挺好的呀，小付转告你之后，你准时来找我，而且能认真地分析自己的行为，看来这才是真实的你。以后遇到事情，可以参考一下今天老师说的方法，先问'是不是'，再问'为什么'，给自己和他人一个缓冲的时间，希望你能改改急性子，多展现自己的本来面貌，让大家知道你是一个非常优秀的女孩。"

我们沟通得很顺畅，小杜也主动提出要和小付一起打扫教室卫生，弥补早操扣的分数。但我给她提出了另一种弥补错误的方式。因为班长失误提前公布了座位表，同学们很有情绪，班会课要到下午，他们这一上午的心思可能都不在课堂上。我请小杜去找几个比较活跃的同学，分别去调节同学们的情绪，告诉同学们座位表只是一个草稿，最终的结果还要等下午班会课上统一讨论，到时候肯定会充分尊重大家的意见。最后，座位表风波顺利平息。

分析反思

一、正确对待学生的叛逆期

中学生的生理特征具有突变性，表现为形体、内分泌等一系列生理现象要发生一个迅速而巨大的变化。基于生理上的变化，加上环境的影响、教育的作用，中学生的心理发展具有许多的特点。中学生正处于个体心理迅速走向成熟而又尚未完全成熟的过渡期，他们的心理发展错综复杂，这也就决定了中学生在情绪表现上有三个特点：不稳定、强烈和自控能力差。上述案例中的座位表风波，正充分体现了中职学生情绪不稳定、对情绪的掌控能力较差的特点。在小杜当众情绪失控的情况下，教师反而要控制住自己的言行，先稳住学生的情绪，冷静处理，避免矛盾激化。教会学生"先问'是不是'，再问'为什么'"这种处理事情的方式，让学生学会遇事冷静，不冲动，三思而后行。

二、以尊重唤醒学生

在其后的沟通过程中，教师首先坚持的原则是尊重学生，对学生有爱心，宽容、平等地对待学生。顺畅的沟通是建立在互相尊重的基础上的。案例中的小杜在进门时已经消除了自己的怒气，平复了情绪，因此教师与她沟通的侧重点就不能放在她发脾气产生的坏影响上，而是心平气和地与她平等交流，积极引导她深度剖析自己的心理，发现自己所犯的错误，努力尝试找到解决方案，从而提升自我。

在沟通的最后，老师激励学生，目的是激发学生的内驱力，使其更自觉、更好地学习并发展自己。"教育，其实是一种唤醒。"教师在与学生私下沟通时，要充分放低姿态，真诚地挖掘学生内在的优点，加以肯定和诱导，帮助学生建立自信心，先通情、后达理。这样一来，学生对老师提出的建议才能听进去，才愿意主动承认自身的错误，主动承担任务以弥补过失。

三、教书亦须育人

中学生正处于青春期，青春期是个体从儿童过渡到成年，逐步走向成熟的中间阶段。然而这个时期又是"心理断乳"的关键时期，堪称"危险期"。职业学校的学生，心理情绪更为敏感多变。子曰"有教无类"，职业学校的教师需要满怀爱心，怀有"治病救人"的信念，不仅要传授学生相应的知识，更要培养学生健康的人格，教会学生调控不良情绪，用不同的眼光看待周围的事物，用正确的方法处理日常生活中的问题。班主任是班级工作的舵手，是学生成才的导师，是学生灵魂的塑造者。在平时的教育教学工作中，班主任需要时刻关注学生的心理健康问题，用自己的教育机智消除学生心中的误会，及时消解学生的心理阴影，防微杜渐，从而形成良好的班风，促进学生健康发展。

45. 我想要好的结果

张慕汉

背景介绍

职业学校的生源质量较以前有了明显提升，基于此，对职校教师来说，管理班级的难度似乎不像以前那么大了。但现实情况是，职业学校还是存在一些"问题学生"，而且他们的情况不容乐观。他们变成"问题学生"的原因有很多，其中家庭环境就是一个很重要的因素。所以，职校老师，尤其是新教师初次带班，首先应该更多地了解班里所有孩子各自的家庭情况和家庭结构，做到知彼。作为职校教育工作者，我们要尽量从学校教育的角度出发，尽可能地给予学生尤其是"问题学生"更多的爱和鼓励，以此来弥补他们在成长路上因家庭影响而造成的爱的缺失。

案例描述

这天上午晨会升旗仪式结束后，我拿着教案和教材准备进班上课，这是周一的早上，每周一上午第一、二节课都是我自己班上的课，所以我总是早早地来到班里巡视学生上课前的准备情况。班里除了几个孩子不在之外，大家都坐在自己的座位上叽叽喳喳。

预备铃响起了，班里的学生开始稍稍安静下来，也陆续将书本拿了出来。电教委帮我把教室电脑和课件打开，一切都像往常一样，我也准备上课了。当上课铃响起时，我听见教室外有几个孩子急促的脚步声，几个男生拎着早饭就这样站在了教室的门口，后面还有一个慢吞吞走过来的小睿。我当时十分生气,因为本学期我发现班里经常有孩子因为买早饭和零食而上课迟到,任课老师也已经多次向我反映,所以上周五放学前的夕会上我已经在班里把规矩和上课要求讲得很清楚了,但是没想到,这周刚开始的第一节课,就有学生上课迟到,而且其中一个学生还是班长。

我没有让他们直接进来,而是让他们先站在教室门口。沉默片刻后,我思考着该如何处理,我喊他们先进来,然后对着全班同学说:"我上周已经讲过上课不能迟到的规矩和要求了。学习委员请你把这几个学生的名字记下来,今天放学所有迟到的学生到我办公室来。"

可是小睿突然对我喊道:"我不算迟到!我是踩着铃声进班的,凭什么算我上课迟到!"为了不激化矛盾,我只是看了看他,然后很严肃地对他说:"你先坐好!下课再说!"小睿愤愤地在自己的座位上坐了下来。我看见学习委员小影拿出班级日志写了起来,我也回到讲台上开始上课,一切都似乎按照我预料的发展着。

喊过"上课"之后,我正准备写板书,听见教室后面"啪"的一声,原来是小睿同学将语文书狠狠地摔在了地上,同时他自己坐在椅子上双手合拢,嘴里念念有词,两只眼睛瞪得很大且盯着桌子看,脸也很红。教室里的空气似乎也凝固住了,这让我有些不安,我注意到小睿的情绪有些激动。我暂时作了冷处理,没有再说话,对他也不予理睬,同时继续上课,我让班里的学生把书本打开,开始朗读课文。就在这时,教室里发出了第二声巨响,不知道是不是因为小睿看见我没有理他,他反而更加生气,他又把桌子往前狠狠地移动了一下,这时,全班的目光都转向了后方。

我停住了,看着他,心里的火气一下子蹿了上来,问他:"你在干什么!知不知道现在在上课?"

令我没有想到的是,小睿又开始跟我顶起嘴来:"你管我?!我干什么关你什么事!"

我很生气地说:"好了,你先不要说话!"

他突然站了起来,嘴里说道:"你凭什么让我不要讲话?"

然后小睿就从自己的座位上走向我站着的讲台,气势汹汹地说:"你算什么啊！小年轻！"

之后，他又做出了一个令人吃惊的行为——他把他刚买的汽水瓶朝我站着的讲台方向狠狠地扔了过来，只听见"咣"的一声，汽水瓶重重地砸在了黑板上，当时教室里发出了阵阵嘘声，我当时心里也很紧张，不知道怎么办，同时下意识地向讲台侧方退了退。班里几个男生上前劝住了小睿，但他嘴里仍然在骂骂咧咧。

没办法，我当时对他说："你要么现在冷静下来坐好！要么你就到教室外面去！"

就这样，他出去了，自己站在教室门口，拿出自己的手机打起了电话。他的行为惊动了学校的巡课老师，接着，系办老师把他带走……最后，小睿因为这些行为被学校给予记过处分，并作停课处理。

作为班主任，我后来和小睿好好地进行了一次谈话，他对自己的行为也感到很后悔，我也请了家长来校说明孩子的情绪控制问题。我在和家长的谈话中才得知，孩子从小和奶奶住在一起，父母也已经离异，都不与孩子住在一起，孩子从小就缺乏家庭温暖，尤其是父母的关爱，这就造成了孩子易怒敏感的性格，初中也多次和老师发生过冲突……

这次事件后，我开始更多地关注小睿的行为，尽量给予孩子鼓励和关爱。小睿确实比之前进步了，但时常还是会和班里的同学和老师发生争执、冲突。就在三年级的上学期，小睿又陆续与班里的其他几位任课老师发生矛盾冲突，同时他与我的矛盾冲突再次升级。

那是一次下午的课，我在预备铃前进班巡视，发现教室后面的垃圾桶里又有学生倒入了汤汁。看来之前的三令五申，并没有产生持续性效果，这让我很生气。

于是，一上课我就在全班批评了起来。就在这时，小睿在座位上说："老师，你别再说了，是我倒的！你能不能别再说了！"

当时小睿的语气特别不好，于是，我当时也没忍住，立刻说道："你先不要讲话！听我说完！"

小睿立刻回道："我都说过是我啦，你还想怎么样啦！""好，我们先不说,你今天放学后到我办公室来!"……

于是,冲突再起,小睿很生气地从教室后面抡起凳子径直朝我走过来,并且用手推搡着我,最后在班里几个男生的劝阻下,他很生气地把椅子摔在了讲台附近,同时把桌子掀翻在地,然后便生气地从教室后门破门而出……

这次事件后,我心里充满了教育挫败感。在学校和系办的严肃处理下,小睿在三年级时被学校由留校察看升级为开除,并且勒令其退学……我直到现在也不知道,当时小睿含泪离开学校时是一种怎样的心理状态。

这是我教育生涯中的一次惨痛的教育失败的案例。

分析反思

一、借助学生档案来了解每个学生

不可否认,职校班主任的工作烦琐复杂,班里的"问题学生"就常常困扰着每一个班主任。其实,这需要班主任对这一类学生付出更多的爱和鼓励。之前,我们班的小睿同学就常常会和班里的其他学生发生冲突、争执,我当时只是一味地记录下孩子的问题,如果我能够提前了解孩子的具体家庭环境与家庭情况,尝试与监护人进行沟通,对孩子的种种行为进行归因,或许我就能够更好地去理解他,转变我的应对方法,甚至能够帮助他一点点地改变。

学生档案,不仅仅局限于学校为学生做的学籍卡,其实也是学生的成长档案和家庭档案,更多的是为孩子在学校的这一阶段的表现做好记录,尤其是学生的心理状态,同时与班里的任课教师做好沟通,与孩子的父母或者其他监护人做好沟通,对孩子的突发情况、偶发心态做好心理准备与心理暗示,这样可以提前预见学生的行为,尤其是"问题学生"。

二、借助教育机智来减少教育的遗憾

现在回想这次教育案例,我仍唏嘘不已,我也常常坐在办公室里发自

内心地感慨：转化一个学生往往比开除一个学生更困难，但却更有意义！我常常想，一年级时小睿和我发生的那次冲突，我当时如果能换一种更理智、更冷静的处理方法，或许结果会有所不同；当三年级小睿与我在班里发生第二次冲突时，如果我能换一种积极、鼓励的语气，如"好！小睿同学能大方承认是自己犯错了，我觉得，在这一点上，老师要表扬他"，如果当时我同时能给孩子竖个大拇指，再在全班指出他的不当之处，或许小睿的自尊心就会得到保护，再私下里找他谈话，可能结果就迥然不同了。我记得雅斯贝尔斯说过："教育的本质就是一棵树摇动另一棵树，一朵云推动另一朵云，一个灵魂唤醒另一个灵魂。"

三、借助积极心理学去善待每一位学生

积极心理学告诉我们，每一个孩子都有自我发展的区间，都有自我发展的能力，而且我们每个人的内心都存在两股力量——积极力量和消极力量。作为职校班主任，我们要尽力去发现孩子的积极心理、利用孩子的积极特质，为他们搭建一些展示自我的平台，促进他们的能力得到提升和心理健康发展。

著名主持人崔永元在《不过如此》这本书里写道："我请求各位老师手下留情，您不经意的一句话、一个举动或许会了断学生的一门心思，让他的生命走廊中少开了一扇窗户。"希望我们作为职校教育工作者，能不忘初心，尽力为孩子打开一扇门、一扇窗，从而提高自己的职业幸福感，减少教育遗憾！

46. 努力是幸运的另一个名字

宫健子

案例背景

成为教师已有两年的时间，在这期间，我遇到了形形色色的学生，他们当中有活泼开朗且听话的，有调皮捣蛋但善良的，有乐于助人但成绩不太好的，有不爱说话性格敏感的……在我接触到各类学生、经历过各种事情后，我才慢慢明白，原来并没有什么天生好运和被命运眷顾的人，幸运不过是因为努力。

我记得在闲暇之余曾读过一本书，其中有一段是这样写的，让我印象非常深刻：看到的都是光鲜，看不到的都是苟且。在现在这个社会，也许你经常会听到这样一句话："他不过是运气好才有了今天的成就，我要是有这种运气……"

案例描述

在我所教授的学生里，有几个小女孩被选中代表学校出去参加比赛。由于规定的参赛人数有限，训练队里自然就有没被选中的孩子。我个人认为，比赛这种事情，"能者上、弱者下"是天经地义的，可是有的孩子并不这么想。我记得那一天宣布参赛人选之后，看到有个小女孩神情不对，暂且就用小 A 来代称她。小 A 一个人坐在角落里练习技能，闷不吭声，脸上没有一丝笑容，整个人好似散发着一团黑气，甚是沮丧压抑。教过她两年，我自认为比较了解她的性格，在我的印象中，这个小女孩自尊心很强,但是有一点小嫉妒心。于是课后我问了她的好朋友小B,想确认她是不是因为不能参加比赛而不开心。小B跟我的关系非常好,听到我的询问后便说了很多,不仅验证了我的想法,也说了很多其他的事情,包括她们两个这段时间发生的很多小摩擦和不愉快。

后来,当我们到达比赛城市入住酒店后,跟我住同一间的小B看到了小A发布的一条空间动态,立马就打了个电话去关心小A,为了方便我听到,小B开了扩音。铃声响了很久小A才接电话,语气在我听来并不算友好。在通话中,她不停地抱怨。正巧这时,小A的妈妈问她为什么没有去比赛,小A哼了一声,说:"运气不好没被选中呗,正好我也不想去,马上就要期末考试了。"而后又说了一句:"我的键盘用起来真不舒服,键难按死了,我要换一个。"安静、沉默,气氛在那一刹那变得很尴尬。

作为师长,我看得到小B的认真和努力,她做题做到晚上十一二点是常有的事,除此之外,她还经常找其他老师要卷子和题目来进行练习,时常跟我探讨问题、和队友交流想法,隔一段时间,就会复盘自己的得失。就算是不做题的时间,她也会频繁地练习小键盘和单据这类技能,确保自己的熟练程度。在众人看来,小B每天把自己安排得很充实,将自己的学习和生活都安排得井井有条,每一步都走得十分扎实。而相比之下,小A和她差得很多。

赛后,小B不负多日的不懈努力和辛勤付出,带着一等奖的成绩回到学校。我也在回学校后主动找到了小A,跟她好好地聊了聊。我耐心询问了她近期的情况:饭吃得好不好,有没有按时练习技能,心情有没有调整过来,小键盘用得还是不舒服吗……她眉头紧蹙、一言不发,一脸不愿意和我交流的表情,这样的状态一直持续到我问了句:"你羡慕小B吗?你是羡慕她的吧!"她终于直视我的眼睛,很久之后她轻轻点了点头。

其实这个时候我是开心的,这表明她愿意正视这个问题,也愿意承认这份小心思,这说明问题的解决已经有了一个突破口。而后,我开始耐心地对她说:"其实你很棒,没有一点比小B差,但为什么最终你做得没有她好,因为她用心了,她肯为了自己的目标去奋斗,她会脚踏实地地付诸行动,她愿意开口问,她习惯和别人讨论,和同学分享自己的发现和疑惑。相比之下,你把自己封闭起来。你有很强的自尊心,自己不会的问题也不愿意向别人请教,甚至在你看来,在这个大家都很优秀的队伍里自己有不懂的地方是一件丢脸的事情。没错,大家每一天都在一起进行着同样的任务,或许你会说,该做的我都做了,已经尽力了。但你要知道,还有很多很多比你更努力但不会挂在嘴边天天说的人。在这个世界上,没有毫无理由的横空出世,所谓的好运气,只是因为他们默默努力,而你并不知道。你要明白一件事情,千万不要停下前进的脚步,不能自我懈怠,只有刻苦努力,才能有超越他人的机会和资本。"

这一次的谈话中小A哭了,在那一瞬间,我知道她把我说的都听进去了,并且她认真思考了我所说的问题。值得开心的是,小A渐渐有了一些改变,她开始愿意和同学一起玩闹、一起做题、一起讨论,她开始和队友们交流心里话,她变得更加努力、更加认真,她再也没有埋怨过自己硬件的问题,而是想办法克服了很多困难。在时间的洗礼下,她变得比之前更好,而且我相信她将会变得越来越好。

分析反思

一、教会学生摆正心态,坚定目标

选拔优秀选手参加比赛时,我们没有选择小A同学,是因为小A同学没有小B同学优秀。而这一点小A同学自己并不清楚,她总以为自己很努力,自己的技能也不比其他同学差,她并不知道小B同学的努力是竭尽全力,而她自己只是尽力而为。所以作为师长的我必须在第一时间了解她的心理和动态,然后在小B同学的比赛结果出来之后主动跟小A同学交流,先肯定她的努力,再跟她比较小B同学是怎样努力的,让其主动感到自身的差距,从而调整好自己的心态,进而坚定自己的目标。这次谈话使小A

同学坚信只要她摒弃诱惑，一心一意努力，哪怕这些努力没有让别人看到，那段努力的时光也不会白费，努力的过程会见证进步和成长，同样，只要她够优秀，比赛机会一样会青睐她。

二、提醒学生正确认识自我，重在改变

正确认识自我，对学生的行为有着很重要的调节作用。处于成长期的孩子，对自己的认识不够稳定，也不够准确。比赛选拔时的落选，会让他们情绪低落，感到受了委屈或不公正的待遇，老师偏心偏爱，等等，就是不愿意找自己的原因。此时老师需要特别关注他们，避免他们一蹶不振，从而成绩一落千丈。正确的做法是，在肯定他们现有成绩的同时，找出他们的不足，而不足之处正是可塑造可提高之处。要告诉他们，与其之后自怨自艾，不如现在改变自己，从一点一滴的小事做起，重在每天坚持一个良好的习惯，久而久之，将会收获一个全新的自己。

三、抓住教育学生的契机，追求高效

学生教育工作极其复杂，需要老师下功夫研究并善于抓住各种契机，审慎施教，以达到事半功倍的效果。首先，很多老师往往把"契机"简单理解为时机，其实"契机"应该包括事物发展过程中的各种关键、枢纽或决定性的环节。孩子感到委屈的时候应该是一个解决问题的重要契机，所以当我意识到小A同学因未能参加比赛而心情十分沮丧时，尽管已经不在她的身边，但我还是通过她的好朋友小B及时跟她沟通，了解她的最新心态和动态，为比赛回来后做她的思想工作做了较好的铺垫。另外，她看到别人取得成绩的时候也是一个重要的教育契机。一方面，取得成绩的是她的好朋友，内心的敬佩要多于嫉妒，此时做她的思想工作更容易让她自我反省，找到差距，从而更加努力；另一方面，好朋友的成功对她也是一种激励，从而使她暗下决心，要更加努力，争取跟好朋友一样。动力有了，决心也有了，于是就有了一个全新的结局。此事的顺利解决，让小A同学明白了：这世界没有所谓的天才，也没有什么笨蛋，你和别人的差距不过

就在于自己的努力程度和持久度不如别人。通过这件事我要提醒孩子们：趁着现在还不晚，趁着还有足够的精力和干劲，做一个勤奋的人，做一个努力努力再努力的人，不负青春、不负韶华。

　　作为一名教育工作者，始终要让你的学生相信并且坚信，越努力越幸运，努力其实是幸运的另一个名字。

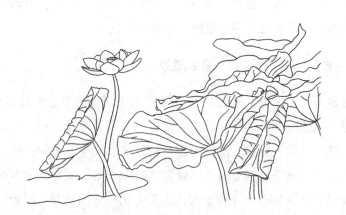

47. 爱睡女孩的蜕变之旅

寇冬婷

案例背景

执教几年来,我发现一个现象:有些学生入学成绩优异,甚至在班上遥遥领先,但是经过一个阶段的学习,其成绩会渐渐下滑甚至完全不把心思放在学习上。作为班主任,如果不能及时发现学生的变化,或者顺其自然,就会导致"问题学生"的产生,从而耽误了学生,违背了教育的初衷。

小婷同学就是鲜明的案例。她是一位患有口吃、性格内向的女孩子,她入学时成绩优异,但是自卑胆小,平时在班上少言寡语,最近任课老师反映小婷上课时常睡觉、不交作业。3月12日这天午休时间,小婷在座位上独自哭泣,老师借着这个契机找她谈话了解情况。经谈话进一步发现,小婷在校外谈了男朋友,两人经常分分合合,小婷晚上聊QQ无法正常休息,白天上课没精神、犯困想睡觉,落下了很多课程,作业也无法按时上交。问题的雪球越滚越大,长此以往,恶性循环,以至于深陷泥潭、无法自拔、自暴自弃。

案例描述

老师对小婷做了耐心的劝解工作,让她接受失恋的事实——给她一枚硬币,让她以她认为最安全的方式将硬币紧紧攥在手里。她紧紧地抓住了硬币,老师翻转小婷的拳头使她手心向下,然后让她打开手掌,只听一声清脆的跌落声，硬币落下。同样的动作又做了一次，不同的是这次手心向上，小婷再次打开手掌，硬币安然地待在她的手掌心。

老师问小婷：同样是手握硬币，然后把手掌打开，为什么结果却不一样呢？

小婷沉默，摇头。

老师分析现象：幸福正如手掌心里的硬币，无论你多么用力地攥紧，一旦对方想要离开你去追寻自己的幸福，就如同你紧握拳头，掌心向下打开，硬币掉落，幸福离开，这样的幸福你永远没办法掌握；但如果你自己有足够的魅力和能力，你就可以翻转手掌心向上，无论对方是离开或者留下，都不会带走你手心里的幸福，这样的幸福才是真正的幸福，可以掌握的幸福。

小婷若有所思，老师乘胜追击。

老师：你知道该怎么对待你的这份感情吗？

小婷：老师，我知道您说的意思，可是我现在就是很难过。

老师：您想哭对吗？

小婷点头，眼泪在眼眶打转。

老师：想哭就哭吧，没关系，哭出来就好了。（引导学生释放情绪，帮助学生尽快从不良的情绪中走出。）

老师把纸巾递到小婷手里，小婷放声大哭。良久，小婷停止哭泣，老师继续谈话。

老师：现在好些了吗？

小婷点头。

老师：失恋总是有一个过程的，你告诉老师，你希望成为一个能够主动把握自己幸福的人，还是被动的幸福接受者呢？

小婷：主动的。

老师：好，那老师可以帮助你。一个人想要掌握自己的幸福，首先必须有能力，身为学生，首先是要好好学习，为将来立足社会、经济独立打下坚实的基础。可是现在你有很多的困难呢，你知道是什么吗？

小婷：知道，我有口吃，但我不是天生的，是家里有个小叔叔在我小时候故意逗我导致的。可是我胆子很小，不敢在公开场合发言，越紧张越口吃。

老师：好的，那老师首先给你推荐一部电影——《国王的演讲》，电影讲了英国的一位国王天生口吃，但他要当国王就必须在大庭广众之下发表演讲，他经过刻苦的训练最终克服口吃成功演讲的故事。希望你可以从中找到自己和他的共鸣点，帮助你自己成长。

小婷：好的，老师，我记下了。

老师：你还有什么问题呢？

小婷：就只有这一个吧。

老师：不对哦，有任课老师反映你上课爱睡觉哦，作业也不能按时完成啊。

小婷不好意思地笑了。

老师：那你能说说为什么总是上课睡觉吗？

之后小婷分析了她总是在课堂上睡觉的主要原因，小婷自述：①失恋的痛苦导致无法正常休息。②宿舍太吵影响休息。③自控力差玩手机到深夜影响休息。

针对以上这些问题，我采取了以下措施：

(1) 深入学生内部，认真了解相关情况。学生之所以在学校表现出种种问题，背后必定有着种种原因，教师应该深入了解学生的具体情况，分析问题产生的原因，引导学生发现自身问题，并及时给予帮助，加以解决。

(2) 加强家校合作。老师要做好学生工作，不能光凭自己一张嘴苦口婆心，必要时应主动与家长沟通，双方一起参与问题的解决。家长不是局外人，同样肩负着教育引导的责任。老师同小婷妈妈及时进行沟通交流，在解决小婷上课睡觉的问题上形成了合力。

(3) 循序渐进地解决问题。解决问题没有捷径可走，在教育问题上更不能操之过急，快刀斩乱麻。对于学生出现的行为问题，老师要高度重视，认真分析背后的深层次原因，要根据学生的实际情况采取不同的方式方法。①小婷胆小自卑。老师要悉心引导帮助，如推荐励志电影《国王的演讲》给小婷，帮助小婷重拾克服自身障碍的信心，一步步建立自信。②小婷上课睡觉。结合小婷自述的原因，帮助小婷走出失恋的痛苦，建立正确的恋爱观；暂时给小婷办理退宿，与小婷父母沟通，家长监督并保证小婷在家休息的时间。③帮助小婷把之前落下的课程补起来，同任课老师沟通好，共同监督帮助小婷学习进步，重拾信心。解决问题时要具体问题具体分析，对症下药、有的放矢，否则只会事倍功半或前功尽弃。④确立行为改正目标，及时进行行为反馈、激励并进一步明确行为修正的方向和目标。

  对小婷明确需要修正的行为目标进行落实：①上课不睡觉，课后作业及时上交，在家保证睡眠时间。②小婷用专门的笔记本每天统计自己上课睡觉的次数，一周上交一次到班主任这里。③班主任与任课老师及时沟通，及时督促小婷上交作业。④小婷母亲负责监督并控制小婷在家玩手机的时间，多陪孩子参加户外活动、做家务等，锻炼孩子的独立性和动手能力。

  经过一段时间的共同努力，所采取的措施有了成效，小婷同学有了显著的变化：

  (1) 心情愉悦，个性变得开朗。她更加愿意表达自己了，不再因为自己的口吃而感到自卑，更加愿意付出行为上的努力去克服弱点：主题班会上，小婷主动分享自己一周的收获，将老师推荐给她的电影分享给大家，鼓起勇气努力表达自己，同学给予掌声支持，教师进行点评鼓励。

  (2) 学习方面更加积极努力，上数学课和英语课不再睡觉，并能够主动完成作业，遇到不懂的知识点能够自主学习，或寻求帮助以解决问题。记录上课睡觉次数的笔记本一周上交一次，据记录，她每天上课睡觉次数虽有波动，但总体呈下降趋势。

分析反思

一、解决行为问题和解决心理问题的方法相结合

行为问题背后的根源其实是心理问题，想要做好教育工作，不能只看行为的不好就武断地作出批评，还必须以人为本，切实解决学生最关心、最现实、最迫切的核心问题，从根本上解决问题。班主任做学生工作，应多学习心理学和教育学方面的相关知识，主动应用心理咨询技巧，比如人本主义心理治疗技巧，以学生为中心，始终保持真诚，并始终与学生并肩站在一致的立场上，与学生联系在一起，敏锐地发现学生遇到的困难，时刻关注学生内心的体验，创造一种自由、平等、温暖、真诚的气氛。老师真诚地接受学生、陪伴学生、与学生共情，会让学生对自己的感受逐步清晰化，发现自己失去的体验，并逐渐把这种体验融入自我概念中，变成一个更加完整和一致（消融内在冲突）的自我。一般来说，心理上的转变，往往会带来行为上的更正。当学生能够在老师的引导下逐步发现自身问题，并发自内心地想要改正时，这样的心理转变将会引起学生行为上的积极转变。老师再对学生行为上的积极改变进行正向的反馈，学生会更加愿意去坚持这一转变，长此以往，学生会渐渐改变自身不好的习惯，突破自我，从根源上解决行为问题，最终得到新的成长。

二、细心和耐心相结合

学生问题纷繁复杂，不能一概而论。作为老师，需要事无巨细、面面俱到，及时发现问题并解决问题，防微杜渐，更需要注意具体问题具体分析，针对不同的学生，采取不同的方式方法；需要细心，更需要耐心；需要因材施教，因势利导，循序渐进，切不可揠苗助长、操之过急，否则只会欲速则不达。对于学生而言，帮他们解决了一个难题，就可使他们成长道路上减少一个障碍。在学生的成长过程中，中学阶段是极其关键的转折点，也是学生"三观"与人格塑造完善的重要时期，老师的一个恰如其分的举动可以影响学生后续的发展,甚至会改变学生的一生。青年学生是国家的希望,是我们的未来,对于教育工作者而言,做好德育工作,切实解决学生发展中的问题,既是教育的宗旨,也是职业道德的要求。

三、学校和家庭相结合

对于学生的教育,不能仅仅依靠老师,还需要孩子家长的积极配合,老师与家长形成教育合力,有利于孩子更好更快地改正自身问题,养成好习惯,成就更好的自己。家庭是教育的起点和基点,家庭教育的缺失,往往使老师心有余而力不足,也是老师无法弥补的。家庭教育对孩子的影响往往是持久而深远的。所以,老师在进行教育之前,要了解孩子的性格特点,更要了解孩子的原生家庭,这样才能做到有的放矢,为孩子的成长助力。

教育的灵魂：可涵养的尊重

48. "小班长"长成记

张大华

案例背景

一个优秀的班集体，能够对学生产生深远的影响。班主任是班集体的组织者和领导者，而班长则是班主任和学生之间那根重要的纽带。选择一根好的纽带，是班主任工作的重要任务。作为班主任的我，接手了一个平面专业中职新生班。这个班人数不多，入学成绩并不是特别理想，不少学生家庭情况比较复杂，且学艺术的孩子大多很有个性，每个人都有自己独特的想法，还有个别特殊孩子心智发展不太健全。所以，整个班集体成员特殊，情况复杂，管理难度大，班风、学风建设的困难比较多。这就对班长人选提出了要求更高，物色和培养班长的工作更为艰巨。

案例描述

我们班刚建制时，我便开始物色班长人选。通过分析入学前学生的资料，以及学生军训的表现，有个孩子给我留下了深刻的印象。她是位短发女生，个子高高的，外表潇洒，性格活泼开朗，为人热情，在军训期间积极服务于同学，安慰鼓励那些军训中哭鼻子、想家、喊累的同伴，被其他孩子戏称为"大王"。入学资料显示，她是位体育特长生，在田径、足球运动上都曾取得过很不错的成绩。她的积极向上感染了我，我便任命她为班级的代理班长。这孩子也没让我失望，军训期间，班级各项工作完成得非常出色。

当军训结束进入课堂后,她的一些坏习性显露了出来。譬如,她对班级的管理简单粗暴,谁不听话,就会冲谁大吼大叫,经常跟班级同学发生争执,上课喜欢睡觉。有一天,她居然在课堂上与任课老师发生了冲突。任课老师非常生气,跑来办公室找我:"你们班这孩子太过分了,她上课睡觉,我把她推醒,说了她几句,她居然在教室里跟我吵了起来,这样的学生还能做班长?赶快撤了,不然的话,以后你们班班风都会被她带坏的。"我赶紧安抚生气的老师,表示会找该生好好聊聊,严肃批评她,之后一定让她主动跟老师道歉。

放学后,我将她留了下来,我还没开口,孩子先哭了,说:"我也想好好学习,但是课程实在听不懂,就犯困了,老师喊我声音太大了,我觉得自己没面子,不自觉地就说了不该说的话。""老师,我知道自己错了,我只是一时没控制住。""老师,我马上去找任课老师道歉,你别把我的班长撤了,我一定好好干,我不会再犯错了。"听其言,她态度诚恳,言真意切。

经过多次谈心,我了解到,她自幼父母离异,自己跟随父亲生活,父亲由于工作比较忙,无暇照顾她,日常起居都是爷爷奶奶帮忙照顾,所以她从小就要学会独立。初中时由于田径特长进入校体育集训队,可能由于训练,抑或家长疏于管理,她的文化课学得很不理想。在体育训练中,教练要求非常严格,一旦不能达到教练的要求,就会被批评,甚至找家长。她父亲的处理方法就比较简单粗暴,对于要强的她来说,自尊心受到了严重的打击,久而久之,她在性格上有了一些缺陷,从原来的自信阳光变得自闭自卑,遇到问题时处理方式也比较简单粗暴。进入职校,因自己从小挺喜欢画画,所以选择了平面设计专业。她以前从来也没想过自己能担任班长一职,突然得到老师的认可,自己也想重拾信心,也想努力做好,但是遇到问题就会冲动,过后也会特别后悔,但又抹不开面子去跟老师或其他同学道歉。我知道,很多习惯一时之间无法改变,要强的性格又让她不愿对别人示弱。

看着孩子的泪眼,我清楚孩子自身还是优秀的,也很要求进步,希望成为那个闪光点，只是长久以来形成的一些坏习惯，没那么容易改掉。于是我让她第一时间找任课老师道歉，同时答应她，再给她三个月的试用期。但这三个月得约法三章——要求一：主动做一期关于班集体建设的主题班会，就自己的工作态度和班级出现的问题给出解决办法；要求二：每天把完成后的各科作业拍照发给我，我随时监督她的学习情况；要求三：每周给我写班级工作汇报和自己本周的收获与不足。她听后竟爽快地点点头，说："老师，我一定会做好，不会让您失望的。"

在约定期间，凡是该生有点滴的进步，我都会第一时间在班级里给予肯定；遇到做得不妥的地方，及时与她进行沟通，对她进行指导，让她学会如何管理好班集体，如何让同学们信服，如何改正自身的错误。同时我还从图书馆借了几本书给她，让她看了以后写心得体会。现在学生的体质都相对较弱，为了加强个人体质，我还要求她为班级同学制订体育锻炼计划，挖掘班级体育人才；学校有任何体育比赛，都让她带领大家积极参与，充分发挥其优势，让其他同学从心底里肯定她、接纳她。另外，我主动找班级任课老师，向他们讲了孩子的情况，也恳请老师们对她多点耐心与关心，让她的优势继续发扬，帮助她在平时的点滴中努力改正缺点。

三个月很快就过去了，她顺利地通过了考验，自身综合素质不断提高，学习成绩也在稳步上升，现在已经成为名副其实的班级"大王"。班级在她的管理之下，形成了积极向上的班风、学风，大家都积极参与各项活动，获得了各级各项多个荣誉。

分析反思

一、尊重学生，保护学生的自尊心

教育的最高境界是唤醒学生的自我生命意识，因为学生只有自己觉醒了，有了自己追求的目标，才有强大的内驱力，才能克服困难，健康成长。该同学之所以在军训期间被我注意，就是因为她的源于其强烈自尊心的表现。新的环境里，她有了新的机遇、新的起点，而军训又给了她发挥特长的机会,她便表现得非常优秀了。可以说,她的"成长"是以其自尊心以及这份"表现欲"为基础的,所以,让她担任班长,就德育工作来说,就是尊重她的自尊心,而对其"不足之处"的宽容便是对其自尊心的保护与进一步的唤醒。现在的学生自尊心都非常强,有自己的主见,爱冲动,但意志力薄弱,这就需要我们老师保护他们的自尊心,而不能轻易地去伤害他们的自尊,即使是在他们犯错误的时候。简单粗暴的处理方式可能会扼杀一颗闪闪发光的星星,我们要让学生感受到爱,感受到生活的美好,不会自我否定,不会觉得自己被嫌弃。

二、切实帮助,激发学生的自信心

著名的教育家卡尔·威特的教育秘诀之一就是宽容地、理性地看待孩子的一切,包括"错误";布鲁纳也曾经说过,"学生的错误都是有价值的";古人亦云:人非圣贤,孰能无过。我们要将学生的错误当成教育的巨大资源,当学生犯错时,教师不能简单粗暴地处理,应该寻找错因,要创造条件、提供机会让他们及时改正错误。学生犯错误并不可怕,关键是要处理得当,要给机会让学生改正错误,要有针对性地采取有效措施。案例中学生所犯的错误本质上是缘于文化课基础薄弱,以及由此长期形成的懒散的学习习惯。而文化课成绩的提高和学习习惯的改变不是一朝一夕就可以完成的,所以我既给她反复的机会,更给她提出具体的目标和切实的指导。这些具体的可见的帮助当然并不能让她成为文化课上的佼佼者,却至少可以使他在这一方面不再犯错误,不再影响她的自尊心,不再拖累她的自我觉醒。

三、发挥长处,增强学生的责任心

我们做老师的都知道,人踏入社会以后,其实是靠自己的特长立足于社会的,考试制度有形无形地掩盖了这一常识。在德育过程中,我们要强化这一常识的重要性。该生的特长是体育,我给了她发挥这一特长的大大的空间,几乎让我们班成了体育特长班,而这增强了她的成就感、自豪感,也增强了我们班的凝聚力,增强了同学们的集体荣誉感,班级管理也因此走上了正常轨道。在班级管理上,我不断揭示班级管理中的新问题,不断提出新要求,让她担负起更多的责任,增强她的责任心,激发她的工作热情,提升她的工作能力,使她真正成为我班的"大王"。

"大王"的成长经历,也让我感慨颇多。在教育中,老师要平等地对待每一位学生,尊重学生的个性,理解学生的情感,包容学生的缺点,善于发现每一位学生的长处和闪光点,让所有学生都成长为有用之才。学生当前正处于青春期,他们的世界观、人生观、价值观尚未成形,具有相当大的可塑性。我们应充分利用好每个机会,为他们提供平台,"逼"其成长;应营造积极向上的氛围,促其发展,使之成为未来的国之栋梁。

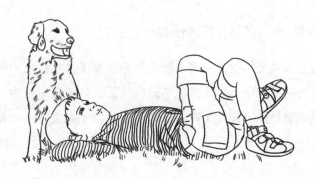

49. "夜深天凉,快去多穿一件衣服!"

李 颖

案例背景

这样的场景大家一定熟悉:老师在讲台上滔滔不绝地为学生摆事实,讲道理,学生却面无表情,昏昏欲睡;家长在饭桌前严厉地指出孩子的错误,要求孩子立刻改正,而坐在对面的孩子往往用各种理由搪塞家长,有的甚至针锋相对地怼回去。交流方式不当,不仅可能激化老师或家长与孩子间的矛盾,而且对孩子的发展也有害无益。

不可否认,语言是人们进行沟通的重要工具,但是,如果我们的表达简单粗暴,没有"温度",则会直接影响它的效果。随着信息时代的快速发展,人们的生活节奏日益加快,人与人之间的沟通越发重要,且越发倾向于简洁而温暖的情感交流。有效的沟通应当是用最简单的语言传达最清晰、最温暖的信息。

"润物无声,教育无痕",越来越多的教育家推崇这样的"无声的教育",因为这样的教育方式更加委婉含蓄,更能充分调动交流的互动性,便于与被教育者进行情感交流,这也符合中华民族间接婉转地表达情感的文化特征。

案例描述

进入职业学校的孩子对学习本来就不是很上心,对待每一次的考试也不是很认真,考试时交头接耳、传递纸条、夹带抄袭,这些在他们眼中都不是什么事儿，有的甚至在监考老师眼皮底下公开抄袭，且不接受批评，不知悔改，公然践踏考试纪律。

那一年，我任教的班级有几个"刺头"很难管理。一次单元小测验中，其中一个"刺头"作弊，被我逮住了。我本想没收他的试卷，但为了保护他的自尊心，我当场指出了他的错误，并在卷面上写上"减5分"，希望他能理解老师的苦衷，知错就改。没想到他疯了一样地跳起来，狠狠地撕碎了试卷。面对这突如其来的场景我先是目瞪口呆，转念一想，作为违反纪律的学生竟然公然挑衅老师的正当行为，如果不及时给予严厉的教育，会有越来越多的学生竞相效尤。再说，没能让他知道什么叫尊重老师，这不是自己教育的失败吗？

于是，我让全班停笔5分钟，请同学们帮我想想，如果你是老师你该怎么办。有的说不要管他，反正他也不好好考试；有的说叫班长找系部主任把他领走；还有的说"我们早就烦死他了"，干脆把他赶出校园，"回家得了"。我心中暗暗松了口气，看来大多数孩子还是有是非观念的。而此时那位"刺头"也有些后悔了，因愤怒而扭曲的表情变得柔和了些。我最后带着一点怨气只对他说了一句话：怎样对待自己的错误，怎样对待老师的教育，我请你好好反省反省。

后来，系部主任得知此事，主动把他找去交流，对他进行了深刻的思想政治教育，并让他在课堂上当面向我道歉。道歉是道歉了，但可以看出，他是心不甘情不愿的。这不，自那以后，他在任何场合见到我都会把脸别过去，装作一副根本没看到我的样子，很少理我。语文课上也依旧不时会出现说话、睡觉等违纪现象，有时你能看出他是故意这样做的，以此表明他的不服气。

直到一天傍晚，我还在办公室加班，猛地抬头看见一个学生的身影从窗前飘过。当时我也没放在心上，等到我把手头的工作做完，走出办公室时，校园里已空无一人。我推着自行车，远远地看见一个穿校服的学生在校门口徘徊，走近一看，正是上次作弊的"刺头"学生。他见了我，嘴角扯了扯，欲言又止。我见他面有难色，便轻轻地问了声："怎么这么晚还没回家?"他没有急着回答,而是把头低了下去,过了片刻,似是鼓起了所有的勇气,抬起头:"老师,您能借我两块钱吗?我下周还你。"我一下便明白他的难处了,笑了笑,把钱递给了他,摆摆手,"不用还了,快回去吧!"当时他脸上露出了难得的愧意与笑意。我和他一起走到公交车站,路程虽不长,但是却让我俩开始了一次愉快的闲谈。我们聊他的衣食住行,聊他在班上的朋友,聊他今天最快乐的事,聊他的爱好,聊我们对幸福的理解,不过我就是对他上次作弊的事避而不谈。最后,他似乎憋不住了,主动提起上次的错误,并向我道歉。

正是这次闲谈,让我对他的思想有了更准确更细致的了解,进而对上次作弊事件的处理有了更多的反省。上次作弊事件中,他之所以对我的处置有那么大的反应,固然与他的鲁莽、叛逆有关,与他错误的学习观有关,更深一层原因,与他有限的认知有关。他认为上了职业学校,文化成绩根本就不是什么大事,不过是混个及格分能毕业就行了,考试作弊算什么事呢;他还以为,作弊的人多呢,又不是只有他一个,老师既然不能制止所有的作弊行为,又为什么和他过不去呢?更何况老师知道他本来成绩就不好,作弊也不过就是想混个及格分,何必那么计较,这不是故意让他难堪吗?

了解了他的这些想法,我便注意观察他,利用又一次陪他走到公交车站的机会,和他谈了自律与他律的关系,让他明白,每一个人的进步一定是他有了更高的自我要求之后才能获得的。人的一生,大多数是平凡的,但每一个人能自信地活出自己的样子,都是因为自律让他活得问心无愧。这一次,他似乎听懂了,似乎还有了思考。

后来的一次语文测验,作文题目是"介绍你的朋友"。当我巡视走到他跟前时,他悄悄地问我:"老师,您的爱好是什么呀?"我觉得这问题莫名其妙,以为他还想再次扰乱考场,就瞪了他一眼。但当我再看他的卷子时,他的卷子上写着"语文老师,我最好的朋友"。顿时一股暖流袭来:曾经对我恨得咬牙切齿的学生,现在把我当作他最好的朋友了,我对此感到无比的欣慰。

> 分析反思

一、教育要有态度，更要有温度

相传古代有位老禅师，一日晚间在禅院里散步，看见院墙边有一张椅子，他立即明白有位出家人违反寺规翻墙出去了。老禅师也不声张，静静地走到墙边，移开椅子，就地蹲下。不到半个时辰（约合1小时），果真听到墙外一阵响动。少顷，一位小和尚翻墙而入，黑暗中踩着老禅师的背脊跳进了院子。当他双脚着地时，才发觉刚才自己踏上的不是椅子，而是自己的师父。小和尚顿时惊慌失措，张口结舌，只得站在原地，等待师父的责备和处罚。出乎小和尚意料的是，师父并没有厉声责备他，只是以很平静的语调说："夜深天凉，快去多穿一件衣服。"

在别人看来，有可能觉得老禅师的做法不可思议，但我想，作为教师的我们一定能明白老禅师的良苦用心。我们也可以想象，弟子听到老禅师的话后的心情，在这种宽容的无声的教育中，弟子不是因自己的错误被惩罚了，而是被师父这平静却又充满关爱的话语温暖了。这就是无声教育的魅力。我也时常思考，究竟如何才能做到"润物无声、教育无痕"呢？

这次事件使我充分认识到：在面向学生的德育工作中，仅有尊重是不够的，教育要有态度，更要有温度。

二、让受教育的孩子一个都不能少

我们一向认为，没有哪个孩子生来就向恶，也没有哪个孩子天生就厌学，哪个孩子第一次迈进学校的大门时不是心怀好奇，对知识充满了渴望？有些孩子可能在学习上不开化，成绩差，但并不意味着事事不如人；有些孩子脑瓜灵活，却生性好动，甚至常常惹是生非……因而，我们没有理由放弃任何一名学生，教师应当是呵护每一个生命的使者。特别是面对学习、表现较差的学生，更要给予额外的呵护，维护他们那脆弱的自尊心。

这次事件让我常常想到，如果没有他那天的车费短缺，如果没有那一次师生间无障碍的交流，那么所有的转机就不会发生。

三、主动沟通，寻找教育的良机

接下来我思考的就是，我们如何不断地主动地去寻找、创造一个个这样的"车费短缺"的机会，寻找、创造一个个无障碍长谈的机会，乃至于把这种机会"前置"以防患于未然，把"尊重"落实到对学生的深入了解上、对学生的真切关心上。这才是真正的尊重，这才能使"尊重教育"结出美丽的硕果。

不少老师认为教育学生无外乎表扬（或批评）和说教两种方式，这是对教育的片面理解。其实批评也应当像春雨一样，既滋润根系，又不伤及枝叶。学生毕竟还是孩子，不懂得理性地思考问题，往往也厌烦老师滔滔不绝的说教。我终于明白了这样的道理：教育学生更需要智慧育人。

在教育教学中，我常常抓住学生关键的话，有针对性地进行引导，把他们看成朋友，经常会问他们："你认为良好的行为标准是什么样的？""你能理解我吗？"……就是这样平凡而有温度的交流，学生越发爱我这个老师，我也越发喜爱学生们了。"润物无声，教育无痕"是教育的最高境界，似雪落春泥，悄然入土，孕育和滋润着生命，让生命鲜活起来。掌握这种技巧，就能让学生观微知著，触类旁通，自醒自悟，享受成长。

50. 赏识教育从尊重孩子的人格开始

刘梦媛

案例背景

中职学校的学生是一个特殊的群体。他们大多目标不明确，对学习缺乏信心，自我意识不够健全。特别是在计算机课上，学生的学习能力差距很大。有的学生由于基础薄弱，对上机操作课缺乏兴趣，学习劲头不足；有的学生为了寻找心理平衡，哗众取宠，常常做出不符合机房管理规定的举动。面对这个群体，有人也许会认为进行赏识教育缺少基础，赏识教育可能只是一个虚伪的做法，甚至认为赏识教育在职业学校没有用武之地。

我认为，正是因为这些孩子有这样那样的不足，赏识对他们而言显得更加重要。当然，赏识并不是迁就他们错误的言行，而是作为一个纯真的孩子，他们有着很多值得肯定的品质。用鼓励的话语、微笑、竖起的大拇指等取代批评和指责，让学生觉得"我可以，我很棒"，这不仅能帮助学生重新树立学习的信心，更能激发学生积极找寻自己未来的发展方向，并为之更加努力地拼搏。

案例描述

小文是位一提他的名字老师们都会"头疼"的孩子。他非常活泼好动，行为习惯比较差，上课时会有小动作；他大声喧哗，喜欢哄闹，甚至在课堂上玩手机，不遵守课堂纪律。老师找他谈话，他总是表现出不在乎的态度，做出不听从甚至顶撞的行为。作为该班级的计算机任课教师和见习班主任，我对该生进行了长期的观察。

有一次，早上值日结束，小文要把值日生保管的班级钥匙传给另一位同学，只见他直接从座位上站起身来随手把钥匙扔了出去。见此情形我吓坏了，幸好没有学生被砸中受伤。为此，当着全班学生的面，我对小文进行了严厉的批评，指出他这种行为可能会给同学带来意外的伤害，并要求小文写检查。坐在下面的小文嘟囔道："干吗这么小题大做，有什么嘛……"于是我走到他面前再一次批评了他，他依然觉得自己并没有错，并对我的话进行辩驳。或者是虽然知道自己做错了，但不想当着全班同学的面承认自己的错误。小文的这种叛逆的个性让我很担心。但静下心来想想，作为教师，我要做的并不是一味地去指出学生不对的地方，而是应该更多地抱着欣赏的眼光，看到每个学生身上特别的闪光点，引导学生去认识自我。特别对于小文这样的孩子，他强烈地希望得到关注和肯定。因此，我反思：为什么不能换一种教育思路，用赏识教育的方法，多去帮助他发现自我呢？有了这样的思考，我便对小文给予更多关注，力争在较短的时间内全面地了解小文，尤其是要发现小文作为一个孩子身上的闪光点。

在这样的情形下，我发现了原来我所忽略的方面。原来在我的计算机课上，小文就有着比较突出的一面。在我进行操作演示的时候，小文常常会提供新的思路，他常说："老师，我可以采用其他方法。"以前我对此有些忽略，甚至认为他是没事找事，经过思考，我开始大胆地让他为大家进行操作演示，没想到他的操作演示每次都很成功。有一次我为大家演示，讲到在 Word 中统计字数这个操作点时，我告诉同学们，Word 里面有统计字数的工具。而小文的做法却是让每页纸上都只有一个字，看多少张纸即可。小文这样的"神"操作，惹得同学们笑作一团。我说："这样做是有悖于常规，但也说明小文认真思考了，同学们遇到问题，要多进行探究和思考，不要怕做错，找到最合适的方法，才能更好地将知识应用到生活中。我们应该向小文学习，应该给小文鼓掌。"机房里突然安静了下来，有人鼓起了掌，接着掌声像潮水一样蔓延开来。小文有些不好意思地笑了,阳光照在这个调皮少年的脸上。

我说:"小文同学积极思考,这样非常好,课堂上的知识不是一成不变的。面对问题,大家要自己去寻找解决方法,这样我们才能有所进步。但这是在掌握了课堂知识的基础上进行的,我们得先认真听课,打好基础才能进行自主探究。小文,你说对吗?"他点点头,又低下了头。

这样的赏识、激励之后,小文在做课堂练习时更加认真了,老师布置的任务,他几乎都第一个完成。除此之外,我还给他布置了一些难度更大的学习任务,让他课后多去钻研。随着他学习成绩的提高,我又让他担任课代表,去承担一份责任,甚至给他布置帮助其他同学提高成绩的任务。接着,我又从与计算机关联较大的科目开始,对他其他科目的学习提出了较高的要求,并不断地及时地给予鼓励。他在学习上的认真钻研,带来了课堂上行为的变化,我又及时地给予表扬,进而在行为习惯上提出要求,和他谈理想,谈他对未来的打算、设想,和他谈良好意志品质这些看似虚幻的东西对人的积极作用,和他谈合作的重要性,和他谈人生的价值在于奉献的道理。这些本来他根本听不进去的东西,现在竟然能听进去,并不时地主动找我,与我谈他的困难和困惑。

不断的赏识、激励,终于使小文不再是"问题少年"。那一学年的期末,小文被评为"三好学生"。当我把这个结果拿来征询任课老师的意见的时候,他们才惊奇地说:"是啊,现在想想,小文的变化是太大了啊。以前那个在课上调皮捣蛋的小文真的变了。他变得懂事了,学会安静地聆听了,脸上也常常洋溢着自信的笑容。"

分析反思

一、中职教育需要注入更多的赏识教育

赏识教育是当代学者周弘老师首倡并全身心倡导、推广的一种全新的教育理念,是对"承认差异、允许失败、无限热爱"等整个教育过程的总结,它与人民教育家陶行知的教育思想是一脉相承的。著名语文学家夏丏

尊先生在翻译《爱的教育》时说过这样一句话："教育之没有情感，没有爱，就如同池塘没有水一样，没有水，就不成其池塘，没有爱就没有教育。"因此，赏识教育就是爱的教育。

在中职学校，我们常常根据学生不好的行为习惯表现，把学生定义为"问题学生"，在平常的教学和管理中，常常持批评和否定的态度。可是我们不妨想一想，这样真的有利于解决学生的"问题"吗？很多时候都是适得其反。职业学校的学生，他们处于青春期，正是人生观、价值观形成的时期，这个时候的他们，比起初中阶段更需要外界的肯定，尤其是来自学校老师、同学的肯定和欣赏。作为教师，我们要多进行赏识教育，多去发现学生身上的闪光点，积极地及时地去鼓励和帮助学生认识自我，让他们找到自己感兴趣的学习方面，从而挖掘自己的潜能，树立起必胜的信心。

二、赏识教育是生命的教育

赏识教育作为教育的一种思想理念，它要求教师遵循生命成长的规律，走进学生的内心世界，在信任、尊重、理解、激励、宽容、提醒等热爱生命、善待生命的过程中，发现学生的潜能，唤醒学生的自信。

获得别人的肯定和赏识，是人们共同的心理需要。教师正确实施赏识教育，不仅能够维护学生的自尊，建立良好的师生关系，更重要的是有助于挖掘学生的潜能，使其能力得到最大限度的发挥。陶行知先生说过："真教育是心心相印的活动。唯独从心里发出来的，才能达到心灵深处。"

三、赏识教育是一门言行艺术

那么如何实施赏识教育呢？在实施过程中，我们必须讲究言行的艺术。赏识教育并不是溺爱和迁就，而是帮助学生发现自身的闪光点，让学生在关爱与期待中增强自信心。过度的表扬鼓励，有时会让学生感到赏识是虚伪的，从而刺伤学生的自尊心，并失去对教师的信任。同时赏识要因人而异，如对胆小的学生要多肯定、多鼓励，对调皮好动的学生要适度赏识，多提新要求。我们知道，一些不良习惯的形成，绝非一朝一夕之事，在对学生进行批评教育时，教师要以宽容的心态对待学生，给学生留有克服缺点的时间和空间，还特别要讲究批评语言的艺术性，注重体态语言的实效性。有时一个手势、一个眼神，会胜过千言万语，起到"润物细无声"的效果。

赏识教育是把各种外在的激励化为学生内在的发展动力，让学生把这种来自他人的赏识，进一步升华到赏识自我，赏识他人。赏识教育必须持之以恒，才能产生明显的效果。让赏识成为一股涓涓清流，流进每个孩子的心田，爱和希望的种子，会在那里生根发芽。

51. 尊重个性　静候花开

周丽华

案例背景

身为一名班主任，我经常思考：怎样管理自己的学生，要把自己的班级打造成一个什么样的班级，让自己的班级形成什么样的风格，怎样才能体现以人为本的教育理念……这些应该是每一位班主任都面临并思考着的问题。作为职业学校的班主任，我的体会是管理班级、管理学生，就是管理一个浓缩版的"小世界"。而这"小世界"已与我紧紧相连，形成了我的班主任"教育情怀"。这份情怀需要"修炼"，且任重而道远，它是一个不断扩大自己的认知使之与真理的世界接近的过程，是对教育的本质乃至人性本身不断地进行认知、探索的过程，这可能穷尽我的一生，使我的人生"永远在路上"。这份"修炼"也给我的班主任工作带来显著的变化，体会最为深刻的是"只问耕耘，不问收获"。我认为，教育不能急功近利。随着自己视野的拓展，情怀的升华，我对这句名言感受得更深切。面对天真稚气而顽皮的学生，我少了一分急躁与浮躁，多了一分"静候花开，美景自来"的从容与优雅。

案例描述

一、"特殊"学生，就得特别关照

回顾这几年的班主任工作，我清晰地记得担任这个新班的班主任的第一天。那天开学报到，新生许同学吸引了全部同学的目光。他的头发很特别：长长的，金黄色；他的自我介绍很独特："我在初中时期是一名'差生'，中考成绩不是很理想；初中毕业时本来已经有不再升学的打算，而且，我对今后的人生规划也很迷茫，我是在家人一再动员、鼓励，甚至是逼迫利诱下，才不得不选择继续读书的。"

这些"消极"的言行，在班上引起了一部分同学的共鸣。我猛然感受到他可能会给班级管理带来的压力。仔细一想，他说的应该是真实的想法，具有一定的代表性。因此，这份压力并不是由他一人造成的，而是由一类学生带来的。它也是客观存在的，只是由许同学直接表达了出来罢了。我在感到压力的同时又有了一种解脱感，以前班主任工作中的困惑、烦恼原来不过是没有正视这个现实而已。

于是，在之后开展的军训活动中，我不由得对这名"特殊"学生多了些观察。出乎意料的是，该生在军训中积极响应教官要求，动作规范、标准，每次整队他都是从第一排挨个帮助其他同学纠正，直至走到最后一排自己的站位。休息期间我与该生进行了沟通，得知该生擅长体育项目。

二、帮助学生规划未来，鼓励学生做好当下

通过一段时间的观察，我发现该生的接受能力和可塑性都很强，且愿意为大家贡献自己的力量，是一个善良的孩子。军训结束后，我与该生深入交流，决定任命该生为我班班长，相信他凭借自身所具备的潜质，加上后期管理能力的培养，一定会成为一名好班长。

同时，我认真等待和选择恰当的时机，对他那明显不符合要求的发型进行整顿。机会终于来了。那天我利用课间与该生沟通，问他："将来想要从事什么样的职业？是目前所学的专业还是有其他的职业规划？"许同学思考了一会儿说道："我选择学习会计专业，将来可能从事财会方面的工作，我是思考过很多的。这也算是从事对口专业。"听到这，我心里有一丝欣慰，于是我接着说："既然你想要做会计工作，现在开始就要为将来走上这个岗位好好地储备专业知识，培养该岗位所需的基本素养。"我

一边说着一边打开办公桌上的电脑，搜索着会计岗位人员标准的工作照，只见照片上所有男士都是身着简单深色的服装，留着精练清爽的短发，我说道："你看，职场中的男性财会人员较多，他们的'存在感'似乎不是依靠夺目的发型和服饰，而是依靠认真、严谨、负责的工作态度。"许同学若有所思地点点头。

三、尊重学生个性，激励学生勇于担当

我接着说道："下周一将迎来我们开学以来的第一节班会课，班会课以仪容仪表为主题。你是班长，这次的班会由你主持。"在收集资料准备班会的过程中，许同学反复思考应该讨论的问题：作为学生应该具有什么样的仪容仪表？不同场合适合什么样的仪容仪表？可以说，班会未开，他已更加懂得仪容仪表在生活中的重要性。

平时开朗的许同学，在这次正式主持班会之前却格外紧张，班会当天我惊奇地发现，他已自觉地染回发色。他主持班会的第一句话就是："在我的学习生涯中，我是第一次当班长，也是第一次主持班会。在今天班会之前我觉得言行可以是自由的，但现在我觉得我是班长，我要为大家做好的表率。所以我的头发已剪得符合规定，并且染回自然发色。"他的话赢得同学们的一片掌声。

他在班会总结中说道："仪容的内在美是最高的境界，仪容的自然美是传统的审美观，而仪容的修饰美则是仪容礼仪关注的重点。要做到仪容修饰美，自然要注意修饰仪容，修饰仪容的基本规则，是美观、整洁、卫生、得体。"

说实话，他能染回自然发色主持班会，没有出乎我的意料。但后来经了解得知，自从我在班级宣布他是班长之后，许同学每天听到同学们"班长、班长"地呼唤他，一些无法解决的班级事务都会主动向他请示报备，他一下觉得自己需要肩负起班长的担当，事事以身作则，这是我始料未及的。

之后几年里，许同学的学习成绩逐年进步，班级管理能力明显提升。

他每周组织召开一次班委会，带领班委一起制订工作计划，不断总结经验，讨论解决问题的对策，交流工作思路，在互相商讨交流中，共同积累与提高。

从他第一天入校刷"存在感"的奇异发型到现在默默践行自己的理想，让我看到这个"特殊"学生身上的发展潜质，以及充满希望的未来，也感受到自己班主任工作的神圣与光荣。

分析反思

一、尊重学生的个性，才能走入学生的内心世界

我们的学生身心发育还很不成熟，德育工作是以学生为中心的教育工作，为的是学生更全面地发展。在这一背景下，班主任的任务就是更好地为这个大目标服务，为学生的发展保驾护航。

许同学自开学介绍自己"差生"的身份，并通过怪异发型刷"存在感"，这会让很多老师感到气愤，并由此引起老师对他的负面评价。但我没有停留在这个表面阶段，而是正视现实，不断地思考、总结以前班主任工作的经验，努力看到这个"特殊"学生最真实的一面。这段时间，我更多地从心理学、社会学的层面来反思自己的工作，并且感受到：这个阶段的学生，逆反心理明显，内心世界纠结，我不能在第一时间指正他，而要仔细观察，充分认识他，多发现他的优点，多挖掘他的潜质，然后方可对症下药，引导教育，把他培养成一位优秀班干。

二、尊重学生的个性，欣赏学生的千姿百态

作为一名班主任，对待不同的学生应该采取不同的教育方法，不能千篇一律，不能武断，更不能诉诸武力，应该选择一种学生能接受的方法，因人而异、因事而异、因势利导，以达到真正地解决问题的目的。以这样的方式来教育学生才能产生事半功倍的效果，这样或许比当面批评来得更有效。处理班级偶发事件，往往体现班主任的大智慧，这也是教育的一道

亮丽的风景线。

许同学在担任班长、主持班会等一系列活动中，有班主任预设的成长，也有更多的意外收获。他意识到自己的榜样身份，并主动为榜样身份付出行动，这是多么难能可贵的变化呀。美国著名心理学家阿尔伯特·班杜拉在论述"有效的榜样"时强调两点：一是榜样与学习者之间的相似性；二是榜样的行为在学习者所能模仿的范围之内。这提醒我们要去寻找"青少年身边差不多的榜样"，也即"有效榜样"。

有这个榜样当然很重要，但仅仅依靠他还是不行的。我们要把尊重学生的个性落实到每一个学生身上，每一个学生都健康成长才能形成一个优秀的班集体。这样说，其实也就是把许同学这个"点"的工作推广到全班的"面"上。

三、尊重学生的个性，才能真正"以生为本"

车尔尼雪夫斯基说过，"既然太阳上也有黑点，人世间的事情就更不可能没有缺陷"。列宁也说过："孩子犯错，连上帝都会原谅。"班级管理是一门艺术。在这个过程中，班主任老师不但要有足够的勇气，更要有丰富的智慧。每一位班主任都要用心学习、用心钻研，努力做好知识的传播者、学生人生的领路人，同时还要争取做每一名同学的知心朋友，这样才有可能真正做到"以生为本"。

最后，我想用一位优秀老班主任的语录总结这几年的班主任工作感受：没有什么比引领一名学生更让我珍惜，做班主任我承担着责任，也享受着幸福！

52. 陌上花开缓缓归

陈海文

案例背景

沟通是人与人之间交往的桥梁。班主任是班级工作的组织者,班集体建设的指导者,学生健康成长的引领者,与家长和社区联系的桥梁。可以说,班主任所有的教育管理工作都是在沟通中进行的。有效沟通是班主任实现班级管理目标、满足发展要求、实现教育理想的重要手段。师生之间如何沟通,沟通的质量如何,决定了班级教育管理的有效程度。因此,如何与学生进行有效的沟通已成为班主任工作的首要问题。

我曾接手一个中专二年级商务专业的班级,班上共有52名学生,男女生比例约为1∶2。因为是二年级学生,他们思想比较活跃,渴望自主自立,有了各自较固定的朋友圈及个人群体的小秘密,有了"我的事情我做主""没事别找我"等合情但不尽合理的诉求。我对刚刚接手的班级情况不了解,学生又不愿与我交流,作为班主任,我只能在一旁仔细观察了解情况,寻找契机接近学生并与之进行沟通。

案例描述

一个星期五的下午,上课铃响过。我照例进班巡查,发现缺了三名平日表现比较好的女生薛某、周某和袁某。在回办公室的路上遇到她们三个正从厕所方向匆匆跑来,我提醒她们下次早点回班,便让她们上课去了。

当三名学生从我身边经过时,我突然闻到了一股酒气,怎么回事?看来她们迟到的原因不简单。我悄悄跟随她们上了楼，站在楼梯的拐角观察。袁某似乎有些难过地弯着腰，薛某和周某一左一右地扶着她往走廊的拐角走来，我故意在走廊楼梯口再次与她们相遇。"袁某同学怎么了？"我问道。薛某回答说有些不舒服，我提议将袁某扶到医务室去看看，可她们坚决不同意，表示只要扶着走走在外面吹吹风就好了。我站在她们身边，清楚地闻到袁某身上的酒味。

我迅速判断，三个人中是袁某"有事"。这时表情一直很难过的袁某对周某说："我想喝点水。"周某忙说："我去买瓶水。"我拦下周某，建议袁某去我办公室喝点儿温水，休息一下。三个女孩互相看了看，同意去办公室休息。在办公室，我先拿了张舒服的椅子给袁某坐下，又给她倒了杯温开水，并在稍远一点距离的地方坐下。袁某坐下喝了几口水后，说自己好多了，要去上课。我看着她们，再一次建议其他两位同学先去上课，袁某休息一会儿等脸色好转了再去。薛某和周某看了看袁某，带着些许犹豫和不安离开了办公室。

办公室里很安静，只有空调的送风声。袁某喝了几口水，略红的脸上带着一丝不好意思，站起来对我表示好多了，要去上课了。我看着她笑笑说："头还晕吗？有没有想吐？"袁说："有一点儿，但能坚持上课。"我垂下眼睛轻轻地说："还是等酒劲过了再走吧，这样出去让其他老师同学看到了不好。"袁某吃惊地问道："老师您怎么知道我喝酒了？"她的声音里有了明显的惊慌。我平静地看着她，低声地说："这么明显的酒气，老远就闻到了。"袁某一惊，立即低头去闻自己的衣服。"喝过酒的人闻不出自己身上的酒味，没喝的人一嗅就知道了。"听了这话，袁某的脸上闪过明显的害怕，马下低下了头。

我问道："中午喝的？""嗯。""多少？""六瓶。""六瓶？""是六罐啤酒。"袁某快速地抬起头看了我一眼，又马上低下了头。我一声低低的叹息："一个女孩子，遇到了多大的事要这么喝酒买醉……酒不是什么好东西，喝多了伤胃伤身。"袁某急急地说："我错了，老师，我下次不会喝酒了！"我用最平静的语气对她说："你再休息一会儿，待会儿陪我出去走走。"袁某满脸疑惑,我直直地看着她的眼睛说:"我心情不好,想请你陪我吃点儿冷饮。"

我俩静静地坐着,空调的凉风一阵阵地吹来,袁某的脸上一会儿忧伤,一会儿疑惑,一会儿坚定,一会儿惭愧。我看了看她渐渐转为正常的脸色,拉着她在学校门口的冷饮店买了两份刨冰和酸奶。我吃得很专心,袁某先是愣愣地看着我大吃,一会儿才一小口一小口地开始吃自己的那份,眼里有不明的光在闪烁。不一会儿,我吃光了刨冰,又一口气灌完了酸奶,长舒了一口气后平静地对她说:"啊,现在心里好过多了。你呢?快吃,一会儿还要回去上课呢。"袁某头埋得低低的,快速地吃掉了面前的刨冰,抬起头用发红的眼睛看着我说:"老师,我吃完了,走吧。"听着她明显颤抖的声音,看着她脸上的坚定,我笑了,牵着她的手离开了冷饮店。袁某看了看我们拉在一起的手,迟疑了一下,很快跟上了我的脚步,我们一起走进了学校。

"我认为你是一个有思想的坚强女孩,相信你能处理好自己的事。如果你有什么问题和困难,欢迎你告诉我,我愿意作为你的朋友与你一起面对。"走到教学楼楼下后我用最诚恳的语气对她说。看着她眼里泛起泪光,我微笑着与她告别。"好了,我就送到这儿了。聪明坚强的女孩,向上的路要你自己去走了!"袁某点了点头,扭头跑上了楼。我站在楼梯口目送她的背影消失在楼梯拐角,一低头看见地面上那几个新鲜的水滴印。

下一个周一的早晨,我刚进教室,袁某和她的几个朋友满脸笑容地迎上来,袁某笑着向我挥挥手说了声:"嗨,老班早!"周围的学生都一起看着我笑。我一怔,轻轻地笑了,一片春花在心底渐次绽放。

分析反思

众所周知,师生之间的沟通在教育教学生活中非常重要,想做好班主任工作就必须学会与学生进行心灵上的沟通。当下正处于社会快速转型发展期,随着社会经济的高速发展,孩子们的成长环境发生了巨大的变化,造就了孩子们独立、自主、敏感、任性、偏执、孤僻等性格特点,加上网络世界的影响,不少学生成为"新新人类",他们以自我为中心,沉浸在虚拟的网络世界里，不能顺畅地与人沟通，难以融入团队生活。这样的学生也成为学校教育管理中的难点。

对此，我们面临的首要问题是：如何与学生保持良好的有效沟通，从而更好地适应新时期的教育教学新目标。以下几点是我个人对于师生之间有效沟通的一些看法。

一、有效沟通需要平等的关系

在教育教学生活中，许多教师往往习惯于居高临下地俯视学生，用上位者的口吻对学生进行说教，这导致中高年级阶段师生沟通时经常不欢而散，效果不佳，主要表现为：老师声色俱厉，口干舌燥，学生当面认错，转身照旧，根本达不到有效沟通、教育转化的目的。师生之间只有建立平等的关系，才能进行有效沟通。首先，师生之间在人格上是平等的，只有把学生人格地位放到和自己平等的位置上，才能建立起有效沟通的基础。学生愿意接受教育和引导，是因为他们缺乏一定的是非辨别能力，缺乏正确的评价标准，但不能因此而漠视他们善良上进的本质，轻视他们积极进取的努力。人非圣贤，孰能无过！教师有时也难免有错，面对犯错的学生，更应多一点儿引导和帮助，少一点儿批评和惩罚，这样更有利于沟通，更有利于教育目标的达成。其次，要平等地对待每一位学生。不管他是优等生还是后进生，我们都要一视同仁。平等对待学生是有效沟通的前提，也是教师最基本的职业操守。

二、有效沟通需要相互理解与信任

教师不但要了解学生，还要让学生了解自己，这样有助于师生有效沟通。个人认为，相对于重视学生的学习成绩和在校表现，作为班主任还要了解学生的家庭情况、个人特长、兴趣爱好，分析他们的心理特征，这样沟通时才能有的放矢，才能"投其所好"，学生才会感受到老师对他的真诚关心与帮助，才会向老师敞开心扉。

理解和信任是人与人交往的重要原则，也是沟通的重要原则。现在的中职生自尊心强，逆反心理较重。班主任工作既要重视他们的学习与表现，更要理解和相信他们，保护他们的自尊心，要多从理解和关心的角度去跟他们交流，不能一味地批评指责，还要能接受他们的一些不成熟的想法，原谅他们的一些不大不小的错误，放心让他们去处理自己的事情。师生间彼此理解和信任最易产生"共情"，长期坚持下去，有利于形成师生之间互相尊重、互相信任、友好互助的关系，这是实现教育目标的重要基础。在教育实践活动中，这种"共情"所产生的效能往往比一些严格的管理条例要更大些。

三、有效沟通需要时机与技巧

教师选择适当的时机与学生进行沟通往往可以起到事半功倍的效果。时机可以巧遇，也可以创造。只要留心，机遇随处可见；只要用心，机遇说有就有。当然，教师与学生沟通需要技巧，比如注意沟通的时间、地点、方式方法甚至语气、语调，更要注意保护学生的自尊和隐私。交流需要恰当的场合，应尽量避免在人多的场合批评学生，保护学生的"面子"，就是给自己留"面子"。沟通交流的方式，除了面对面和学生沟通之外，还可以借助现代信息技术以及其他方法，比如短信、QQ、微信等。沟通时，老师要善于自我调节和控制，把握好语气语调，不能把个人的不良情绪发泄到学生身上。老师分析学生存在的问题，一定要以事实说话，做到冷静、客观而辩证。特别要强调的是，沟通不能只在学生犯错之后。老师平时多与学生沟通，能及时了解学生的思想动态，及时发现问题，这不仅是预防学生犯错的方法，还可以作为个性化教育的主要手段。

通过师生之间的有效沟通，能够建立一种健康、和谐的师生关系，达到教学相长、共同成长、共同进步的目的。作为班主任，更加应该重视与学生的沟通，起到班级学生之间、学生与任课老师之间、学生与学校之间乃至学生与家长之间沟通的桥梁作用，这样能不断提高班级团体的凝聚力，拓展学生的群体能力，丰富老师的教育经验。师生之间的有效沟通更是一种含情的意境，如"陌上花开，可缓缓归矣"。

53. 严格不是严厉

王 婷

案例背景

前脚迈出高校大门，后脚便步入工作岗位，我便开始了班主任工作生涯。尽管自己有着一腔热血、一颗热忱的心，然而没有任何经验的我，只能学着自己高中时期班主任的管理方法来管理我的学生，那就是"严厉"。但这种从当年老班那里承袭来的方法，用到现在班级的学生身上，似乎并不那么奏效。是啊，时代不同了，现在学生内心的想法和上学的心思已经不像自己那年那样单纯，他们叛逆，他们敏感，他们脆弱……诸多因素，使我的管理方法错误百出，我常常只能疲于应付。我暗下决心，得"修炼"自己的情怀，得"沉"到学生的生活里。我要寻求与时俱进的管理方法，更多地倾听，更多地沟通，并给予学生更多的鼓励。我得多尝试，多探索，不怕失败，探索出属于自己的独特方法。

案例描述

九月的一天，我在班里讲事情，主任走过教室长廊并招手示意我出来，随后我们来到楼梯口，主任开口说："学生来我这儿反映，说你太凶了。"听到这句话，我有点儿猝不及防，内心挺难受的。我向主任稍作解释，主任也表示很理解，也很支持。可事后我心里的感伤一直没有散去。

我一个人回到办公室，想起自己以前的班、以前的学生，心里的难过更是难以抑制。那是我第一次担任班主任，在接这个工作之前，我只是他们的语文老师，但心想：我从小教导自己的两个弟弟，结合高中阶段班主任的管理方法，我有足够的管理经验和策略来管好这个班，"对付"这些学生还不是小菜一碟。但事实并非我想象得那样容易。"老师，我觉得对于那些不想学的学生，只要他们不影响其他同学学习，您就省省心别管了，您管他们，他们还烦您。""你们班小赵跟我说想转到我们班，我问他为什么，他说你老逼他学习。"一位家长给我发短信反映："你的学生趁借用你的手机给家长打电话之机，把家长号码设为黑名单"……

看来，学生很不理解我的初衷，很不配合我的管理。那时，我的心里很有挫败感，甚至想要放弃那套严格的管理办法。我的内心犹豫未决，充满矛盾。也正是在这样的犹豫中，事情有了转机。

开学第一天，学校要分配班级卫生包干区，主任到办公室让班主任抽签决定。我很幸运，抽到了教学楼后面的一片，虽然这是考核班级的一项重要指标，但因为我班包干区在教学楼后面，不是学生的主要活动场所，管理似乎容易些。班长小孙，一个挺像男孩儿且有些小帅的女学生，隔三差五地来我办公室反映班级情况，每次话不多，说完便走，我总感觉与她有些距离。一天晚自习，她在办公室和一位女老师说笑，我便忍不住说了句："怎么我这班主任跟你没那么融洽呢？"小孙便留下来跟我交流起来。她委婉地说出对我的看法，原来我每次进班都板着脸，找她谈话也都是公事公办，有时候班级乱，我也会指责她。她举了一个例子：小洁同学很长时间没回家，她想家了，想跟我请个假，她都不敢自己来请，因为她看见我就两腿发抖。我也跟小孙说了自己心里的想法：平时不允许随便请假，是担心耽误他们的学习。我对她的诸多不解一一作了解释。

"之前挺不喜欢您的，总觉得您那么凶，管那么多事，现在明白了您的用心，您总比有些老师严格些，有的老师担心我们听不进课，考不上大学，对我们总是感情投入，要求也不那么严。其实，我们还是希望老师对我们严格些。"她感慨地说。

那段时间，班级考核总是问题百出，最大的问题就是包干区。我曾经感觉自己抽签抽得幸运，现在却每次都不能尽如人意，我心中自然不是滋味。又逢这段时间我手头工作多，班长小孙便主动请缨，说她每天在早自习之前提前半个小时到包干区，叮嘱大家做好打扫工作，并检查督促。还别说，自那以后包干区考核再也没有失分。

后来我终于闲下来了。一天我早早到校，想去看看班上的包干区。冬天早上的6点，天还是很黑，到了地方没发现人，我向四周扫视了一下，看见一个身影在角落里认真地来回挥动着扫把。上前一看，是班长小孙。我赶忙问："怎么只有你一个人？"她说："我没事来早一点儿，先干着，反正闲着也是闲着。"

之后的几天我都早早地去包干区看看，发现每次都是小孙一个人在干，我心里好奇，就找和她要好的同学问个究竟。同学说："王老师，小孙这段时间几乎每天都这样，负责包干区的同学或生病，或迟到，或根本不去包干区，都是她一个人打扫，而且每次她都会等到检查人员检查后询问有无问题，以及问题所在，再将问题自行处理好才回到班里早读。"我特地找到小孙谈话，她说："没什么，就是上次知道您对我们那么严苛，是对我们负责，比起那些糊弄我们逗我们开心却不认真的老师要辛苦百倍，就想着能替您分担一点点。"我心里的柔情难以抑制，是不是自己平时过于严苛了呢？是不是没有去发现学生身上的闪光点呢？是不是自己没有去理解学生的内心呢？……

现在自己的工作是不是仍然没有进入理想的状态呢？班级问题仍是不断。任课老师反映学生小吕上课传东西扰乱课堂秩序，我叫小吕到办公室谈话时她态度还很强硬。我在此之前也因一些小问题找过她，她每次都是相同的态度，我忍不住大声呵斥了两声，她回到教室伤心地痛哭起来。我觉得该和她认真地谈谈，毕竟她是小女孩。她再次来到办公室，我跟她谈了态度对于以后工作生活的重要性，她轻声地说："老师，我不是生您的气，我也不是不承认，但是我没做的事我不会承认。"经过仔细交流，我才发现，原来我们在交流上有误解，我关注的重点在于扰乱课堂，而她关注的重点在于传东西传了几次，之前她的态度不好也是因为这个，我细细问她是不是还有其他的误会呢，她一一道出。

他们毕竟还是孩子,有些想法还不成熟。我的言辞表达也有让他们误会的时候,我自己也要好好反思,要试着走进他们的内心。第二天我发现桌上有一瓶奶茶并附有一张纸条,"老师:我为我的态度跟您道歉,谢谢您!——小吕"。此时我才明白,作为老师,我们有时候应该放低姿态多去听听学生的解释和想法,不去伤害任何学生向上的心,更不能错过可以引导学生转好的教育机会。

分析反思

一、贴近实际,严而有格,才能有效管理

我曾经以为只要我的目标正确,只要是为了学生好,只要问心无愧,对学生严格管理是绝对没有问题的。经过以上案例,我的想法改变了。从理论上说,对学生严格要求是应该的,也是必须的;从情感上讲,像小孙那样付出我也可以理解,但仍然引发我的反思,小孙的努力并没有调动起其他同学的劳动热情,班级的氛围还不够好。要调动全班同学的积极性,我的愿望需要得到全班同学的理解,我还需要花时间、精力去做他们的工作,了解他们的内心想法,我的工作还需要更加深入细致,严格乃至严厉会让学生变得冷静,但也会引发他们的冷漠。

二、尊重个性,走进心灵,才能高效管理

理解是相互的,老师和学生的情感付出也是相互的。如果教师付出那么多,学生却漠视,甚至仇视,那我们老师就要反思:我们的管理方式是不是恰当,有没有与学生交流谈心?学生是否觉得教师总是忽视自己的闪光点,对他的训斥总是多于鼓励和理解呢?学生犯了错误后,我们有没有关注他们在多重压力下多么的敏感?有没有多一点儿耐心走进他们的心灵深处,给予他们更多的关心和鼓励?有没有呵护他们那颗脆弱的心?

理解需要建立在尊重学生个性的基础之上。我没有因为学生基础薄弱而放弃他们,总是把他们当作最优秀的学生看待,但现实并不是每一位学

生都能考上大学。所以，我还得进一步走进学生的内心，了解学生的愿望，理解他们的真实处境，引导他们树立切实可行的目标，并共同为之奋斗。

三、善于交流，多元沟通，让班级管理人性化

善于和学生交流，是做好班级管理工作的基础。之前，我的严格管理被学生视为严厉，他们因此不愿与我交流，而我竟没有看清学生服从之下的恐惧与逃避，把学生的表面服从当成了教育的应有效果。多年的管理使我清楚地认识到，学生需要的不仅仅是学习上的关心，还需要思想和情感上的交流，而交流必须放下严厉的外壳，才能使他们的内心接受老师，才能有真正的交流。客观地说，他们也渴望与老师交流，渴望得到来自老师的真诚的体贴和支持。现代的学生和当初学生时代的我们所处的环境有很大的变化，社会因素对他们成长的影响也不断增强，他们面临的压力比我们当年大，需要的理解也比我们多，但他们的内心很单纯，他们的性格很善良，唯有适恰的引导才会给他们的人生带来意想不到的精彩。

谈话方式多元化，使师生之间的贴心交流成为可能。和学生交谈，我们不能自说自话，要关注自己怎么说，更要关注学生怎么说。交流时老师首先要耐心当好听众，通过交流探明事情的真正原因，了解学生的真实想法，从而有针对性地提出自己的看法，增强说服教育的效果。在这期间，老师应当尽可能地多给学生表达的机会，学生一旦有了进步，老师应及时、适时地给予表扬，要知道学生的努力特别需要得到老师的认可。

54. 尊重学生的差异

彭 超

案例背景

德国哲学家莱布尼茨说过:"世界上没有两片完全相同的树叶。"大自然中存在着生物多样性,学生也是如此。由于遗传、环境、生活习惯等因素的影响,每个学生之间都存在差异。有的听话懂事,有的倔强顽皮,有的聪明伶俐,有的迟钝呆板。中等职业学校的学生大多学习态度一般,文化成绩一般,但他们的个性却丰富多彩。在教育教学活动中,我们首先应当直面学生间的差异,尊重学生间的差异。在教育教学过程中,我们要坚持一把钥匙开一把锁的原则,抓大放小,求同存异,讲究方法,追求实效,相信因为不同,所以创新,因为不同,所以精彩。

案例描述

一、作业风波

在一个阴雨绵绵的冬日早晨,我正在集训室组织学生训练。突然大门被人推开了,我所教的审计班的课代表马同学抱着作业本怒气冲冲地撞了进来,着实让我和其他几位老师、同学大吃一惊。我抬头问他:"怎么了,慌慌张张的?"他喘着气,咽了咽口水:"彭老师!吴同学他不交作业,态度极不端正!""怎么回事?你慢慢说。"我一边安抚马同学,一边心存疑惑。吴同学是审计班的学习委员,主要负责班级学习方面的工作,按理说在班级的学习中应该起到积极带头的作用，怎么会发生这样的事？

"刚刚我收作业本并且告诉大家，老师要求第一节课上课之前就要收齐，吴同学却说题目太简单了，他不愿意写！"马同学气红了脸，"这明摆着就是看不起这门学科嘛！"和他一起来的另一名同学赵同学拉了拉他，说："是的，老师，当时吴同学当着我们的面说的，周围很多同学都听到了，态度真的不太好。"

我听后对吴同学更加疑惑了，昨天上课讲解汇率计算的时候，我特地请吴同学在黑板上示范做题，他一口回绝且说他不会。由于他是学习委员，我没有在课堂上当着全班同学的面批评他。本想这两天有空找他谈谈，没想到今天发生这样的事。他在课堂上说不会做题，跟别的同学却说题目太简单，这到底是什么情况呢？

"好，我知道了。你们别有情绪，先回去上课吧。我一会儿来处理。"安抚了他俩的情绪，预备铃声也响了。看着他俩出门，我拿出手机联系了审计班的班主任，和她交流了大致情况，准备大课间再找她沟通。

大课间的铃声响了，我走进班主任的办公室，发现吴同学已经在那儿了。他低着头，抿着嘴角，双手背在身后，身板站得笔直。"彭老师，快来坐下。"班主任招呼我坐在她身边，转头向吴同学问道："你身为学习委员带头不写作业，这到底是怎么回事？"吴同学抬头看了我一眼又低下头，说："不是的……老师昨天发作业比较迟，我晚上还有别的事情所以没写。"我问他："下午五点发的家庭作业，应该不算很迟吧？你有一个晚上的时间可以写啊？"他没再说话。班主任显然有些生气，教育了吴同学半天。看着他沉默着点头的样子，我有些担心这些说教是否能有效果，决定还是再观察他一段时间。

二、解决问题

打定主意以后，我邀请吴同学在放学后与我谈一谈，他欣然接受了。地点我选在了办公室外走廊角落的圆桌，这里视野开阔又不受外人干扰，是个谈心的好地方。吴同学来了之后很拘谨地站着，在我的坚持下他才放下书包坐到了我的对面。我拉着椅子坐到他的旁边，调整到更亲近一些的距离。

我没有直接批评他与马同学发生争执，而是询问他对这门课有什么疑惑。他告诉我课程前半部分关于财政的知识都是靠死记硬背，但后半部分金融方面的知识需要理解和思考，很难掌握。我让他把作业本拿出来翻到最近所教的外汇与汇率部分，针对他不懂的地方重新讲解了一遍。

　　"懂了吗？"我看着他。"现在懂了，谢谢老师。"吴同学把作业本合了起来。我看时机差不多了，就问他："你是班级里的学习委员，上课的时候老师请你起来回答问题，就算你当时不理解也没关系，可以下课像现在这样向老师寻求帮助，我一定会帮你的。但是你连起立都不起立，直接坐着回我一句'不会'，是不是有失礼节呀？"看他没有说话，我继续说道："你不会回答没有关系，那也应该起立说明情况。你的做法是不是显得有些不尊重老师，不尊重课堂呢？班里后面几位男同学见你这样，他们也有样学样，直接坐着说不会，都这样今后课堂互动怎么进行呢？原本是想让你作为班委给别的同学起到模范带头作用，现在他们反倒学你不尊重老师，你觉得这样妥当吗？"吴同学涨红了脸，低着头说："老师……之前是我不对，我以后不会了。"

　　"那就好！知错能改，善莫大焉！但是关于尊重，不仅是对老师，同学之间也需要互相尊重呀！我听说你和马同学发生了一些争执，是怎么回事呢？"我看着吴同学，他和我解释道："老师，其实上次作业的事，当时我已经回家了，作业本没有带回家，第二天过来又来不及补，课代表又非要第一节课之前收齐，所以……""我知道了，像这种情况你可以向课代表说明或者向我说明，迟一点儿再交也没事。第一节课之前把作业交给我是我要求的，你也别怪他。马同学当时有点儿情绪是因为你让他产生误解，以为你不重视这门学科，他也是认真尽职才会和我说。"

　　我看他若有所思地点点头，继续说道："其实之后你们之间的矛盾我也听说了一点儿，你认为他成绩不好，因此不够格做课代表。但其实每个人都是不同的，有的人擅长学习，有的人擅长跳舞，有的人擅长唱歌，不能完全以学习成绩来评价一个人，对不对？学期刚开始的时候我找了几个同学问他们想不想当课代表，当时我记得我也和你聊过，但是因为你已经有了别的职务所以没有选你。当时我哪里知道你们谁的成绩好谁的成绩不好呢？马同学对这门课确实很有积极性，自从他当了课代表，每节课上课之前都及时来找我拿材料，每次收作业发作业时每个同学详细的作业情况他都记录好了给我，每次小组 PPT 的制作任务也是他来协调安排。作为一个课代表我觉得他做得很好。但是因为这些付出是看不见的，导致马同学被批评成绩不好还当课代表，他认真完成老师布置的工作被说成狐假虎威，马同学听了当然会伤心、生气呀！你说呢？"吴同学一边点头，一边露出惭愧的表情，我趁热打铁："正是因为他成绩不够好，才需要你这个学习委员带着他一起进步呀。帮助班级里的同学提高成绩，不正是你的职责所在吗？咱们中华民族传统文化中，乐于助人、尊重他人、善于合作是最基本的品质。你好好想想，如果觉得自己之前不够尊重马同学，没有积极地与同学互相帮助的话，明天去和他道个歉吧。"吴同学若有所思地点点头："好的，老师，我知道了！"

分析反思

结合上述案例和《中小学德育工作指南》中对德育工作的新要求，以及德育工作的基本规律，我有如下几点反思。

一、以学生犯错为契机，引导学生提升能力

人非圣贤，孰能无过？每个人在成长的道路上都难免会犯错误，因为学生的可塑性很强，作为教育者，应学会宽容学生，用发展的眼光看待学生。案例中的吴同学和马同学都或多或少地存在一些问题，我作为教育者没有因为他们犯错而放弃他们，而是通过讲明道理、疏导思想，抓住时机因势利导、循循善诱、以理服人，以表扬激励为主，调动学生的积极性，引导学生增强调控心理、自主自助、应对挫折、适应环境的能力。

二、正视学生个体差异，因材施教引领发展

世界上没有两片完全相同的树叶，每个学生作为独立个体都有其特殊性。教师在教育学生前要深入地了解学生的个性特点和内心世界，有的放矢地进行教育，做到"一把钥匙开一把锁"。故教学工作中教师应时刻保持探求心，了解每个学生的心理需求，发现学生的长处与不足，在关注学生成绩的同时，不能让学生产生"成绩就是全部"的错误观点，不以成绩作为评价学生的唯一指标，做到智育德育两手抓。

三、顺应学生发展规律，及时跟进德育工作

学生正处于世界观、人生观、价值观形成的重要阶段，随着其自我意识的成长，更渴望得到教师的平等对待和认可。教师在教育过程中应顺应青少年身心发展规律，教育和引导学生理解基本的社会规范和道德规范，树立规则意识、法治观念，培养公民意识，掌握促进身心健康发展的途径和方法，养成热爱劳动、自主自立、意志坚强的生活态度。在教育方式的选择上，教师应该以身作则，不可采用"一刀切"的灌输方式，而应在正视学生心理需求的基础上发挥"过来人"的引领作用。结合案例，我校学生年龄在15～18岁之间，正处于培养自我同一性的青少年阶段。在教育过程中，我作为教师首先需要敞开心扉，以关爱之心触动青春期的学生，尊重学生的想法和特殊情况，消除学生的对立情绪，进而赢得学生的信赖，获得沟通基础，使德育工作更容易推进。在学生与学生发生冲突时，教师应在调解矛盾的同时，重点关注学生的心理健康，适度开导，并给予鼓励，从而培养学生健全的人格、积极的心态和良好的个性心理品质。

德育工作绝不能口号化、标语化，应融入日常的教学工作中。教师要抓住每一次与学生交流的机会，在知识教育中融入德育的内核，引导学生热爱祖国，热爱人民，认同中华文化，继承革命传统，弘扬民族精神，养成尊重他人、乐于助人、善于合作、勇于创新等中华传统优秀品质，不负社会对教育工作者的重托。

55. 课程思政润物无声

康 凯

案例背景

iOS 编程课程是一门为五年高职软件技术专业二年级学生开设的使用 Swift 语言和 Xcode 工具为 iPhone 设计 app 的选修课。我曾在 2016 级信息 3 班教授这门枯燥的学科。在学习这门课程之前，学生已经学习过 C 语言。我估计绝大多数学生对于编程语言的基本语法、算法思想和编程开发工具都有了基本的认识与掌握。

为了降低教学难度，我在课前把这个项目需要使用的代码印成了讲义，提前发给学生供他们预习时使用。授课时，我首先介绍了 Swift 语言的基本语法和 Xcode 的基本操作方法，并使用案例教学的方法，让学生通过代码的方式在 iPhone 6s 的模拟器上创建一个标签、一个文本框和一个命令按钮，帮助学生通过这个案例掌握使用 Xcode 创建项目的整个流程以及 Swift 语言的语法特点与常用语句。

案例描述

一个周四下午的实训课，开课时，我先将这个项目的成品效果演示给学生看，然后对这个项目操作的关键步骤进行了演示讲解，特别提醒学生操作时要启动 Xcode 的选择项以及识别指定的"View Controller. swift"文件中的编辑代码；接着，我要求学生对照讲义及屏幕上的内容，确定代码输入的位置，理解所输入的代码的含义，注意观察界面上出现的错误提示，学会基本的排错方法。在我做完演示及提示后，学生们开始创建各自项目的操作。

一、一个无所事事的学生

我在演示与讲解的过程中，就注意到 H 同学一只手插在口袋里，漫不经心地用另一只手移动鼠标，他还一直东张西望，注意力完全没有放在我演示与讲解的内容上。我提醒了他，但他的行为并没有太大的改观，由于是面向全体学生教学，我对他没有作更多的提醒。

在学生自主创建项目时，我就在机房里巡视，解答学生提出的问题。当我来到 H 同学的机位上时，发现他依然是一只手插在口袋里，另一只手漫无目的地操作着鼠标。

我：你为什么不开始创建项目呢？

H 同学：（沉默了 2 秒钟后）我不知道怎么创建。

我：你先启动 Xcode。

H 同学：哪个是 Xcode？

此时的我有点惊讶，我已经教过 Xcode 的启动及基本使用方法，他居然到现在还不知道 Xcode 的图标长什么样！但是，我还是平静地告诉他 Xcode 的图标在哪里。

H 同学双击了 Xcode 的图标，进入了欢迎界面。

我：接下来该怎么做，你会吗？

H 同学：我会。

听他这么说，我就走到另一位提问的同学的机位旁答疑了。

二、两个烦躁不安的学生

在不断回答学生的提问、帮助学生调试程序代码的活动中，这节课马上就要进入尾声了。

我又依次来到每位学生的机位上巡视了一遍，绝大多数学生都完成了本节课的学习任务。当再次来到 H 同学身旁时，我发现他的屏幕仍停留在项目创建后的初始界面。

我：哎?! 你的代码在哪里?

H同学：我不知道在哪里输入代码。

我：那你为什么不问我呢?

H同学：……

我正在思忖着如何帮助H同学解决问题时，身旁的G同学喊道："老师！我的代码里怎么有这个错误，我不做了！"然后很生气地把键盘推开。G同学旁边的J同学也叫道："老师！我的代码一个错误提示都没有，怎么就是看不到命令按钮？我调试好多次了，这不是我的问题哦，我把代码交给你，你要算我完成了任务！"

我看了一下时间，还有一分钟就要下课了，于是我对这节课做了总结并布置了课后作业，然后吩咐H、G、J三位同学不要关机，留下来继续学习。

三、不要急，我们来慢慢解决问题

这三位学生被留下来后，我注意到H很沮丧，而G和J都很烦躁。我故意不急不忙地将所有机位都检查了一遍，然后才坐在了H的座位上，要三位学生围坐在我周围。

我：我们先来解决H的问题。H，你先自己说吧。

H同学：我不知道在什么位置输入代码。

G同学、J同学：你不会看讲义吗？

H同学：我不知道怎么看。

我：J同学，你怎么知道在哪里输入呢？

J同学：老师讲过的呀，而且对照讲义和屏幕也可以自己找到相应的位置啊！

我：H同学，那你现在就按照J讲的方法找找看。

H同学吃力地将讲义和屏幕上的内容进行着比对，终于找到了正确的位置。

我：H同学，今天你只要能够创建出一个标签就可以了。

我转向G同学、J同学。

我：下面我们来看看你们俩的问题。G同学，老师在编写代码时也是经常出错，有的时候比你还多。说实话，你代码中的这些错误老师也不知道是什么原因造成的，你一条条点开自己看吧。

G同学按照我的要求从第一条错误信息处检查起，他也很吃力，但是最终发现是关键字和标识符之间少了一个空格。G同学将这个空格添加上去后，所有的错误信息都消失了，G同学立即喜笑颜开了。

J同学的代码没有任何语法错误，却看不到命令按钮，这一定是坐标参数出了问题。我没有直接告诉他原因，只是让他仔细看语句，问他这个语句中"x：1000，y：1000"是什么含义。他研究了一会儿后恍然大悟。

J同学：这是命令按钮的位置坐标，我定义的数据错了，命令按钮掉出屏幕了。

J同学将这两个参数修改后再次运行，命令按钮终于出现在屏幕指定的位置上了。

这时候，H同学也把他做好的标签运行给我看了。

四、你知道自己的问题出在哪儿了吗？

我：好！现在问题都解决了，你们三个人都说说看，自己的问题出在哪里，以后怎么解决。

J同学：我的问题有两个，一个是粗心将100输成了1000，另一个是没有学会理解并灵活运用代码。

G同学：我看到这么多错误提示心里一下子就慌了，完全不知道从什么地方下手，只想拉倒吧，不管它了。现在看来这并不可怕，只要一条条地检查排除，实在不会的可以问老师或同学。

H同学：（哼哧哼哧了半天）我要认真听课。

H、J、G三位同学将调试好的代码上传给我，离开机房时我听见G同学对J同学说:"下次我写代码时一定要弄清楚哪些地方需要加空格,哪些地方不需要。"

分析反思

一、智育与德育的关系:一项工作的两面

对于任课老师而言,德育的过程主要蕴含在与课堂紧密相关的教学过程中。这节课中三位同学的问题看似是知识学习中出现的问题,但归根结底是学习态度、学习习惯与自信心的问题,如果我们的课堂教学能够不断地给学生以自信,不断帮助学生端正学习态度,我认为,做学生的思想工作,就是在做教学工作。

一般老师遇到H同学这种情况,往往会非常生气,可能觉得这个学生实在是无可救药,控制不住时还会批评他不认真听讲;对于J同学和G同学的问题,很多老师可能会直接指出他们的错误和问题,甚至亲自上阵帮他们修改代码。

二、教育教学:在不断弥补中不断拓展

职业学校的学生在早期家庭教育和学校教育中都或多或少地遇到了不正确的处事方法与处事态度,因此在学习态度、学习方法、自信心等方面都存在着一些问题与缺失。职业学校的老师在发现学生的问题后,既不应该歧视也不能抱怨,而是应该用正确的方法去帮助学生改正这些不足,使学生的能力在原有的基础上得到提升。

H同学的问题可能出在他早期的学习生涯中始终得不到激励,从而产生了自我放弃的念头与行为。对待这样的学生,教师如果只是严厉批评,只会加重他自我放弃的念头与行为。教师应当耐心引导,降低要求与难度,帮助他找回自信,培养正确的学习习惯与方法。

J同学和G同学的问题最具有普遍性,相比于H同学,这类学生的学习兴趣和能力都较高,但是容易急躁,有畏难情绪,遇到困难容易放弃。

所以教师在指导这类学生时，首先自己就要有耐心、不急不躁，用自己的耐心和稳定的情绪来影响学生；其次在解决问题时切不可越俎代庖，一定要教会学生发现问题和解决问题的方法。

现在很多人对职业教育的理解多停留在专业知识和技能的培养上，更深一层次的理解还应包括职业素养的培养。我个人认为，无论是学生专业知识和技能的提升，还是其职业素养的养成，一定是教师通过正确的理念与方法手段来实现的。教师不仅要善于发现学生的问题，更要能够探析学生问题产生的根源；不仅要帮助学生解决问题，更要帮助学生掌握解决问题的方法。

三、以教师的耐心，增强学生的信心

教师不仅要有一双发现问题的慧眼，更需要用一颗平静温和的心去帮助和影响学生，从而解决他们学习和生活中遇到的问题。学生选择职业学校往往意味着他们在中考中失利了，但这并不意味着学生的人生是失败的。有的学生其实是很有学习能力的，我们不能使其放弃目标，失去了自信。即使是那些真正对文化课的学习缺少能力的学生，也依然有着技术实践层面的优势或特长，问题是人生的信念不能缺失，因而我们职业学校的老师应该有这样一份自觉：呵护学生的信心，比所有的教学工作都重要。

56. 别让怒火浇灭学生的学习热情

黄美玲

案例背景

课堂教学是教师向学生传授知识和技能的重要环节，是一项有计划、有目的的教学活动。在实际的课堂教学中，良好的教学效果需要教师与学生之间的积极配合，需要师生、生生之间的有效互动。在课堂上，教师必须积极调动学生的情绪，激发学生参与学习的热情，增强学生的主动性。作为一名新手老师，我在课堂上尽最大努力关注每一位学生，千方百计地获取每一位学生的积极回应。但实际上总是有个别学生跟不上教师的步伐，有的甚至拒绝合作。这些现象给我的教学带来了挑战，也促使我不断反省与改进，倒逼自己快速成长与进步。我逐渐更深层次地认识到"亲其师，信其道"的道理，认识到德育与智育（教学）有着紧密的联系，课堂教学的功夫不仅在课堂，还在课外与学生良好的相处中，还在自己对学生的理解、宽容乃至欣赏上。只有师生关系良好，才能保证课堂气氛和谐，才能保证学生始终围绕教学中心展开活动。

案例描述

记得那是我刚接手这个班的第二次课，我带着早已牢记在心的教案，满怀信心地走进教室，我相信精心准备的这堂礼仪课一定会取得圆满成功。

和学生互相问好之后，我环视了一下教室，发现有个座位是空的，心里便有了一丝不悦。我照例询问了班里其他同学，得到的回答是：小黎同学被班主任叫去了，也不知道她什么时候回来。我便带着一点点遗憾开始了我的这一堂课。大约过了十五分钟，门口一声"报告"打断了我的教学，小黎同学站在了教室门口。我面无表情地让她进来，然后继续着我的课程。

"下面请大家按照老师的讲解与示范，以小组为单位进行练习。"我在继续进行了约五分钟的难点讲解后让大家按照要求离座练习。这项作业刚布置，同学们便纷纷离座开始练习，我也依照座位顺序巡查指导，一个个地帮助学生纠正不到位的动作。

正当我专注于对某一同学进行讲解纠偏时，一个声音撞进我的耳朵："老师，我没有搭档一起练习。"

"怎么会呢？你们班今天没有同学缺课，刚好两人一组啊。"我马上不解地问道。

"我的搭档她坐在座位上不愿意动……"这位同学支支吾吾地说。

我顺着这位同学的目光，看到了刚刚进来的小黎。见小黎趴在桌上一动不动的样子，一团怒火腾地从我心头升起，正要发作时，我突然想起一位老前辈的经验之谈："在课堂上不论发生什么事，不要轻易对学生发火，一定要保持冷静。"于是，我压制住内心的怒火走到小黎身边，轻轻地问她："你怎么了？不舒服吗？不舒服告诉老师，不要撑着哦。"小黎并不说话，连身子都没有动一下，只是微微地摇摇头。"你看其他同学都在认真练习，你要是没有不舒服也起来练习练习呀……"我接着提出了要求。小黎略微立起身子，但仍然不说话，只是摇摇头。我的怒火顿时直冲脑门，一触即发，心想："这个学生怎么只知道摇头，一点礼貌也没有呢？我们学习的就是礼仪啊！是不是刚从办公室回来，受到老师批评心里难过？那也不该在课堂上无视老师呀。我要警告她吗？她受到批评会怎样呢？会不会闹课堂呢？"经过短暂思考后我又一次强压住怒火，暂时安排小黎的搭档与其他组同学结伴练习，决定下课后再找小黎单独聊聊。

下课后，考虑到小黎刚从班主任办公室出来，也许对教师办公室有抵触情绪，便将她带到了人较少的走廊上。

"你刚刚上课为什么不愿意练习？"我直接问道。

"我不会！"半晌她才挤出三个字。

"我上课都讲过并且示范给你们看了呀！"

"老师，我前面没有听到，后面的内容不是很熟悉，不懂，我比较笨，肢体不协调，我怕站起来练习他们嘲笑我。"

听到小黎的回答我如梦初醒，同时也为自己当时保持理智而庆幸。小黎其实是个内向木讷的学生，正是不善表达让她的表现不能令人满意，她并不是有意和老师作对。作为老师应时刻保持冷静，不能被气愤与怒火所控制，否则不仅会浇灭学生的学习热情，还会削弱他们对人生的自信，以及对他人的信任。

于是，我便利用这个短暂的时间趁热打铁，把课堂上的教学内容简明扼要地向她讲解了一遍，为她作示范，与她一起练习，又让她自己单独练习了一遍，并叮嘱她回去后抽时间再练习练习，直至熟练。

第二天课堂上，我对同学们说："同学们，经过上一节课的学习大家对站姿礼仪掌握了多少呢？这节课请大家先集体跟着老师的口令逐步分解动作，然后再分组进行整套动作的练习……"布置完学习任务之后，我把目光专注在小黎同学身上，我发现在集体的学习中，小黎脸上充满自信，逐渐放开了手脚，渐渐跟上了大家的步伐……我从内心里为她的进步感到高兴。也许是小黎感觉到我关注的目光，也许是小黎对自己的表现非常满意希望得到老师的肯定，小黎也把她的视线投向我这边，在我们目光相交的一瞬间，小黎展露出羞怯的笑容，那笑容是我见过的最美的笑容。

分析反思

一、尊重学生主体地位，激发学生的学习热情

礼仪课作为旅游类专业学生的专业课程，不仅可以增强学生的职业素养，更能提升学生的整体气质。我认为，目前礼仪课教学的最大问题，是

学生缺乏将所学运用到实际生活中的经历。与一般的文化课不同，礼仪课的内容都是从我们实际生活中总结提炼出来的约定俗成的行为规范，学生较容易理解与接受，但他们往往是"知礼而不用礼"。这种现象导致的后果就是学生一边在课上接受礼仪知识教学，一边又将它们遗忘于课堂。心理学原理告诉我们，教学最好的方法是调动学生的学习积极性，高度发挥其主观能动性。技能性的礼仪教学除了要加强学生课堂的实际训练以外，最重要的是培养学生良好的礼仪意识。单纯的技能讲解难免生硬、乏味，学生容易产生倦怠感，我们可以从学生的年龄特征入手，比如中专的学生喜欢听故事、玩游戏，礼仪课中可以适当加入相关的情境化案例，再结合具体的情境化训练，这样会更加贴合学生的认知，激发学生浓厚的学习兴趣，让学生在课堂上活跃起来，充分发挥他们在课堂中的主体作用。

二、善于沟通，对学生多一分理解与宽容

每位学生都是独立的生命个体，他们千差万别，个性、能力、兴趣各不相同。作为教师，我们要学会宽容，学会尊重，学会理解，这样才能真正走进学生的内心，成为值得他们信赖的良师益友。我们常说"眼见为实"，其实很多时候你见到的场景背后还可能隐藏着其他不为人知的东西。我们教师应当多一分宽容，不要因为学生行为不当而"当头棒喝"；当学生表现不好时，不要急于"劝返"，更不要怒火中烧。教师要善于捕捉细节进行分析与引导，善于洞察学生内心，找到解决问题的突破口。这就需要我们经常并善于与学生沟通。当然，沟通也是一个循序渐进的过程。当发现学生在你面前没有那么拘谨，交流时眼神真挚，身体放松，那也将是学生敞开心扉、主动拉近师生心灵距离的开始。

三、尊重差异，呵护学生的心灵

教育家魏书生曾说："教师应具备进入学生心灵的本领。育人也要育心。只有走进学生心灵世界的教育，才能引发学生心灵深处的共鸣。""以生为本"就是这种教学思想的具体体现。素质教育的核心是"以人为本"，

即以学生为本。"以生为本"还需要了解学生，尊重学生，关心爱护学生。

每个人都希望得到他人的肯定，以体现自身的价值，学生自然也不例外。为此，我们需要懂得尊重学生的个性差异。在与学生的交往中，不仅要给予学生更多的言语表扬，更要从细微处观察学生，从细节处关爱学生。老师可以用微笑、注视等细小的动作关心学生，对学生进行鼓励，让学生感受到老师对自己的关注与尊重，从而逐步建立起自信，并做到自我要求、自我完善、自我突破。

57. 让孩子喜欢认真的自己

陆丽蓉

案例背景

刚走进职业学校的学生，似乎都认为自己处于"人生低谷"期。客观上，这些孩子多多少少有着这样那样的不足与问题，尤其是在遵守纪律与学习态度上；主观上，他们大多因中考分数低而与普通高中无缘，所以总感觉自己是失败者，对学习畏难厌恶，认为前途无望，情绪低沉，行为散漫，心理上的阴影很深。

作为一名职业学校的教育工作者，我很理解他们。其实，对于他们的潜力，谁也不能此时就下结论，如果我们老师此时只盯着"职业"二字，降低对他们的学习等方面的要求，无疑是一种放弃行为。我认为，面对孩子的发展，面对孩子未来的无限可能性，这种放弃是绝不应该出现在我们选项中的。

有一年，我担任了表演班的课程老师。表演班是学校有名的难教的班级，学生人数多，班级空间小，学生又都处在躁动的青春期，课堂上经常发出叽叽喳喳的声音。作为一名专业理论老师，我负责教授他们学前卫生学这门专业性强又非常枯燥的理论课。当我拿到课表时，我深深吸了口气，但我不会气馁，放弃绝不是我的性格，何况此时，教师实际上已成为这些孩子的主心骨呢。

案例描述

一、第一节课：拨乱反正

"丁零零——"，我踏着上课的铃声，走进了表演班的教室。我推开了紧闭的大门，这才发现教室四面窗帘拉得严严实实，又没开灯，我顿感眼前一片漆黑。原来，班上一半的学生还在午睡，只有小部分学生开始揉眼睛，准备上课。我知道考验我的时候到了，便耐着性子，打开灯，拉开窗帘，高喊一声"起立"，学生稀稀疏疏，慢慢站起。我想今天第一次上课，一定要"较真"，一定要等到全部学生都起立了，站得端正了，才能开始我的这堂课。时间一秒一秒地过去了，一分一分地过去了，我始终没有讲话，站起来的学生似乎感觉到不对劲，陆续开始站正，站直，站得有精神了。有些学生悄悄地叫醒那些还懒洋洋地趴着的人了。终于都起来了，都站直了，我才和他们互致问候，开始了新学期的第一次讲话："首先，非常开心见到我们表演班的同学，这个学期由我负责教授学前卫生学这门理论课，学前卫生学是一门非常重要的专业理论课……"我一边说话一边观察学生的反应，发现他们对"较真"的我开始在乎起来，畏惧起来。我的"较真"就是对学生不放弃，就是不降低对他们的要求，无论是学习态度、学习习惯方面，还是人生的情感态度等各方面，在每一个教育教学的细节中都要与学生"较真"，不姑息，不迁就。

正式上课后，为了防止学生走神，我要求学生人人手拿一支红笔，随时准备做笔记。但好景不长，坚持了30分钟后，课堂上就出现了叽叽喳喳的声音，有的学生与同桌讲话，有的学生开始悄悄地做其他学科的作业，最后一排的女学生甚至拿出了化妆品开始化妆……面对这样的情况，我立即停止教学，重申了课堂纪律的重要性，并对个别同学进行了严厉的批评。随后，为了缓和气氛，我又播放了学生们更感兴趣的教学视频。我认为教师只有内心有温度，行为才能有尺度，有变通，即使是"较真"，也要有分寸。那天，我在讲解和播放视频的不断交替中顺利地完成了教学任务。最后，我布置了本学期的第一次家庭作业：整理和背诵本节课的重点知识，下节课检查。这也是我结束混乱课堂的第一步。

二、第二节课：巩固提升

第二次上课，我依旧伴着铃声来到了表演班的教室，这一次教室的门没有关着，灯、窗帘也打开了，但仍然有一部分学生趴在桌子上打盹。慢慢来，我一边这样对自己说着，一边走向打盹的同学，我说"我要记住你们的名字"，打盹的同学迅速站了起来。看着还有同学睡眼惺忪，我决定提出比上一节课更高的要求。我对同学们说："起立！我们班上有一些同学还困着，那我们就先站一会儿。首先，我要表扬所有同学，今天比上节课有进步，门是开着的，灯和窗帘也打开了。我还要表扬一部分同学，作业写得非常认真，老师特别开心，而且我还把他们的作业拍成图片发到了朋友圈里，你们有时间可以看一看。我认为好的作业是会让同学们充满成就感的。当然，有些同学目前作业完成得还不够好，态度不认真，希望你们加以改正。下面，我们花点儿时间来抽查同学们对上节课知识点的掌握情况。"这句话刚说完，全班都安静了下来，所有学生的目光都注视着我。不出我所料，大部分的同学都没有好好背诵。我没有批评他们，但让没有背出来的同学站着，继续背诵。一个、两个、三个……随着学生越站越多，教室里越来越安静了，所有的学生都在埋头背书。我给能背诵的同学一个奖励——免写一次作业。我的话音刚落，有许多同学小声地说："原来可以这样，那我也要背。"

"较真"从当时的任务当堂完成开始，让同学们在老师的督促下完成作业，在作业的成功完成中感受快乐，感受课后没有思想负担的轻松与快乐，以促进其上课精神状态的转变。

三、第三节课：养成习惯

"丁零零——"，又上课了，我伴着铃声走入教室，教室里的学生都埋头背书，有的学生甚至举手期待我喊到他的名字，孔佳怡就是其中一个。

趁着下课时间，我好奇地问她："你现在不怕背书吗？怎么这么希望我抽查你背诵呢？"她笑了笑说："学前卫生学这门课本来就很重要，老师你又这么严格要求我们背书，并且如果全都会背，我还可以免写一次作业呢！"

听到这段话，我开心地笑了。

第三节课临下课前，我对大家的表现做了总结，充分肯定了他们的进步，并提出养成习惯的要求。之后的课堂效果，比我想象的要好。当然不可能不出现问题，也不是每一位同学在学习态度等各方面都能尽如人意。但我始终"较真"，让同学们的学习有了动力，成绩有了显著的提高，而成绩的提升则又促使他们进一步端正学习态度，这样的良性循环让同学们对学习更加自信，性格也更加阳光。

分析反思

一、放下偏见，对学生提出高要求

偏见是人心中的一座大山，对教师来说更是如此。相比于普通高中的学生，职校的学生大多数都有短板，他们或学习能力较弱，或注意力不集中，或学习习惯不好。但是，他们仍然具有很大的学习潜能，仍然可以通过职校三年的努力，赢得属于他们自己的人生。因此，教师要有正确的教育观，不可以凭印象给学生定性，应懂得"一切皆有可能"的道理，并以发展的眼光看待学生，帮助学生成长。相反，如果教师带着偏见看待学生，那么教师说的每一句话、做的每一件事都很难赢得学生的信任。长此以往，教师和学生之间的误会便会越来越多，教师的教学工作就很难开展，学生的学习也很难进步。"严师出高徒"，我们应以更浓的爱心、更精心的呵护和更高的要求对待他们，鼓励他们，帮助他们做"最好的自己"。

二、关爱学生，但不能忘了规矩

关爱学生是教师基本的职业道德。每个学生都是有血有肉有感情的人，他们人人都渴望自己优秀，成为骄傲，他们值得我们去关爱；而每个学生的背后又是一个个充满期待的家庭，学生承载着每个家庭的未来与希望，这又促使我们必须关爱学生。

正确的关爱，不仅是爱抚与宽容，还有培育。《淮南子》有言："矩不正，不可为方；规不正，不可为圆。"培养人才，首先要使他们成为懂规矩、守规矩的人。教师既要帮助他们适应学校的生活，完成既定的学习任务，更要帮助他们适应未来的社会生活，使之成为合格的社会公民，成为有一技之长的国家建设者。在教学管理过程中，教师首先应依据国家立德树人的要求，结合校情、班情和学情，从具体的学习生活入手，明确说明并要求学生严格遵守各项规矩，帮助学生形成良好的习惯，使之终身受益。当然，严格不等于严苛，在教学的过程中教师不能讽刺、挖苦学生，体罚或变相体罚学生，仍要在帮助学生的同时给予必要的关爱与温暖。

三、永不言弃，认真对待每一天

持之以恒，永不言弃，是教育的最大特点。这首先是指教师对学生的严格要求与期待。我认为，人要做一件事，也许有一个甚至是唯一一个理由支撑着你，可要放弃一件事，就会在心头冒出成千上万个借口。但是，教育不是一蹴而就的事，它需要时间，更需要过程，需要干预，更需要守望。面对着可塑性极强、有着巨大潜力的孩子，在通往高考这条希望之路时绝不能轻言放弃。笔者正是牢记这样的目标，每一天都"较真"，每项工作都"较真"，对每个学生"较真"，让学生学会"较真"，并在"较真"中让学生看到自己的潜力与成长，让学生喜欢上"认真"的自己，也许这才是教师的成功之处。

当然，每个学生都是独一无二的，就像每一种花都有属于自己的花期一样，而教师就是一个为花施肥浇水，然后静候花开的园丁。我们不能操之过急，不能只看重孩子眼前的表现与成绩，不能用一双严厉、偏见的眼睛看待一些学习能力弱、调皮的孩子。优秀的教师应有一个广阔的胸怀、一双智慧的眼睛、一颗美好的心灵，耐心地守望孩子成长，用最激动人心的鼓励和表扬来激励孩子，帮助他们满怀信心与希望，去迎接属于他们的青春与未来。

教育的至境：可期待的唤醒

58. 点亮学生心中的小太阳

张 羽

案例背景

班主任进行班级管理的过程中，经常会遇到一些个性较强的学生——他们往往不容易听进老师的批评和教育，有时候在面对老师的严格管理时，还会表现得十分冲动，甚至和老师产生一些正面冲突。

简单的批评或处罚在他们身上显然都效果甚微，我在阅读了著名教育家苏霍姆林斯基的一句话——"只有能够激发学生去进行自我教育的教育，才是真正的教育"后，认识到除了进行基本的班级管理之外，班主任还应该要更多地激发学生自我管理和互相管理的意识，这种思路的转变带给了我意想不到的惊喜。

案例描述

一、上课风波

记得那是一个秋天的午后，我结束了一上午的课程回到办公室，才刚刚坐下来，我们班的英语老师就怒气冲冲地来找我"告状"："张老师，你们班的小李同学实在是太不像话了！"

听到英语老师口中冒出的这个名字，我当下眉心一跳。这个小李可以算是我们班排得上号的有个性的学生了，他不仅经常在老师或班干部分配任务的时候跳出来大唱反调，甚至还有几次和老师发生了口角。为了让这个孩子走上正轨，我多次在课后找他谈心，也暂时收到了一些成效。不知道这次故态复萌，他又在课堂上做出了什么"惊天动地"的事情，才会把英语老师气得一下课就来找我。

我赶紧问英语老师课上究竟发生了什么事情。原来今天上英语课时，老师喊了一个学生到黑板前默写单词，可是这个学生前一天没有复习，所以默写的内容牛头不对马嘴，其他同学都在下面哈哈大笑，有的甚至还告诉他错误的答案，场面"热闹"得有些失控。老师批评了大家几句，希望大家可以引以为戒，端正学习态度，大部分同学都能够意识到问题并迅速改正，进入上课状态，在课堂好不容易安静下来之后，小李突然又发出了几声怪笑。这一笑可算是炸开了锅，才刚静下心来的同学们又一次乱了起来，他们纷纷看向了"罪魁祸首"小李。大家聚焦的目光让他颇为自得，根本没有意识到自己刚刚的行为有问题。

听完对整个过程的描述后，我很生气，除了向英语老师表达歉意外，真想立刻冲进教室，把小李这个惹是生非的家伙揪到办公室来。要知道，我前几天才和他谈过一次话，他当时还信誓旦旦地向我保证，说肯定能严格要求自己，绝对不会给班级抹黑呢！这还没过去几天，他就把自己说过的话给忘到九霄云外了。

难道我之前的德育工作全都付诸东流了？想到我和小李的那些谈话以及他今天的表现，我不禁有些灰心丧气。

二、想方设法

我虽然有些灰心丧气，但转念一想，学生们只是一群尚处于青春期的孩子，他们犯了错后，当老师和家长的，应该做好充分的思想准备，理解在教育过程中学生发生反复的现象，绝不能够急于求成或丧失信心。就拿这个小李同学来说，虽然他很喜欢在班上做出一些"出格"的恶作剧行为，但归根结底，这背后的诉求其实是吸引大家的注意。毕竟人是一种社会性动物，有想要被关注的心理需求是很正常的，处于青春期的学生更是如此，他们需要大家关注的目光，这会让他们更有成就感。

在很多时候，学生们并不一定知道，什么才是正确的吸引大家目光的方式，而仅仅依靠班主任去进行教育未必会有好的成效，甚至还有可能激起学生的逆反情绪。与其这样，倒不如发挥榜样的力量，让学生之间互相管理，在学生中树立榜样，激发小李同学自我约束的意识，让他自己体悟什么才是一个学生该有的行为。

三、点亮心中的太阳

打定主意后，我叫来了副班长小王，他是男生中成绩最好的，平时在班级里的表现也很优秀，是一个具有自律意识的学生，正适合给小李做同桌和榜样。我和小王交代了一番，嘱咐他一是要以身作则，用自己的实际行动潜移默化地影响身边的同学；二是要在平时的学习中多帮助多提醒小李，特别是在小李想要"出风头"的时候，要及时拉住他，告诉他什么是该做的，什么是不可以做的。

果然，小李在换了新同桌之后，表现好了很多。小王学习认真，上课专心，老师很爱点他起来回答问题，也经常在班上表扬他。下了课后，同学们还会围着他问题目，在班上可谓是人气颇高。小李和他坐在一起，自然将一切都看在眼里。小李虽一开始还有些"不甘寂寞"，时不时地搞一些小动作，可是小王都没有对他的各种搞怪行径作出回应，反而还时不时地辅导他作业，提醒他上课专心听讲。

久而久之，在小王的带动下，小李不仅不再在课堂上起哄了，学习上也积极了不少。他以前是交作业的"困难户"，慢慢地，竟然也不再需要课代表和任课老师的催促，就能够主动按时地完成作业。

见小李最近的表现不错，我立刻抽出班会课的时间在全班面前表扬了他的进步。同学们也都很捧场，掌声响彻教室，久久不息。小李得到了鼓励，仿佛一下子开了窍一般，找到了正确的吸引大家关注的方式。他更加积极地帮助老师做各种事情，成绩也提高了不少。

后来，我发现他在运动方面颇有天赋，又任命他为班级的体育委员，他不仅在日常的早操和体育课上发挥了很大的作用，在学校的运动会中，更是带领我们班的男生取得了 4×100 米接力跑的胜利，真正赢得了老师和同学们的喝彩。而这一切，多亏了他的同桌，若没有小王的努力，相信小李同学也不会这么快正视和改正自己的问题，取得的进步也不会如此之大。

诚如苏格拉底所说："每个人身上都有太阳，关键是如何让它发光。"教师不正是那带来光明，点燃星星之火的人吗？只有教师想方设法地点燃出学生心中的小火苗，激发起他们自我约束和向善向好的意识，学生这颗"小太阳"才能放出灿烂的光芒。

分析反思

一、鼓励，教师的"必修课"

美国一位著名的教育家曾说："在教育孩子这件事上，除了赞美与鼓励，我找不出还有什么其他更好的办法。"从心理学的角度来说，学生的精神需求往往要大于物质需求。苏霍姆林斯基说："只有集体和教师首先看到学生的优点，学生才能产生上进心。"这就要求教师要善于发现学生身上的优点，教师的一个眼神、一句鼓励、一些掌声都能使学生感受到自身的价值得到肯定。鼓励可以调动学生学习的积极性，培养学生的自信心。教师的鼓励，不仅可以使学生发现自身的优点，而且可以使其他同学看见他的优点，从而赢得别人的赞赏；老师的鼓励，有助于建立和谐融洽的师生关系，从而带来轻松愉悦的教学氛围；老师的鼓励，对学生做人做事等方面有着积极的促进作用。适当的鼓励，往往比物质奖励更加令学生快乐。学会鼓励学生，是每一位老师的"必修课"，它可以帮助学生走上乐观自信的道路。

二、尊重，教师的"秘密武器"

尊重学生的人格，维护学生的自尊，做到以人为本，是每一位教师的基本素养。我们不应该把学生看作单纯的管教对象，而应该把他们当成和我们一样有尊严和情感需求的活生生的人。因此，教师对学生必须保持平等尊重之心，即使在学生犯了错误，对他们进行批评教育时，也应当做到尊重学生，为他们创设一个宽松、安全、开放、包容的心理环境。这也体现在教学的管理方面，比如对于学生的常规行为，教师应该进行严格的要求和管理，但绝不是管得越严越好，跟得越紧越好，也应给予学生尊重和理解。对于问题学生，教师更是要讲求技巧和方法，否则很有可能引起学生的逆反情绪，反而得不到好的教育结果。所以我们自己需要转变思想，相信教育首先是关心，管理首先是尊重，相处贵在信任。

三、宽容，让教育之花绚丽绽放

学生是成长中的人，具有不成熟性，所以教师要容忍学生犯错，引向正确方向。十五六岁的职校学生还是个孩子，而孩子的天性就是渴望独立，就是容易犯错误。一个班级不可能不出问题，学生也不可能不犯错误，如果问题出在班风或学风方面，就必须特别重视。而针对一般性的问题，要允许学生犯错，要适当容错，给学生一定的空间，信任学生，同时在适当的时候给予引导，使得学生自主发现问题，自主改正，达到自我教育和自我约束的目的，从而促进学生心理健康发展。没有教育不好的学生，我们要相信他们都有能力跨过曲折，在"犯错—改正错误—成长"这样的循环中前进，创造属于他们自己的美好未来。

59. 因为你们，我才永远 18 岁

荣 静

案例背景

人生如故事，每个人都有自己的故事，这故事或是大喜大悲，或是大起大落，或是平淡无奇，或是起伏不平，我也不例外。作为一名职校班主任，每天都会有重复的故事上演，每天也都会有新的故事发生，不管怎样，精彩的故事需要用心去写，故事的精彩需要用心去读。因为做了班主任，才有更多机会和孩子们打交道，于是才有了我的故事我的人生。

我在职业学校已教书多年，但论做班主任的工作，自己却是一个新手。职校学生们正处于"无法无天"、散漫任性的叛逆年龄，在他们二年级时，我接手班主任工作，从刚接手的"后妈"，到慢慢被他们接受，成为"亲妈"。在学生毕业的时刻，我表达了对孩子们的期望和爱意，孩子们体会到了我的良苦用心，也对我表达了尊重和不舍。我喜爱这群孩子，也正因为有了这一群孩子，我才永远 18 岁！

案例描述

那天是孩子们在学校上课的最后一天，他们即将离开学校，走向人生的另一个起点。

和 39 位孩子朝夕相处了 4 年，从"后妈"成为"亲妈"，一股"别样"的滋味涌上心头。

一大清早，我已经无心赖在被窝里，开始回想与他们 4 年的相处时光。

作为班主任的我，有没有真正地关心每一名学生？有没有仔细想过他们各种表现背后的故事？有没有针对不同的学生特点制定不同的特色化教学方式？……我陷入了深刻的反思中，扪心自问，我问心无愧。不管学生犯过什么样的错误，我始终相信，每一个学生的本质都是好的。孩子总会犯错，而试错也是不断成长的过程。如何改变这些"没有考上高中的学生"，使他们积极、乐观、好学、向上呢？关键在于老师的教育和引导！我希望在我的教育之下，学生都能够深刻地认识自己、认识世界，保持积极的生活态度，面对任何困难都毫不退缩。在这4年的相处中，我清楚地发现学生不再是原来的学生，我也不是原来的我，这就是所谓的教学相长吧！

一、我的留言

自认为"潇洒"的我，也扛不住即将分别的忧愁。

在班级群里，我写下长长的一段话，写完我已经泪流满面。

留言：其实我是第一次做班主任，虽然工作了十几年，但是班主任工作还是头一回。我完全不知道应该怎么管理班级、管理你们……何况我还是"后妈"。但是我仍然尽了我最大的能力去管理班级、教育你们，所以我总想如果换成有经验的班主任带你们，你们应该会更好。有一点儿遗憾，我觉得你们专业课学得太差，没有给你们好好地提升上去是我的错。我无数次地问自己，你们对学习不感兴趣应该怎么办，现在我还是不知道答案。记得刘老师教大家数学的时候，小徐同学对我说"这个老师管我，耐心教我，还一题一题地讲解"，所以小徐同学逐渐喜欢上了数学。于是我想，老师的人格魅力也许会影响学生的学习兴趣。这也是我努力提升自己的一个方面。我总是庆幸，我们班的孩子很乖，没有太调皮捣蛋的，也没有贪玩成性的，这样似乎就很好（但是工作后，可以适当聪明一点点）。我相信"善待别人，就是善待自己""吃亏是福，不要太过计较"。我们需要活得包容一点、宽厚一点，于自己、于别人都是有好处的。最后，还是这句话，谢谢大家对我的包容，有你们我才能永远18岁！

二、孩子们的留言

消息刚发出没有多久，孩子们纷纷在下面留言，读着，读着，我既欣喜又感动。

"爱你哟！"

"爱你哟！"

"同上。"

"爱你，是你教会我们规矩，'后妈'胜'亲妈'，每次都是你一遍一遍耐心地教导我们，教我们做人、做事。"

"老师，虽然您总是很严厉，总是发脾气，但是我知道您也是为了我们好，为了我们能够更好地适应社会。虽然我总是口头上嫌弃您，但是我还是爱您的哟，以后您也会带更多的班级，当越来越多次的班主任，但是，我相信您心中最惦记的肯定是您带过的第一个班，就是我们喽！算了，废话不多说，祝您越来越瘦、越来越美丽。"

"你是最好的班主任！"

"再煽情，老班会默默地哭的。"

"我知道你肯定在哭。"

"毕业快乐。"

…………

读着，读着，恰如学生所言，不知不觉，我已泪眼婆娑。的确，他们将成为我最惦记的学生，也是最亲爱的学生。我又一次坚定了我的想法：每一个学生在本质上都是好孩子。

三、最后的交流

最后一节课，我又与他们谈了很多做人的道理，其中一点是要求所有学生必须做到"自尊、自爱、自强"。自己尊重自己、自己爱护自己、奋发图强才能自食其力，才能自己养活自己。要知道人只有先自尊，才能赢得他人的尊重；只有先自爱，才能赢得他人的喜爱；只有先自强，才能克服人生中的任何困难。所以我们需要立足自身，追求真善美，坚韧不拔，百折不挠，勇往直前。另外，希望每一位学生都能懂得感恩，善待身边的每一个人，感谢每一个人，珍视劳动成果，珍惜别人的付出，满怀善意地面对其他人。同时，对于我们自身，则需要审视自我，勤于耕耘，艰苦奋斗，用自己的勤劳和善良为自己争取幸福。

孩子们总结这4年，虽然其间有过失落、伤心、痛苦，但是也有喜悦、欢乐和成就，这些最终都化成了对老师的感激、对同学的不舍，留在脑海中的都是美好的青春记忆，这些东西都将成为他们行囊中沉甸甸的财富，促使他们走得更远、更踏实。

临别之际，我只想告诉他们："你们已经长大，即将进入成人的行列，加油！愿你们在此的每一天，都开心快乐，像以前一样，经常可以开怀大笑！"

分析反思

我们了解学生吗？学生在成长的过程中有什么样的心理需要？我们应该如何正确表达对学生的爱？我们该持什么样的教育理念、采用什么样的教育模式呢？……这些都是我们在教育的过程中需要时时刻刻思考的问题。

一、心存感恩，才能真正地尊重学生

感恩是一种生活态度，是一种美德，是一片片肺腑之言。如果人们都缺少感恩之心，必然会导致人际关系冷淡。我们常说要让学生学会感恩，其实要让学生学会感恩，我们做教师的得先有感恩之心，先有感恩之行，学生才会在与教师的相处中、在对教师的模仿中、在对教师的情感回馈中学会感恩。

我感恩学生，其实是感恩我的生活。而这些学生就是我工作的全部，就是我生活里最重要的部分。虽然他们有着这样那样的不足，尤其是在考试分数主导下的教育教学环境中，他们有着更多的不如人意，但是没有他们，便没有了我的工作，没有了我的生活。人的生活不能是一个叫着"生活"的空洞的名词。如果我们爱工作、爱生活，那就从爱学生开始吧——这些活生生的淘气的学生，这些给我带来疲惫带来忧伤带来痛苦更带来快乐的学生！

二、心存感恩，才会真心地欣赏学生

每个人都渴望被关注、被人欣赏，学生也是这样。20世纪伟大的心灵导师卡耐基也说过，"要改变人而不触犯或引起反感，那么，请称赞他们最微小的进步，并称赞每个进步"。

我们常说，对学生要报以宽容之心，要称赞他们每次微小的进步，可是很难做到。但是当我们自己能够对学生心存感恩之后，这就能轻而易举地做到了。当我们对学生百般挑剔的时候，应在心中自问：你是在对谁说话，天下人包括你自己是个"完人"吗？这时，你会明白对学生吹毛求疵却美其名曰严格要求，不但伤害了他们的自尊自信，也造成了师生关系的紧张，甚至会导致他们产生逆反心理，反而给自己的工作带来困难。

所以，有人说欣赏是一种艺术，是一种素质，是一种美德。教师学会欣赏学生，具有十分重要的意义，因为学生的自信可以在被欣赏中建立，优秀的品质可以在被欣赏中培养，教师的欣赏是他们学习和创新的动力。教师只有懂得欣赏，才会在行动中真心地欣赏。欣赏，就是要给予学生更多尝试和失败机会，让学生在试错中找到真理；欣赏，就是要给予学生更多的关爱、信任和尊重，让学生在受教育中感受到爱护；欣赏，就是要给予学生更多的包容、激励、理解，让学生在受教育中提升自我的核心素养。

三、心存"感恩"，才能激发出学生的爱心

感恩是力量之源，是爱心之根，是勇气之本。感恩之心产生的前提是学生能够感受到别人给予自己的爱，然后将这种爱回馈给他人、施与别人。那么，如何使学生感受到爱呢？学生能感受到的爱主要来自父母、老

师和朋友。作为教师,我们在教育教学中,不仅需要教给学生丰富的系统的知识,锻炼他们的体魄,更要教他们怀有一颗感恩的心。

爱是教育的原动力,教师关爱的目光就是学生心灵的阳光。教师如果对学生的实际情况缺乏了解、心中不明,就不能从思想、学习、生活上全面关心学生、爱护学生,也就不能很好地教育学生。教师只有全面了解学生的思想表现、家庭环境、社会交际等情况,才能根据学生的不同特点,有针对性地进行教育。

感恩教育不是一件小事,但我们可以从生活中的小事入手,随时对学生进行感恩教育,让他们怀着一颗感恩的心,去观察社会、理解父母、尊重老师、友爱同学。

我国教育家陶行知在他的教育理论中说过:"真教育是心心相印的活动,唯独从心里发出来的,才能达到心的深处。"教育是一门艺术,只有走进学生心灵的教育才是真教育。

打破心墙,构筑心桥,融会心灵,用爱激发爱,用爱唤醒爱,是每一个教育者的责任和义务。

60. 生命中的那束光

李 娟

案例背景

心理学上有个词语，叫"皮格马利翁效应"，指的是当一个人被寄予期待后，他便会获得一种积极向上的动力，从而更容易达到对方的期待。皮格马利翁效应给我们这样一个启示：赞美、信任和期待具有一种能量，它能改变人的行为，当一个人获得另一个人的信任、赞美和期待时，他便感觉获得了社会支持，从而增强了自我价值感，变得自信、自尊，获得一种积极向上的动力，并尽力达到对方的期待，以避免对方失望，从而维持这种社会支持的连续性。

很多时候，面对调皮捣蛋且总犯错的学生，老师通常会指责和批评。虽然我从教多年，但在处理学生问题方面，有时也难免简单化、套路化，对学生缺少应有的尊重、信任和鼓励，因而会使师生关系趋于紧张，矛盾趋于激化。我反躬自省，想当初如果换一种思维和说话的方式，关注孩子行为背后的内在原因，关心、理解孩子，同时给予孩子信任和鼓励，很可能可以促使孩子向好、向上、向善发展，甚至改变孩子的一生。小雨就是生动的佐证。

我们要成为孩子人生道路中的那束光，不仅照亮他的人生之路，也照亮我们自己的人生之路。

案例描述

"大不了，我不上这个学了。反正我是不会喊家长的！"伴随着一阵怒吼，小雨随手将手里的豆浆"啪"地往地上扔去，白白的豆浆在地面蔓延开来……这是小雨又一次违纪后，我请他通知家长来学校时，他在教室上演的一幕。

小雨是我们班的"老大难"，会出现各种问题。这不，今天早上他又迟到了，更想不到的是他在全班同学面前狠狠地将了我一军。怎么办？

回到办公室，余怒未消，我发了条信息向他的家长告状——这次还跟以前一样，石沉大海。中午，我拨打家长的电话，依然无人接听。难道就这样听之任之？不行，我这次要上门家访去。下班后，我按着地址找到小雨家，不料吃了个闭门羹，于是向周边的邻居打听，才了解到小雨父亲是一名出租车司机，母亲做家政，两人都是早出晚归，没时间管小雨。小雨要自己洗衣做饭，父母对他稍有不满就是打骂。原来如此！我似乎明白小雨反应如此过激的原因了。

细细思量，秉承"不抛弃，不放弃，一个都不能少"的建班理念，我第一时间找来小雨，向他了解情况，但考虑到小雨强烈的自尊心，我并没有从小雨的家庭情况方面开启话题，而是向他询问为什么迟到，小雨犹豫了一会儿，还是说道："没人送我上学，我买早餐耽误了一点儿时间，所以错过了公交车。"他的眼神充满了认真和无奈。我立刻后悔之前自己鲁莽的言行，拿出自己平时充饥的小零食——面包和牛奶，递给了他，小雨有点愣神，有点不敢相信地问道："老师，这是给我的吗？"我微笑地点了点头，他迟疑地接过零食，低声说："老师，对不起，下次我一定不会迟到的！"

一、尊重孩子，从关心孩子的生活开始

一天早上，我让正在打扫卫生的小雨打扫结束后到办公室找我。过后他轻轻地敲了我办公室的门，有点结巴地说道："老师，我——今——天——没有——迟——到。"我笑着让他坐下，拿出早已准备好的早餐递给他，他有点迟疑。我仍然笑着说："你今天表现很好呀，能够提前到校

打扫卫生，做好班级的工作，这才体现出你是咱班的一分子嘛。"经过那次之后，我常常找他聊天，不是责怪，而是问问他今天功课有没有什么困难，中午吃了什么，体育课干什么了……刚开始，他觉得有点奇怪，但他还是勉强回答了我，话不多，也只是简单地概括，经过好几天这样的询问和关心后，他开始积极主动地告诉我生活中发生的事情，话也多了，甚至描绘得眉飞色舞。我也开始对他的学习和生活提出一定的要求，如：上课认真听课，不打瞌睡；积极参加集体活动；等等。

慢慢地，他集体荣誉感增强，班级的活动中总是能见到他的身影，他不再刻意地躲避我，迟到现象也越来越少。

二、鼓励孩子，从相信孩子的能力开始

我们班级组织开展了"紫金山虎凤蝶"活动，班长悄悄对我说："老师，小雨总是迟到，这次公益活动我们可不能为了他耽误时间。要么这样，我们9:00开始，就骗他说8:30开始，这样他应该不会再迟到了吧？"我想了想说："小雨目前挺好的，他应该不会迟到的，要相信他。"班长的头摇得像拨浪鼓似的："不行，不行。老师，《金陵晚报》的活动负责人说了，9:00准时拍照发器具，只能早到不能迟到。同学们背后都担心他，怕他影响活动。"放学后我找到小雨，意味深长地问小雨："明天的活动是一个集体活动，迟到肯定是不行的，老师相信你，你肯定会准时到达的。但是同学们有很大担心，怕你耽误活动，所以你能几点到达？"他立即掏出手机，给我看上面的导航，告诉我："老师，您放心，我早已看好路线了。我7:00就从家出发，8:30肯定能到。我不会让同学们失望的。"我笑笑，向他伸出了大拇指。第二天，紫金山脚下，8:20我就看见了他的身影，9:00拍照的时候，同学们相拥着，让他站在了"C位"。

三、支持孩子，从家校共建开始

小雨慢慢地开始遵守规范，迟到的情况虽然偶有发生，但上课注意力集中了很多，各科老师都发现小雨在进步。当然，给予小雨信任，还离不

开父母的肯定和支持。所以,我把工作重心放在了与他父母的沟通交流上,为此我采取了三步措施。

第一步,放大优点。第一天,我发消息给家长,表扬小雨英语课朗读大声而且有感情,希望家长能多鼓励他。让我欣喜的是,我收到了回信,虽然只是短短的两个字"谢谢",但这给了我足够的信心!其后,我借助家校通平台,与小雨的家长密切保持联系,最后总要加上一句——期望家长能给他多些关心,多些鼓励。虽然每次回复的还是"谢谢"两个字,但我已是心满意足。

第二步,拉近距离。我想让他的家人亲自感受孩子的变化,于是我邀请家长来学校观看孩子的篮球训练。那天,我第一次看到小雨母亲脸上有尴尬,更有感激。原来,家校通的号码是她的,她文化水平不高,怕说错话、打错字,于是干脆什么都不回复。随着我短信内容的改变,他们也慢慢改变了对孩子的态度。原本一直不同意孩子打篮球的她,看到孩子在篮球场上挥洒汗水且永不言败的出色表现,她是由衷地感谢老师。

第三步,拥抱亲情。由于长期父母对孩子简单粗暴的教育,小雨与母亲之间存在情感隔阂。于是我在班上召开了一次"感恩父母"的主题班会,我请小雨作为学生代表,读他写给母亲的信,里面有感恩,有理解,更有对爱的呼唤。我看到小雨的母亲流泪了,她张开颤抖的手臂,紧紧地把泪流满面的小雨揽入怀中。

小雨的变化更大了:成绩提高了,训练刻苦了,笑容变多了。进球了,我微笑着向他竖起大拇指,大家都会由衷地为他喝彩。前不久,小雨还参加了区篮球比赛,表现优异,一片更为广阔的天地在他面前展现……

分析反思

一、发现学生生命中的那束光

俗话说:"水不击不跃,人不激不奋。"再好的学生也有不足之处,再差的学生也有自己的优点。在实施素质教育的今天,教师需要尊重学生个体发展的规律,尊重学生的个性和个人兴趣,肯定学生优秀的方面,不用刻板的、固有的观念看待学生,不用成绩的好坏来定义学生,而是用全面发展的眼光来看待学生的各个方面。

《礼记》有云："教也者，长善而救其失者也"。作为教育工作者，我们在教育过程中，在做到因材施教的同时，也要善于发掘学生身上的闪光点，恰如其分地给予表扬，因势利导，使他们产生积极的情感，使得学生能够产生自信心，从而以点带面促使学生全面进步，这是我们班主任工作中至关重要的一环。

"良言一句三冬暖"，一句同情理解的话，就能给人以很大的安慰，增添人的信心和勇气。给予学生客观、肯定的评价，是学生自信心形成的重要因素之一。在教育过程中，我们既要看到学生的缺点，更要善于发现学生的优点，学会肯定、赞美和赏识学生，使学生在被肯定、被赞美和被赏识中越来越好。

二、呵护学生生命中的那束光

教育家陶行知说："教育孩子的全部秘密就在于相信孩子和解放孩子。"身为班主任，能给学生最好的爱就是做他们背后的守护神和坚定的支持者，要善于搭建让家长了解教育、理解教育、支持教育的平台。我们在传授知识的过程中，需要在孩子觉得困难的时候给予鼓励，在孩子怀疑自己的时候给予支持，在孩子做错事的时候给予拥抱……老师的信任和鼓励，才是孩子前进最大的动力，心中有希望，必然能活成自己想要的样子。让教育成为孩子人生道路中的那束光，照进孩子灵魂的罅隙，指引他们走向未来的远方。

三、点燃学生生命中的那束光

其实，每个孩子都自带光源，都是一束光，只不过更多时候我们成人视而不见或者一叶障目。作为教育工作者，我们的责任就是寻找并呵护这束光，但孩子是社会人，他们的成长离不开他们周遭环境尤其是家庭环境。父母是孩子的第一任老师，家庭是孩子成长的摇篮，这就告诉我们，孩子的成长过程中家长不能缺席。点燃孩子生命里的那束光，让那束光照亮孩子的前程，离不开教师和家长的共同努力。因而，家校联动、互相沟通不失为好的育人之举。

61. 朋友养成记

石 未

案例背景

在我心里，每一个孩子都是一个小画家，他们用彩色的画笔，绘制着属于自己的绚烂人生。中学阶段的小画家们遇到了叛逆期，他们开始恐慌，开始不羁；开始渴望着画卷上出现别人的颜色，却也害怕别人的颜色会弄乱自己的画卷；开始期望得到别人的赞美与肯定，却也害怕别人的画卷比自己的绚烂。他们矛盾，他们张扬，他们自信却也自卑。他们需要朋友，需要伙伴，需要共同成长，需要共同品味人生起点的精彩。

那么，他们的朋友在哪里？他们的朋友是谁？我的回答是，他们的朋友在校园，他们的朋友是老师。作为教育者，我们能否放下身段和所谓的威严，做一个倾听者、陪伴者、呵护者和引导者？

案例描述

一、班上有个傲娇的小学霸

小萌每天都是一个人上学、放学，一个人去食堂吃饭，课间一个人上厕所……如同独行侠一般，她不爱说话，也不爱笑。

二年级的时候，我开始教这个班的专业课。随着授课的进行，我渐渐发现，教室里总有一个娇小的女孩子，上课的时候特别认真，认真听课，认真记下PPT和板书上的知识点。但一到下课的时候，这个身影就几乎透明了——她没有出现在阳光明媚的室外走廊上，没有出现在欢声笑语的人群中，没有出现在热闹非凡的觅食大军中，她总是静静地坐在那里，拿出一本书来，静静地看着。班上的孩子告诉我："老师，她就是这样的，特别傲娇，不合群，不愿意和我们说话。可能她是看不上我们吧，毕竟她学习那么厉害，连续几次都是全年级第一呢。"

我开始关注这个孩子，发现她上课非常认真，但从不主动举手发言；发现她如果遇见了难题，总是自己绞尽脑汁，并不和同桌探讨；中午吃饭时，总是一人一桌，并不和同学们拼桌……经过长时间的观察，我认为，这个孩子并不像同学眼中那般骄傲自大，她应该很内向、自卑，希望得到赞同，也渴望有伙伴。为了更好地了解她，我找到了他们班的班主任，班主任认同我的看法，正在采取措施帮助她。

于是，我开始试着和她单独沟通，从每次见面的打招呼，到谈论天气，再到嘘寒问暖，慢慢深入。而她，也从一开始的沉默，慢慢有了变化，会轻声回应我，一切都朝着好的方向发展着。

二、主动的倾诉

一天下午，我正在办公室备课，办公室的门突然被轻轻敲响。"请进。"我停下手头工作，抬头查看，意外地看到门口那个踌躇的身影——小萌，她低着头，显得有些不知所措。

我端了把椅子，和我的椅子呈90度摆放，好拉近我们心的距离，又倒了杯水给她，好让她放松心情。

我安静地看着她，等待着她调整好情绪，向我倾诉。时间慢慢地流逝，终于她在喝了半杯水后，开始打破沉默："石老师，我很孤独，我很难过。您能跟我说说话吗？""当然，我很乐意成为你倾诉的垃圾桶。"我微笑着说。她看着我，难得地笑了一下，然后又沉默了。我静静地等着，半响，她开口道："我感觉班上的同学都排挤我，孤立我，我没有朋友，我很孤独。""我知道,现在的你肯定很难受,但你为什么会这么认为呢?""不是我这么认为的,这是真的,上次……"

在长达三个小时的交谈中,我慢慢了解到,小萌成绩优异,多次考试都是全年级第一,这也给她带来了不小的压力,她害怕别人超过她,认为其他同学都把她当作竞争对手,因此疏远她,这让她很痛苦。我询问班上是否有同学这样说过,她说没有,只是自己这么觉得。同时还举例她的同桌小玲,小玲的数学比小萌好,这让小萌认为,小玲肯定对自己有敌意,想要在考试中超过自己。

据我之前的了解,班上其他同学并没有这么想,尤其是她的同桌小玲,小玲曾多次对我说,她很钦佩小萌,想要向小萌学习英语和专业课知识,但是又碍于小萌的高冷,怕小萌不会教自己。

三、出谋划策

弄清楚前因后果后,我对小萌有了新的认识,她是一个内敛敏感的女孩子,她很矛盾,既渴望有朋友,又害怕被拒绝,久而久之,这样复杂的情绪压抑着她,让她感到无助,让她感到孤独。

我首先安抚了她的情绪,然后和她慢慢交流,我试着给她一些建议。我告诉她,我们先不要否定他人,我们可以尝试去观察一下别人对她的态度,然后再改变自己,比如:早上来到教室后,主动对每一位同学说早上好,对每一位同学报以微笑;主动帮助同桌解决英语和专业课的难题,等等。她怀疑地问我:"这样就可以吗?"我微笑着点点头。

过了两天,小萌小心翼翼地踏进我的办公室,她一脸苦闷地告诉我:"大家对我的改变有些惊讶,会在背后小声地讨论我。"她似乎有点胆怯和畏缩。我鼓励她:"大家只是有些诧异罢了,你再坚持试试看。"我建议小萌主动和同学表达自己的想法。但小萌很害羞,觉得难以说出口,我便又建议她写下想对同学说的话。我看了看纸条,其中包含她对之前自身态度的道歉,还表达了要和同学们共同学习共同进步。

与此同时,为了更好地了解小萌的情况和大家的反应,我找到了班长和小萌的同桌了解小萌情况。班长和小玲告诉我，他们的确非常诧异小萌的改变。我询问他们有没有对小萌的改变有所回应，他们告诉我，有的，但是担心小萌是不是一时兴起。我拿出了小萌之前写下的纸条，交给了他们，他们很感动也很高兴，认为小萌很真诚、很用心，表示要和小萌成为朋友，共同进步。

四、花开芬芳

两天以后，我有他们班的课。我特意提早进入教室，想看看小萌的情况。刚一进教室，就听见小玲清脆悦耳的声音："小萌，谢谢你，这道题我终于弄明白了。"我看见小萌仍然显得很拘谨，她略略点了点头，嘴角多了一抹淡淡的微笑，轻声说："没事，你也教了我数学。"阳光从窗口斜斜照进来，洒在她们的身上，整个世界都是温暖的颜色。

课后小萌又找到我，想要再和我聊一聊，这一次的谈话中，她的笑容变多了，她说的最多的一句话是："老师，有朋友的感觉真好。老师，你也是我的朋友。"

分析反思

一、像朋友一样，倾听学生心声

倾听是一门学问。倾听时要安静、专心。倾听需要安静和合适的环境，不能在人多嘈杂的情况下倾听学生的心声，要给学生一种安静、温暖、受信赖的感觉。

同时，老师应该专心倾听，耐心去听，这是尊重，这是重视，如老师可以上身前倾（或者上前一步，或者坐在学生的对面），双眼注视学生，用信任的眼神去鼓励学生完成倾诉，而且要面带微笑等，这样可以传递给学生一个信息：我在认真倾听你的发言，并且在乎你的发言。从而让学生感觉到老师是以一个朋友的身份在倾听他。

反之，如果学生找老师倾诉，而老师却和其他学生说话，或者东张西望、心不在焉，或者过于严肃等，倾诉者就会觉得：我的倾诉无所谓，老师没有认真听，我说得怎样无关紧要；真丢人，我可能找错对象了，真后悔自己找这位老师倾诉；等等。于是，倾诉者可能说说停停，可以说一下看一下老师的脸色，可能越说声音越小，甚至不说了。久而久之，没有学生会愿意和老师吐露心声。所以老师一定要为倾诉者营造稳定、安静的环境，要观察他们的面部表情和肢体语言，要用简单的语句回应他们的倾诉，要试着去理解学生的感受和想法，然后用自己的话表达出来，向对方求证，让他们的心里得到被认同、被理解的感觉。

二、像朋友一样，陪伴学生同行

青春是一个调色板，孩子们都应该拥有绚烂的颜色；青春是一首欢乐颂，孩子们都应该弹奏美妙的音符；青春是一篇佳作，孩子们都应该凝聚激情的文字……每个人都经历过青春的懵懂无知，人生目标摇摆不定，教师的指引作用就体现在这里——帮助学生以最健康的体魄、最阳光的心态快乐地度过这段时光，从而奔赴美好的未来。

在学生前行的路上，老师要扮演同行者的角色，陪伴他们一路风雨兼程，欢喜着他们的欢喜，悲伤着他们的悲伤，与他们同命运、共患难，一起分担寒潮、风雷、霹雳，一起共享雾霭、流岚、虹霓，使他们跌倒了有人搀扶，疲倦了有人安慰，让他们不惮寂寞，不畏艰苦。

有人说，老师是学生的拐杖，大致就是如此吧！

三、像朋友一样，指引学生方向

在青少年成长的道路上，会遇到各种困难和挫折，他们既是需要得到帮助的小孩，又是渴望得到尊重和认同的大人，他们既自卑又自信，既敏感又张扬，既勇敢又怯懦。这个时期，父母和老师更多的是以引导者的身份，帮助孩子自己去面对困难、解决问题，给予孩子肯定，帮他们出谋划策。这个阶段的孩子内心都比较敏感，有时比起父母和老师，他们更需要同龄的朋友，一起面对困难，一起分享秘密，一起欢笑，一起成长。对于他们而言，朋友是值得交心的对象，是拥有同样目标、想法、主张、思维的同龄人。对于他们而言，缺少朋友、没有分享的对象，是非常残忍的事情。所以，请帮助孩子走向群体、走向同龄人、走向故事的共创者们，让他们用自己的颜色，描绘出最美的人生。

62. 时刻关注学生的两面性

程谟琳

案例背景

我曾经以为抑郁症和我们的现实生活根本挨不着边儿，没想到，一回头，它离我们并不遥远，甚至近在咫尺。都说成年人的生活没有容易二字，其实孩子们又何尝不是如此？课程的繁难，竞争的剧烈，内卷的严重，升学压力的加大……各种问题一起袭来，孩子们稚嫩的肩膀已不堪重负，想放放不下，想逃逃不掉，于是有些孩子被抑郁症盯上了。身为教育者，在从事学校教育的过程中难免会遇到这样的孩子，帮助他们、拯救他们，我们义不容辞、责无旁贷。

首先，我们对一种疾病要有基本的认识：抑郁症是一种常见的心理疾病，有人称之为"心灵的感冒"。现代医学认为，大脑生物胺不足导致抑郁症患者心理功能处于抑制状态，抑郁症并非单纯的情绪低落。近几年学生所出现的抑郁症状使我们对于这个疾病有了更多新的认识。

下面这个故事就是关于我遇到的一个抑郁症孩子以及我们之间发生的事。

案例描述

这个孩子是个男生，我们就叫他小苏吧。因为我校是中职校，学生在入学时候，中考分数普遍比较低。小苏进班时，中考分数是班上的最高分，他上课比较认真，整体精神面貌很好。我们学校在学生入学时会给每位学生做心理测试，小苏并没有测出任何问题。第一个学期他被我任命为班上的学习委员，他班级工作积极认真，与同学相处融洽。

一、胳膊上第一次出现血痕

随着天气变冷，学生们穿在校服里面的衣服也慢慢变厚，但是小苏的穿着却是一如既往——校服里面一件短袖，甚至当室外气温只有几摄氏度的时候也是如此。起初我只是提醒几句，希望他回家能换上厚衣服，但是很长一段时间他都是这套装束，对于我的提醒只以一句简单的"我不冷"作为回应。我跟家长沟通，家长也说管不了，给他准备了衣服，他不穿。也正是因为他里面穿短袖，经常漏出胳膊，让我有了意外的发现。第一次发现的是他左手小臂上的三道血痕，痕迹很长，足足有3厘米，伤口不规则，比较浅，已经结痂。我问小苏胳膊上的伤痕是怎么回事，他没有回避，笑着说是体育课摔跤刮伤的，我带他去校医那儿消了毒，抹了药。为了这件事，我联系了他的家长，得到的回复是家里没有宠物，也不知道孩子胳膊上有伤痕，我提醒家长待孩子回家后注意一下伤口。但我还是忐忑不安，这个孩子是否有另外的一面，我所不知道的一面，我开始有意识地关注他。

二、胳膊上第二次出现血痕

这种关注持续了大概有半年时间，没多久，我发现他胳膊上出现了另一个痕迹。与上次不同，这次出现在他右手小臂上的伤痕只有一道，上课的时候我特意走到他边上偷偷观察，这道伤疤非常整齐，应该挺深的，看样子应该已经有几天了（隔了一个周末），且已经结痂。放学后我将他请到办公室，严肃地询问他伤疤的事情，跟上次一样，他并没有回避，但是这次他说出的话让我心中一颤。

"我自己用菜刀划的。"他说。

"为什么要用刀划自己？"我问他。

"我想看看刀快不快。"

说这些的时候他的表情非常自然，反而让满脸都是惊讶的我显得有些不知所措。就在这一刻，我对小苏的认识彻底颠覆了。我让小苏注意伤口的保养，并且严肃警告他，以后千万不要再做这样的事情。

这里我做一下补充，我们班是中餐烹饪班，平时的实训课会用菜刀练习基本功，我也会鼓励学生在家有时间时可以进行练习，所以每个学生在家都有接触菜刀的机会。

三、一次重要的电话沟通

小苏走后，我立即拨通了他妈妈的电话，将这次的事件一五一十地告诉了他的妈妈，这位母亲听到后叹息了一声，跟我诉说了小苏在初中的故事。

据这位母亲说，小苏在初一、初二的时候是一个乖巧听话的好学生，但是到了初三之后，孩子的行为变化巨大，跟家里人也慢慢有了隔阂，经常拒绝沟通，家长很无助也很苦恼。在沟通中，家长介绍了三个场景，说明了孩子的状态。

场景一：

初三的时候，一天晚上小苏跟家里人吵架，把自己关在房间里大概20分钟，然后没有打任何招呼，夺门而出，当时他身上能闻得出酒味，家长很生气，但并没有直接去追。孩子半夜还没有回来，家长才开始着急地到处去找，因为孩子出门的时候没有带手机，直到凌晨4点的时候，家长接到孩子从离家20千米以外的一个公用电话亭打来的电话，让他们去接，见到他的时候他光着脚，鞋子不见了，脚上、裤腿上满是泥水……

场景二：

在那之后，父母就十分关注他的精神状态，寻机偷偷翻阅他的手机，看到他跟别人聊天的内容非常消极，还时常会有"自杀"的字眼。有一次，又是因为和家里人起冲突，小苏突然自己冲到阳台，扒在窗台上往下看，他的母亲见状非常紧张，但又不敢上前阻拦，就说："你今天要是想跳下去，我也跟着你一起跳。"后来小苏坐在阳台上发了将近一个小时的呆才回屋。

场景三：

中考结束后，小苏的情况有所好转，但是跟家里人的关系一直很疏远。有一天，家长买了孩子平时喜欢吃的汉堡套餐带回家，想晚上给孩子吃，但是第二天早上他们发现小苏并没有吃，询问小苏只得到一句回答："我怕有毒。"为此家长和孩子又大吵了一架。

整个聊天过程中，这位母亲情绪比较激动，语速很快，应该是个急性子，说话快得给人一种压迫感。经过这次的谈话，我慢慢地明白为什么小苏和家人的关系总是得不到改善了。

四、了解，打开心扉的钥匙

第二天放学之后，我让小苏留了下来，跟他在团辅教室聊了很久（办公室里有其他老师，我怕学生会有顾忌）。从这时候起我才开始真正地了解小苏以及他所处的环境。

从小对家长百依百顺的他，在进入初三以后慢慢有了主见，觉得自己的想法应该得到尊重，而他的父母并没有发现这个细小的变化，在衣食住行各个方面都管得比较严格，小苏渐渐反感父母，加上初三学习压力本身就比较大，最终爆发了争吵。久而久之，小苏患上了抑郁症，中考前不得不休学在家，耽误了复习的最好时机，最终导致中考成绩不理想，未能考入心仪的高中。初中毕业了，问题却没有结束，他与父母的沟通方式以及他所处的家庭环境没有丝毫改变，长此以往很有可能造成第二次患病。在与小苏的沟通过程中，我指出他的父母在处理问题的方式上确实欠妥，同时也希望如果家长做出改变甚至让步，他也能够慢慢地主动改善和父母的关系，接受父母合理的意见。

跟小苏聊完之后，我也立刻和他的母亲联系，讲明利害关系，也指出她与孩子沟通时需要注意的问题，恳切地建议她努力改善与孩子的关系，一定要有改变，也一定要主动。

从这件事之后，我不仅时刻关注小苏，还开始有意识地建立起学生心理问题的档案，从而关注学生心理健康问题。

分析反思

功夫不负有心人，现在小苏和家人的关系已经改善了很多。回首这段经历，我有如下的感触和总结。

一、多管齐下，提高鉴别能力

学生的心理问题往往具有隐蔽性，而教师对学生的心理问题的鉴别能力，是进行心理危机预警与干预的重要前提。我在与小苏的交往过程中，缺少一些敏锐，缺少几分细致，如果能早一点捕捉到小苏心理和行为上的微妙变化，迅速认清小苏的内心世界以及他家庭环境的现状，或许小苏不会发展到自伤的程度。

因此，提升教师的心理学专业素养必不可少。一方面，教师自我提升，经常去参加相关心理学专业培训和讲座，加强心理学相关知识的学习，提升能力水平。另一方面，对心理委员、其他班委等进行专业培训。首先，帮助心理委员明确工作职责和工作内容；其次，对心理委员和其他班委进行心理咨询方面的理论知识培训，从沟通和陪伴技巧等方面展开；最后为实践培训，注重心理委员、其他班委的倾听、共情等实际操作方面的培训。

此外，教师对学生的心理健康辅导与咨询、心理危机干预等工作应前置，尽可能将不稳定因素消灭在萌芽状态。通过多途径多渠道畅通信息沟通机制，定期与学生、心理委员、任课教师、心理辅导老师沟通，建立学生心理健康档案，完善重点关注机制，早预防、早解决。对于可能出现的特殊问题，应制定应急预案，以熟练应对突发事件，确保学生安全。

二、家校联通，协同解决问题

大量心理教育工作实践表明，学生的心理健康问题往往来源于家庭，过往的生活经历，特别是一些特殊经历会直接导致心理问题的产生。家庭力量在心理危机干预工作中具有不可替代的重要作用，家长的积极配合能够有效改善孩子的心理健康状况。学生在校出现任何异常行为和心理健康问题须及时和家长沟通，争取家长的配合，必要时联系家长到校，与他们进行深入细致的沟通与交流，做好家长的思想工作，家校合力解决问题，形成以学校为主、家庭为辅，以学生为主体的心理危机干预机制。

三、对症下药，药到方可病除

中学生的身心发展还不完全成熟，虽然他们的生理发育已接近于成人，但心理发育往往滞后。学生遇到问题时，会因经验不足、认知不够而出现一些极端行为，这时班主任要帮助学生解决心理困境，要学会倾听，挖掘造成学生心理困扰的真正原因，帮助学生度过心理难关。

青少年患有抑郁症或是有抑郁症倾向是一种常见的现象，对于抑郁症的预防工作，社会各界已经有了共同的认识，在实际行动中可以做到有章可循。希望在全社会的关心和爱护下，青少年都能够健康快乐地成长。

63. 一首歌曲，一场风波

范学君

案例背景

班主任是什么？班主任是保姆，是领导，是警察，是医生，是法官，是调解员，是情感导师，是心理辅导员，是多项技能的教练，是消防员，是清洁工，是保安……所以有人说，有一种超人叫老师，有一种万能人叫班主任。班主任工作千头万绪，除了繁杂的行政事务，班主任还有一项重要工作就是解决学生之间、学生和任课老师之间，甚至学生和家长之间的矛盾和问题。矛盾众多，问题缠身，班主任在解决矛盾和问题的过程中，什么样的谈话技巧可以让学生更好地、更多地吐露心声，从而让班主任获得更多的信息？怎样的谈话过程可以化解矛盾，迅速地找出解决问题的方法？我认为良好的倾听和共情技术可以帮助班主任更高效地解决矛盾和问题。

案例描述

一、"点"和"放"是两码事

某一天，午饭时间，我去教室布置事情，发现教室的多媒体正在播放歌曲。按照学校规定，不经批准，多媒体不能播放与学习无关的歌曲、视频等，我在班级里也多次传达了学校的这一规定。是谁？问了几次，教室里都鸦雀无声。这时，我意识到问题有点复杂了：这不仅是单纯的私自播放歌曲，更是犯了错误不承认、想抵赖的行为，这个错误层次更深，错误性质更严重，不能听之任之，轻易放过。于是我下定决心，非查个水落石出不可。逐一排查，势在必行。排查到X同学的时候，她稍微愣了一下，然后否认了；排查到C同学时，她很犹豫，她说她碰了多媒体，但是她没有播放歌曲。我问她和谁一起碰的，她说和X同学，我又回过头来问X同学："你怎么碰的？"她说："我是点了播放键。"但是播放歌曲不是只点一个键（播放歌曲需要两步，第一步是C同学做的，第二步是X同学做的）。我反问："那刚才你怎么不承认你碰了多媒体呢？"X同学开始炸毛，各种狡辩说这是两码事，我请她解释是哪两码事，她又说不出个所以然来。于是我把她叫到办公室，跟她进行单独谈话。

二、矢口否认，原来另有隐情

我先让自己冷静下来，用一种平和的语气和心态和她确认了以下事实：第一，她确实点了歌曲播放键；第二，在我调查的过程中，她确实没有承认这一行为。她点头承认。对于在教室里她说的两码事，我和她澄清：你的意思是说你点了歌曲播放键和播放歌曲是两码事，对吗？她点头。我为她总结：你之所以认为是两码事，是因为播放歌曲由两步组成，而你只做了第二步，所以你不想一个人承担所有后果，对吗？她再次点头。至此，我知道了她炸毛的原因：她认为她只犯了部分错误，不想承担整个后果，但又不知道怎么处理心中的这个想法，所以在我排查时她否认了。

三、晓之以理，循循诱导

"现在问题基本清楚了，播放歌曲需要两个步骤，你只做了后一步，而就是这一步，教室里响起了歌声，这是事实吧？"她点头。我追问："排查到你的时候，你否认了，当时是怎么想的？"她回答："我当时看到C同学在看我，那个意思是想让我担起所有的责任，我和她是很好的朋友，她怎么能这样对我呢？我很气愤，忍不住就否认了，然后向你发火。"我看着她的眼睛说:"你否认,你发火,是因为你觉得你的好朋友在关键的时刻有点想背叛你,想让你承担所有的责任,对吗?"她点头。我陈述:"这是你想象的,事实是C同学并没有让你'背锅',她承认了她做的部分,她也没有往你身上推诿,也没有'甩锅',所以那些都是你的想象。"她突然反驳:"那是因为她知道她躲不过去,她已经是你排查的最后一组同学了,她再不承认就没人承认了。"至此我找到了她的症结所在,我引导她:"你认为C同学承认是迫不得已,但是她也可以选择否认啊,可以让这个事情变成'无头公案'啊?我觉得她能承认是自己动了多媒体就是敢于承认自己的错误,她也没有主动先把你讲出来,是我一句一句问,她才说出来的。她的做法你完全可以使用啊,既承认错误又没有主动出卖朋友,这不是很符合你们的价值观吗?"她又不说话了,但明显情绪比刚才平静,我觉得已经说到她心里去了。

最后,我总结说:"你否认自己动了多媒体,并不全是因为你和C同学之间的友谊,我认为至少有两个方面的原因:一是你不知道这种共同犯错误的情况被老师发现了,你该怎样处理;二是你存有侥幸心理,你觉得大家可能都不会承认,觉得自己可能会逃过去。"这时,她已经完全没话讲了。于是我采取共情技术的最后一步,把我的共情、我的同理心传达给她。我说:"老师能理解你当时的心情,你可能觉得共同犯的错误应该共同承担,当我排查到你那儿的时候,你也看了C同学,应该是想用眼神询问怎么办,但是没有得到明确的答复,老师又站在你身边追问你,时间比较紧迫,情急之下你否认了。你这种感觉我也有体会,我也有手足无措的时候,急出一头汗也不知道该怎么办,本能地否认了自己做过的事情。但是后来我发现,否认不是个好办法,它只会让事情变得更糟糕。否认有逃避的成分,更有侥幸的成分,否认一次可能会蒙混过关,但是事情终有真相大白的那一天。等真相大白时,别人对我的印象会更差。"X同学听到这里的时候,已经敢看我的眼睛了,这说明她很期待我接着说下去。我接着说:"我发现当我不知所措的时候,当我不知道怎么给自己下定义的时候,我可以描述客观事实,由别人评判,然后我再判断别人的评判对不对。这样是循序渐进地解决问题的过程，而否认是直接给自己下结论，然后由别人评判，这样就无法掌握主动权了。具体到你这件事情上，当我问到你的时候，你就可以说我只点了播放键，其他的我都没动。这样表达后，我自然会追问其他的是谁动的，顺理成章地就带出了C同学，整个事件不就清楚了吗？这样你既没有背叛朋友，也显示出你诚实的品质，问题也得到了解决，不是吗？"X同学点点头说："老师，我知道错了，我处理问题的方法不对，我向您道歉。如果以后遇到这样的事情，我也知道该怎样处理了，谢谢您！"

分析反思

一、倾听是敲门砖

至此，这个事件完美解决。我觉得事件完美解决不是只找出了播放视频的同学，更是帮助犯错的同学解除了内心的困惑，学会了解决问题的方法。

在了解事件的过程中，我很好地利用了倾听技术。首先是释义，指有选择性地注意学生语言中的认知部分，并用辅导教师的话把它说出来。我确认事实的过程就是在释义。然后是澄清，是在学生发出模棱两可的信息后，教师对学生提出的问题作出反应。我向X同学澄清了她所谓的"两码事"。最后是总结，在学生倾诉一段时间后，教师在关键问题之中找出关联，并将它们准确地复述给学生听。在谈话的最后我为她总结了她不承认错误的原因，并且她也十分认同我的总结。

二、共情是黏合剂

在后面解决问题时，我利用了共情技术。共情技术其实就是要辅导教师完全站在学生的角度去体会、去感受。这种技术听起来很容易，但在实施的过程中会产生很多不确定性因素，因此需要教师在实践中不断地总结经验，不断地磨炼说话技巧，不断地去揣摩学生的内心世界。良好的共情技术一般包括三方面。首先，咨询师借助求助者的言行，深入对方内心去体验他的情感、思维。其次，咨询师借助知识和经验，把握求助者的体验与求助者的经历、人格之间的联系，更好地理解问题的实质。最后，咨询师运用咨询技巧，把自己的共情传达给对方，以影响对方并取得反馈。在与X同学的谈话过程中，我就按这个步骤一步步地攻克她的心理防线，让她说出自己的担忧。

三、科学是金钥匙

我认为，作为一名教育者，需要重视心理学知识的学习。我们职校老师教育的对象，是一群身体、心理等各方面都没有发育完全的孩子，我们需要理解他们心理，因而需要具备一定的心理学知识。

教育学生的过程也是教师自我修炼、自我成长的过程。每一届学生都有不同的特点，每天都可能发生新情况，出现新问题。作为班级的管理者，班主任也要不断学习新知识，掌握新技能，以适应新环境，应对新局面。倾听和共情技术，是我解锁的新技能，它帮我完美地解决了这次突发事件。所有的规则和惩罚措施的目的都不是为了惩罚学生，而是让学生有规则意识，有团队精神，有解决问题的能力。这件事情也让我意识到掌握一些心理沟通技术是多么重要，也坚定了我继续学习心理学的决心。学习的最终目的是学以致用，是解决问题。在今后的工作中，我将不断尝试更优化地利用倾听和共情技术来解决问题，也将更积极地学习其他技术。

64. 从"毒舌女王"到铿锵玫瑰

李娅铭

背景介绍

窗外，阳光正好，窗台边那红色的风信子随着春风轻轻摆动着。正出神间，手机响了起来，我接起电话："喂——"只听电话那头响起了久违的声音，原来是以前的学生玲打来的。"老班，你好！我正在公司参加感恩主题的培训，培训师让我们给最想感恩的人打电话，我就想起你了。我想和你说，感谢你，老班，你一直帮助我、鼓励我，让我变成今天这样，谢谢你。"这时的玲已经有些哽咽。

结束通话后，我翻出玲连续几年寄给我的明信片，阳光洒在上面，娟秀的小字闪着亮光，温馨而有趣。这一刻，阳光直接照进了我的心里，和玲之间的点点滴滴瞬间涌上心头，充斥了我所有的回忆。

案例描述

一、她是班上谁都不敢惹的"毒舌女王"

在班上，玲只是一个普通的女孩，齐耳短发，中等身材，乌溜溜的大眼睛配上雪白的皮肤，格外有神，如果说有不足的话，就是她那圆鼓鼓的身材，少了些少女的婀娜身段。但相处了一段时间，我发现，班上的学生都不大喜欢她。

同学甲："有一次，我陪她去买衣服。她看中一件裙子，我就无意说了一句，'你这身材哪适合穿裙子'。没想到玲立马火冒三丈地讽刺我个子矮，她竟然当众说我是高粱地里的小葱，比普通人矮一截子。我气得再也不理她了。"

同学乙："玲不是成绩好嘛，有一次我向她请教一道数学题，谁知道她扫了眼题目，阴阳怪气地嫌弃我笨得和猪一样。我才不要和她说话。"

同学丙："她有'病'，经常为一点小事发脾气。老师，您别管她了，我们都不理她，那张毒舌嘴，我们惹不起，躲得起。"

同学们的反馈让我非常惊讶，但我不想过早地给孩子贴上标签。可惜，当我还没有了解清楚情况时，更大的风波爆发了。

二、她是抑郁症患者？

一天下午，上课铃刚打了一会儿，玲就风风火火冲到我办公室，也不喊报告，推开门就冲到我办公桌前，大声咆哮："老班，书法老师太差劲了，我就是今天钢笔被偷了，不是故意没有带，他怎么能怀疑我撒谎，他身为老师，怎么能这样，这种人配做老师吗？"我稍微安抚了一下她的情绪，说："不要着急，我先去和任课老师了解一下情况。"谁知，玲听了我的话，又转过来朝我大喊："我知道，你肯定也不会相信我，我恨你们！"然后她就在大家的目瞪口呆中冲了出去，一个人在门前楼梯上痛哭了两节课。

玲的情绪失控让我意识到，也许这并不是正常孩子该有的反应。通过家访，她母亲一把鼻涕一把泪地告诉我："这孩子其实小时候学习可好了，不知怎么地到了初中，突然变成了现在这样，和谁都发脾气，经常钻牛角尖。我们都小心翼翼地捧着她，生怕她去寻死觅活。"

寻死觅活？这时，我才知道，玲是轻度抑郁症患者，定期要去看心理医生。

虽然我不是医生，但我也知道抑郁症的可怕。也许，我也应该像玲的爸妈一样，把她捧在掌心里，呵护她，不让她的情绪有任何波动，让她风平浪静地度过校园时光。

三、她只是情绪生病了而已

可这孩子才 16 岁，她有个性，有梦想，正在人生最美好的年华。如果我们都这么对待她，那她永远都无法走入社会，所以我选择和玲长谈一番。

低着头的玲，乍一看，是那么温顺听话，只是从她紧握的拳头中，能感受她的紧张和愤怒。在我滔滔不绝地东拉西扯了两个小时后，她终于和我聊了起来。

"老班，其实我很清楚我的情况，我并不是抑郁症，只是我这样，父母和老师都不来烦我，大家都由着我的性子。"

"那这样，你觉得幸福吗？"

玲摇摇头。"一开始觉得挺好挺自由的，可是后来，看着他们小心翼翼的模样，我心里特别烦躁，就更想发火了。我在控制自己情绪方面确实有问题。"我惊讶于玲的冷静，或者说是细腻，小小年纪，能想这么多。

"我想是因为各种原因，你的情绪生病了而已。"

"情绪生病？"玲惊讶地看着我。

"是啊，父母对你的溺爱，让你的任性无限放大，这样大家都不来招惹你，由此形成了恶性循环，这就是情绪生病了吧。"我笑着说，"那你能和我谈谈，你从什么时候开始这样的吗？"

玲抬起头，看着我说："就是我这该死的身材，这么胖，上初中时大家都嘲笑我，我哭了好久，也和妈妈发脾气，都是她把我喂这么胖的。"

原来是这样，一切只是源于青春期孩子极度的自卑。玲只是以攻击别人的假象来掩饰自己的自卑，每次发完脾气后，她也觉得很后悔，可是，裂痕已经产生了，她很彷徨，不知道接下来自己该怎么办。玲睁着乌黑的眼睛看着我，眼里满含孤独和无助。

"那我们，就一起试一试吧！"

四、她是一朵铿锵玫瑰

通过了解玲的"毒舌"功力后，我发现她思维敏捷，反应很快。正好学校在举行辩论赛，我推荐玲做我方四辩。玲很珍惜这次机会，战战兢兢地和同伴们讨论策略，认真地查找资料，努力收敛自己"毒舌"的天性，虽还不能很好地融入集体中，但大家已经慢慢地接受她了。可比赛开场前，玲又犹豫了。

"老班，我可以吗？我这么胖，会不会一上场气势就输了？"

"不会，相信自己，你已经做了最充分的准备了。"

正式比赛时，玲除了开始时略显紧张外，全程表现都很出色。她从容不迫的台风、幽默机智的语言和恰到好处的微笑，让对手毫无反击之力，也让在场所有人看到了她的闪光点。

辩论赛在玲清脆悠扬的总结陈词中圆满落幕。"谢谢主席、评委、对方辩友、各位观众，很荣幸我的总结能为这次比赛画上一个完美的句号……"

全场掌声一片，我看着众人包围中的玲，看着她和大家笑着抱在一起，看着她和对手饱含敬意地握手，我就知道，这个情绪生病了的孩子，已经走出了第一步，她会从这里出发，长成一朵铿锵玫瑰。

数年过去了，现在的玲已经通过运动和节食，瘦了下来。同时她也选择了适合自己的岗位，在一家企业做产品培训师，她慢慢变得开朗又自信。相信这朵铿锵玫瑰会迎风盛开，更加摇曳多姿。

分析反思

青春期的孩子是敏感且脆弱的，我们大多数人都在青春期的时候，有过迷茫、失措、无助和无奈，那时我们身边的朋友、老师、父母都给予了我们帮助和指引。作为老师，在面对曾经和我一样迷茫、孤独的孩子时，我告诉自己一定要伸出援助之手。

一、以包容之心接纳缺陷

面对有缺点的学生,我们不能以定式思维去看待他们,不能按照自己之前接触的学生来衡量每一个这样的学生,更不能片面地听从其他人的观点,直接将学生定义为某种类型,而是应该自己接触学生,真实地考量学生存在的问题,以包容、宽宥的心态对待他们的小错误。我们不能一味地否定,也不能冷漠和忽视,进而冷视一朵花慢慢地枯萎。

教育是一个漫长的过程,"不积跬步,无以至千里;不积小流,无以成江海"道出了"十年树木,百年树人"的道理。对待学生,我们需要拿出十二分的耐心。学生可能会出现各种不同的问题和情况,也会在同一个问题上重复犯错,或者对于不成熟的他们而言,克服困难的过程尤为漫长和艰难,我们需要给予他们时间和宽容。因此,作为一名教师,十足的耐心就显得尤为重要,要耐心等待学生挥动日益丰满的羽翼去感受未知的人生。

二、以真诚之心换取信任

像玲这样的孩子,大多数都是缺乏安全感的,所以他们对外界有着很深的戒心,但他们也渴求同龄人、老师和父母的关注,只是因为敏感且防备心很重导致别人很难走进他们的内心,这是一个矛盾和困境。这个困境难以解决,就造成了他们的苦闷等消极心理。作为老师,我们需要勇敢地迈出第一步,向他们展示自己的真诚,让他们能深刻地感受到,老师是真心想帮助他们走出困境、拥抱新生活的,而不是想窥探他们的隐私、嘲笑他们的无能,所以亲切的态度、轻缓的言语、真诚的心是突破学生心理防线的重要因素。

三、以可行的建议指引方向

在听完学生的倾诉后,我们应该根据实际情况,给予学生可行的建议,这种建议既不能让学生很难做到,也不能隔靴搔痒,所以建议的适当性尤为重要。同时,我们需要因材施教,针对不同的学生,采取不一样的方法,比如:对于像玲这样敏感的孩子,教师需要鼓励她,在恰当的时候给予表扬;当调皮的、过度自负的孩子犯错的时候,可以给予他们一定的批评式教育,使得他们深刻认识自己的错误。在给学生提出建议后,老师需要跟进学生的实施情况,如果学生退缩,可以适当给予鼓励,也可以从其他学生那里了解情况,关注他们,帮助他们不断调整行为,不断反思过程,从而走上正确的轨道。希望在老师的帮助下,每一个孩子都能快乐地学习和生活。

后 记

曾经有人问我,为什么要在一件事情上花费这么多的时间和精力,值得吗?我的回答是:值得!"可见的德育"是我多年来一直在思考、钻研、实践、探索的一个命题。我觉得,这是教育的核心,是每一个教育工作者,特别是校长必须面对和研究的课题。

《可见的德育:扣好职校学生的第一粒纽扣》里呈现的是我对学校德育工作的整体构想与系统操作,更多的是理论、说明、描述与示例,鲜活的情境再现、现场处置技巧较少。为了让一线德育工作者多一些情境参考,多掌握一些应急技巧,于是有了出一本"可见的德育"案例集的念头。但随着工作的不断变动,团队人员的不稳定给我的工作推进带来了很大的不便。从有想法到成书,只有不到一年的时间。这一年时间里,我们完成了3所学校的案例征集,近10轮的审稿、校稿,案例的绘图、配图工作。每一篇案例都经过精心打磨,力求用最精益求精的态度为读者呈现一本可读性高、专业性强的案例集。我一直坚信:德育的本质是培养人向上、向善。我们的编写态度就是对"上"和"善"的最好诠释。

案例集高擎行为主义、建构主义的核心要义,感悟世界的本起、多元的认知、丰富的行为所蕴含的德育指导思想,注重现象所承载的德育意义,发挥教育理论中"情境教育""元认知"理论的积极作用,以"具身认知""观察学习"为理论基点,搭建了"由面到点——脱虚向实——全员共进——多方聚力"的理论框架,让不可见、不易控、难感知的传统德育上升为"可见的德育",让学生隐性的道德品性成长得以显性可见。

案例集的汇编过程不易,也留下了一些遗憾。我们说:教学是一门遗憾的艺术,因为遗憾的存在,我们对下一次教学拥有更高的期待。本案例集里老师们的处置方式不一定是最完美的,但我想一定是在当时所能做到的最好的。

真诚感谢刘鹰、韩志柏、倪爱华老师的倾情把关;感谢史小兵、吕由、吴国红、时季、李淮成、吴杰、朱凤晴、张力、舒沛、王欢老师的最后修改、润笔;感谢何世明、瞿坤鸿、潘力、徐洪莉老师的协调支持;感谢秦迎春、朱羽等老师对原始案例的搜集、整理!

殷树凤
2022 年 5 月于南京